Waxmann Verlag GmbH
Steinfurter Straße 555, 48159 Münster
info@waxmann.com

Markus Weil, Mandy Schiefner,
Balthasar Eugster, Kathrin Futter (Hrsg.)

Aktionsfelder der Hochschuldidaktik

Von der Weiterbildung zum Diskurs

Waxmann 2011
Münster / New York / München / Berlin

Bibliografische Informationen der Deutschen Nationalbibliothek
Die Deutsche Nationalbibliothek verzeichnet diese Publikation
in der Deutschen Nationalbibliografie; detaillierte bibliografische
Daten sind im Internet über http://dnb.d-nb.de abrufbar.

ISBN 978-3-8309-2529-3

© Waxmann Verlag GmbH, Münster 2011

www.waxmann.com
info@waxmann.com

Umschlaggestaltung: Brigitte von Arx, Zürich
Satz und Layout: Yvonne Marti, Zürich
Gedruckt auf alterungsbeständigem Papier, säurefrei gemäß ISO 9706

Für Dr. Peter Tremp

Inhalt

WEITERBILDUNGSZENTRUM

8   *Inhalt*

EXPERTISEAGENTUREXPERTISEAGENTUR

Ulrich Welbers
Forschendes Lernen als Verfahren von Menschwerdung und
Wissenschaft. Eine Verzauberung 77

Carolin Kreber
Educational development for critically reflective teaching:
The challenge of challenging conceptions 93

Ludwig Huber
Fachkulturen und Hochschuldidaktik 109

Gabi Reinmann
Förderung von Lehrkompetenz in der wissenschaftlichen
Weiterbildung: Ausgangslage, Anforderungen und erste Ideen 129

DISKURSRAUM

Koni Osterwalder im Gespräch
Hochschuldidaktik im Diskurs- und Handlungsraum 151

Geri Thomann im Gespräch
Hochschuldidaktik ist immer auch Personal- und
Organisationsentwicklung 157

Michel Comte
Die universitäre Didaktik als Diskurspartnerin und -fazilitatorin:
Stärkung durch konsequentere Forschungsbasierung?
Impressionen „von der Baustelle", zwei Thesen und ein Plädoyer . 163

Santina Battaglia
Das „International Consortium for Educational Development
(ICED)" als weltweiter Diskursraum der Hochschuldidaktik.......... 169

ZUKUNFTSLABOR

SCHLUSSWORT

AUTORINNEN UND AUTOREN

Zum Buchcover

Gleich einem Netz überspannen mehr als dreißig Routen die Eigernordwand. Nach der ersten erfolgreichen Besteigung des Eigers im Jahre 1858 zählt nicht mehr allein der Gipfel, sondern auch die Wahl der Routen. Diese unterscheiden sich bezüglich Kletterdauer, Zustieg und Zielort, damit auch im Schwierigkeitsgrad und in den Anforderungen an die Bergsteigerinnen und Bergsteiger. Einige der Routen werden häufig begangen, andere werden nur selten beschritten. Und immer wieder werden Pionierrouten erfolgreich erprobt und damit die bestehenden Möglichkeiten der Bergbesteigung ergänzt.

Die kartografierten Wege zeigen Möglichkeiten des Gelingens. Pionierrouten lassen sich weiterhin entdecken. Auch bei der eigenen Lehrplanung und Lehrtätigkeit.

Vorwort

Der vorliegende Sammelband gibt einen Überblick über die Konzeption von Hochschuldidaktik, wie sie für die Arbeitsstelle für Hochschuldidaktik der Universität Zürich, vor allem unter der Leitung von Dr. Peter Tremp in den Jahren 2004 bis 2011 handlungsleitend war. So zeichnet sich das Buch zum einen durch eine Dokumentation und Aufbereitung der gemachten Erfahrungen aus, zum anderen bietet es Anregungs- und Reflexionspunkte für die zukünftige hochschuldidaktische Arbeit. Angesprochen sind damit primär mit Hochschuldidaktik betraute Personen, etwa Mitarbeitende entsprechender Fachstellen, Dozierende, Modulverantwortliche und Personen der strategischen Lehrplanung. Das Buch richtet sich insbesondere an Personen, die für die Gestaltung, Konzeption und Umsetzung von hochschuldidaktischen Aktionsfeldern verantwortlich sind. Im Englischen kann man von *educational developers* sprechen. Im Deutschen zeigt sich eine Doppeldeutigkeit: Mit „Hochschuldidaktik" kann nicht nur die Ebene zwischen Dozierenden und Studierenden gemeint sein, sondern auch die Ebene der Dozierenden im Verhältnis zu den Aktionsfeldern der Hochschullehre und Lehrplanung. Auf diesen Personenkreis und auf dessen Tätigkeiten möchten wir aufmerksam machen, um gleichzeitig für diese Gruppe Anregungen zur Diskussion und Reflexion zu geben. Gleich der Routen der Eigernordwand vom Cover zeigen wir Möglichkeiten des Gelingens mit unterschiedlichen Etappen, Zustiegen, Zielorten und Schwierigkeitsgraden.

Buchprojekte sind vor allem Gemeinschaftsaufgaben, an denen viele Personen aktiv beteiligt sind. Von daher gehört neben dem Dank an die Autorinnen und Autoren sowie die Diskussionspartner auch ein Dank an Personen, die eher im Hintergrund zur Fertigstellung des vorliegenden Buches beigetragen haben: Zu nennen sind da vor allem Yvonne Marti (Layout und Satz), Brigitte von Arx (Umschlaggestaltung), Adrian Stokar und Andrew Dennis (Lektorat) sowie Yvonne Stäuble (Lektorat Quellen). Finanziert wurde der Sammelband durch den Bereich Lehre der Universität Zürich mit besonderer Unterstützung von Dr. Thomas Hildbrand.

Wir danken allen Beteiligten für ihren Beitrag und wünschen den Leserinnen und Lesern eine anregende Lektüre.

Zürich und Bonn, im Juli 2011
Markus Weil | Mandy Schiefner | Balthasar Eugster | Kathrin Futter

Markus Weil | Mandy Schiefner | Balthasar Eugster | Kathrin Futter

Einleitung

Das Angebot an hochschuldidaktischer Weiterbildung wird oftmals auf ein reines Dienstleistungsverständnis verkürzt. Einer Hochschuldidaktik, die sich darüber hinaus an wissenschaftlichen Prinzipien der Hochschule orientiert, bieten sich aus unserer Sicht ganz neue Aktionsfelder an: von der Weiterbildung bis zum Diskurs, vom Einbezug fachlicher Expertise bis hin zur Diskussion von Zukunftsszenarien. Das Potenzial liegt unserer Meinung nach im Zusammenspiel unterschiedlicher Blickwinkel auf Lehren und Lernen in der Hochschule. Es gilt dabei, Gestaltungsmöglichkeiten für den wissenschaftlichen Alltag in Forschung und Lehre zu entwickeln, umzusetzen und zu reflektieren.

Wir bedienen uns einer metaphorischen Darstellung verschiedener hochschuldidaktischer Aktionsfelder als Weiterbildungszentrum, Expertiseagentur, Diskursraum und Zukunftslabor und betonen damit eine spezielle Auswahl hochschuldidaktischer Facetten und Blickwinkel. Eine solche Betrachtung öffnet – auch ungewohnte – Perspektiven der Diskussion und Reflexion von Hochschuldidaktik, Felder, die bisher eher weniger in den Fokus genommen wurden.

Die Wahl, unterschiedliche Gestaltungsspielräume „Aktionsfelder" zu nennen, fiel nach reiflicher Überlegung, um einerseits einen aktiv zu gestaltenden Handlungsspielraum zu kennzeichnen und um andererseits einen Radius und damit auch Grenzen dieser Aktionen zu signalisieren. Es geht uns vor allem um das Potenzial zur Gestaltung von einer breit verstandenen Hochschuldidaktik, die Lehren und Lernen an der Hochschule in seiner Mannigfaltigkeit und Mehrperspektivität betrachtet, und weniger um das Lamentieren über unzureichende Strukturen, mangelnden Support oder die schlechte Verankerung von hochschuldidaktischer Arbeit. Gleichwohl muss hinzugefügt werden, dass eine solche potenzialorientierte Perspektive nur möglich ist, wenn ein Minimum an Ressourcen und Unterstützung nicht unterschritten wird.

Der gewählte Untertitel betont zwei Aktionsfelder besonders. Dies ist aber weder als exklusive Auswahl noch als selektive Richtung „von der Weiterbildung zum Diskurs" gemeint. Vielmehr geht es darum, dass verschiedene Aktionsfelder mit unterschiedlichen Ausprägungen miteinander verbunden sind und auch bewusst verknüpft werden können. Entstehen sollen dabei vielfältige Kombinationen als Weiterbildungsdiskurs, als Expertiselabor oder als Zukunftsdiskursagentur. Auch können neue Aktionsfelder ausgemacht werden – zum Beispiel eine hochschuldidaktische Forschungswerkstatt, ein Methodenatelier oder eine Lehrausstellung. Nur eins sollte nicht passieren: Hochschuldidaktik auf ein reines Dienstleistungsverständnis zu verkürzen oder als „Methodenbaukasten" zu verstehen.[1] Hochschuldidaktik ist keine reine Serviceeinrichtung, auch wenn Service ein zentrales Element ist. Service an der Schnittstelle von Forschung und Lehre an einer Universität muss unserer Meinung nach wissenschaftsbasiert sein. So ist Hochschuldidaktik weder bloße Kursadministration noch eine rein nachfrageorientierte Serviceagentur. Unter einer solchen einseitigen Ausrichtung wäre sie eine Fremde im eigenen Haus und würde nicht in ihr eigentliches Aktionsfeld „Universität" passen.

Hochschuldidaktik ist vieles und das oftmals gleichzeitig. Die Aktionsfelder als Kapitelstruktur Weiterbildungszentrum, Expertiseagentur, Diskursraum und Zukunftslabor drücken genau das aus.[2]

Aktionsfeld Weiterbildungszentrum

Für ein hochschuldidaktisches Weiterbildungszentrum einer Universität ist es sinnvoll, Prämissen zu definieren, welche die Auswahl und die Zusammenstellung des Angebots strukturieren helfen. Eine Grundannahme ist, dass Lehre Lernen bewirken, aber nicht herstellen kann. In einem hochschuldidaktischen Weiterbildungszentrum geht es also nicht direkt darum, wie Studierende lernen, sondern vor allem darum, wie Dozierende lehren, damit dieses Lernen bei Studierenden möglich wird. Eine zweite Vorannahme für das hochschuldidaktische Aktionsfeld Weiterbildungszentrum lautet: Universitäre Lehre ist forschungsbasiert. Genau

---

1   Schon 1975 wies Flechsig auf die Gefahr einer Verkürzung der Hochschuldidaktik hin, nichtsdestotrotz ist sie auch nach vielen Jahren immer noch sichtbar (Flechsig, K.-H. (1975). Handlungsebenen der Hochschuldidaktik. ZIFF Papiere der Fernuniversität, Hagen).

2   Die folgenden Ausführungen sind Kurzfassungen der Einleitungen zum jeweiligen Aktionsfeld sowie der Leads, die von den Autorinnen und Autoren verfasst wurden. Die entstehenden Wiederholungen nehmen wir zugunsten einer übersichtlichen Zusammenstellung an einem Ort in Kauf.

diese Forschungsorientierung zeichnet die universitäre Lehre aus und grenzt sie auch von anderen Bildungsinstitutionen ab. Soll die Angebotspalette des Weiterbildungszentrums den systematischen Aufbau von Lehrkompetenzen fördern, damit professionelles universitäres Lehren und nachhaltiges studentisches Lernen ermöglicht wird, so braucht es ein Weiterbildungszentrum, welches über eine Dienstleistung hinaus gedacht wird und sich zum Beispiel an den obigen zwei Referenzpunkten orientiert, entsprechende Angebote gestaltet und darüber kritisch im Gespräch bleibt.

Im Abschnitt zum Aktionsfeld Weiterbildungszentrum konzentrieren wir uns daher auf Grundüberlegungen, welche hinter den Angeboten der Hochschuldidaktik an der Universität Zürich stehen. Dabei spielen die Zürcher Beispiele zwar eine zentrale Rolle, gleichzeitig werden aber Prinzipien aufgezeigt, die für die Entwicklung von hochschuldidaktischen Weiterbildungsangeboten generell wichtig sind.

Markus Weil eröffnet das Aktionsfeld mit der Perspektive auf den Einstieg in die Hochschullehre. Er beschäftigt sich mit der Frage, was grundsätzlich für ein hochschuldidaktisches Weiterbildungszentrum wichtig ist, um Dozierenden einen adäquaten Einstieg in die Hochschullehre zu ermöglichen.

Kathrin Futter geht im Anschluss auf hochschuldidaktische Weiterbildungsangebote zur Professionalisierung der Hochschullehre ein. Anhand eines Qualifizierungsprogramms erläutert sie die Möglichkeiten, wie Dozierende ihre Lehrkompetenz professionalisieren und ihre Lehre verändern und verbessern können.

Mandy Schiefner erkundet die Frage nach der didaktischen Qualifikation und Unterstützung der Dozierenden und Programmleitenden der wissenschaftlichen Weiterbildung als eigener Studienstufe. Dies kann als neues Aktionsfeld der Hochschuldidaktik verstanden werden, das sich von der Hochschuldidaktik auf anderen Stufen unterscheidet und entsprechender Weiterbildungsangebote auf Seiten der Hochschuldidaktik bedarf.

Balthasar Eugster und **Gabriela Zaugg-Ineichen** widmen sich der Bedeutung der kritischen Rückschau und Reflexion in Lehr-Lern-Prozessen. Lehrreflexion darf dabei aber nicht mit der Evaluation von Lehre gleichgesetzt werden. Vielmehr versucht sie eine sorgfältige Beschreibung des Zusammenspiels von Lehr- und Lern-Handlungen und entwickelt daraus hochschuldidaktische Angebote.

Mandy Schiefner beschäftigt sich mit den Referenzüberlegungen einer Homepage eines hochschuldidaktischen Weiterbildungszentrums, um sie als Dialog- und Weiterbildungsinstrument über eine bloße Angebotsdarstellung hinaus zu nutzen. Eine Homepage kann dabei als Element des Dialogs nach innen und nach außen dienen und die Sichtbarkeit des Weiterbildungszentrums erhöhen.

Yvonne Marti, Brigitte Kleinert und **Beatrice Leisibach** schließen mit der oft unbeachteten Perspektive auf die Ansprüche an die Administration eines hochschuldidaktischen Weiterbildungszentrums. Bei steigender Komplexität, Informationsflut und verschiedensten Ansprüchen ist es eine Herausforderung für die Administration, eine hochschuldidaktische Einrichtung nicht nur zu verwalten, sondern auch zu verstehen.

Aktionsfeld Expertiseagentur

Die Hochschuldidaktik kann ihr Aktionsfeld in vielerlei Expertise-Richtungen abstecken. Sie produziert selbst Wissen, sie sichtet und bündelt Wissen, das in anderen Feldern geschaffen wird, und sie vermittelt Wissen über Lehren und Lernen. Damit sind unterschiedliche Rollen und Wissensformen miteinander verbunden. Das alles macht Hochschuldidaktik zu einer Expertiseagentur, in der spezifisches Wissen formiert und transformiert wird. Die Hochschuldidaktik als Expertiseagentur verbindet, führt zusammen und überbrückt Gräben. In der Komplexität des akademischen Milieus trägt sie Wissen dorthin, wo es benötigt, aber nicht immer gleich mutig nachgefragt wird. Die Expertiseagentur der Hochschuldidaktik tastet sich an die Tabus der wechselseitig kaum eingestandenen Abhängigkeiten von Forschung und Lehre heran. Es gilt zu klären, wer welches Wissen verfügbar und wirksam vermittelbar machen kann.

Die einzelnen Beiträge zur hochschuldidaktischen Expertiseagentur stammen von Expertinnen und Experten der Hochschuldidaktik und/oder aus ihr verwandten Bereichen. In der Form halten sich die Beiträge an „klassische" Darstellungen von Expertise in ausführlicheren, deutlich forschungsorientierten Artikeln mit disziplinärem Bezug. Es zeigt sich aber auch, wie unterschiedlich die Gestalt von Expertise und wie erfolgreich der transdisziplinäre Blick zur Hochschuldidaktik sein kann.

Ulrich Welbers deckt in seinem Beitrag zunächst die vielfältigen Gebrauchs-situationen des „Forschenden Lernens" auf, stellt die aktuelle Forschungslage zusammen und geht dann auf eine historische Entdeckungsfahrt, in der Forschen-des Lernen als grundlegendes Verfahren von Menschwerdung und Wissenschaft interpretiert wird. Der Beitrag endet mit einem Eintritt in hochschuldidaktische Aus- und Weiterbildung und favorisiert die Chancen, die für Lehrende hier zu finden sind.

Carolin Kreber sieht ein Ziel forschungsbasierter Lehre in der Verbesserung und Effizienzsteigerung von Hochschulunterricht. Die Autorin plädiert dafür, dass die Interpretation von „Verbesserung der Hochschullehre" dadurch bestimmt ist, was wir als Ziele von Hochschulen ansehen. In diesem englischsprachigen Bei-trag werden einige Herausforderungen erläutert, mit denen Hochschuldidaktik-Personen zu tun haben, wenn sie bei Wissenschaftlerinnen und Wissenschaftlern einen kritisch-reflexiven Zugang zu ihrer Lehrtätigkeit anregen wollen.

Ludwig Huber erörtert, welche Bedeutung das Konzept der „Fachkulturen" für Hochschulforschung und -didaktik hat, welche theoretischen Probleme und pragmatischen Vorteile sich damit verbinden und welche Anforderungen an Wis-senschaftswissen und Handlungskompetenz der mit Hochschuldidaktik betrau-ten Personen sich daraus ergeben. Für das professionelle Handeln von mit Hoch-schuldidaktik betrauten Personen ist es konstitutiv, dass sie in und mit Fächern agieren müssen, in denen sie selbst nicht Fachleute sind.

Gabi Reinmann schafft einen Rahmen, in dem Lösungsansätze für die Lehr-kompetenzförderung für die wissenschaftliche Weiterbildung erarbeitet werden können: Dazu gehört eine Idee von wissenschaftlicher Weiterbildung ebenso wie Überlegungen zur Professionalisierung von Lehrenden in diesem und für diesen speziellen Kontext sowie Impulse für geeignete didaktische Szenarien. Der Bei-trag tastet sich in dieser Weise an das Thema heran, um die Diskussion zu struk-turieren.

Aktionsfeld Diskursraum

Da Hochschuldidaktik nur in begrenztem Maße als eine eigenständige Wissenschaftsdisziplin wahrgenommen wird, sind ihre Diskurse kaum an standardisierte Formen gebunden. Sie sind oftmals fragmentiert und meist ungenügend dokumentiert. Diese Mangelerscheinung ist gleichzeitig auch das Kapital der Hochschuldidaktik. Wenn die Diskurse, in denen sich die unterschiedlichsten Aspekte des Lehrens und Lernens niederschlagen, kaum vereinbar und unübersichtlich sind, dann ist es die Aufgabe der Hochschuldidaktik, gemeinsame Spuren und Leitlinien aufzunehmen und sichtbar zu machen, sei es in der Universität selbst, sei es in angrenzenden Fachdisziplinen. Das eigentliche Aktionsfeld der Hochschuldidaktik in den Diskursräumen der Hochschullehre geht dann über den Rat und die Tat an der nachgefragten Dienstleistung hinaus. Hochschuldidaktik hat die verschiedenen Diskurse zu pflegen und miteinander in ein Netzwerk der Reflexion zu verknüpfen. Sie hat die Dozierenden untereinander, die Forschenden mit den Lehrenden, die Studiengangsverantwortlichen, aber auch die Lehre mit der Expertise des Lehrens und Lernens ins reflexive Gespräch zu bringen.

So verzettelt der hochschuldidaktische Diskursraum auch sein mag, die Vernetzung mit dem Zweck der Reflexion ist das Ziel der folgenden Beiträge. In ihrer Art fallen sie naturgemäß verschieden aus: Es gibt Interviews, Beschreibungen und Handlungsanleitungen. Auch die Personen, die wir gewählt haben, kommen mit unterschiedlichsten Perspektiven in den Diskursraum. Der Diskursraum der Hochschuldidaktik der Universität Zürich wird damit einerseits direkt abgebildet, andererseits werden einige Formen von Diskursmöglichkeiten näher erläutert.

Koni Osterwalder gewährt in einem Interview Einblick in die Hochschuldidaktik als Diskurs- und Handlungsraum der Lehre an der Eidgenössischen Technischen Hochschule Zürich. Für ihn bewegt sich Hochschuldidaktik zwischen Reflexion und Rezepten. Sie ist mit sich selbst und mit Dozierenden im Gespräch – und will die Handlungskompetenz der Lehrenden ebenso wie jene der Lernenden erweitern.

Geri Thomann positioniert im Interview Hochschuldidaktik auch als Personal- und Organisationsentwicklung. Das Zentrum für Hochschuldidaktik und Erwachsenenbildung der Pädagogischen Hochschule Zürich setzt dabei auf eine Doppelstrategie: Ein großer Teil der Ressourcen ist für die Beratung, Begleitung und Weiterbildung von externen Bildungsorganisationen und ihren Dozierenden vorgesehen. Diese Aufträge stehen im Dialog mit den internen Aufgaben.

Michel Comte zeigt am Beispiel des Zentrums Lehre der Universität Luzern auf, dass die Ansprüche an hochschuldidaktische Einrichtungen vielfältig sein können. Herausforderungen, die sich bei der Erfüllung der Diskursfunktion stellen, führen zur Frage nach der Bedeutung der Erforschung universitärer Lehre. Der Autor argumentiert, dass der systematischen Erforschung der Lehre an der Universität mehr Bedeutung zugemessen werden sollte.

Santina Battaglia greift die Perspektive des weltweiten Dachverbands der nationalen Hochschuldidaktik-Verbände „International Consortium for Educational Development (ICED)" auf und erläutert die Möglichkeiten zum Diskurs, sowohl fachlich-wissenschaftlich als auch strategisch-politisch. Der vom ICED geförderte Diskurs wird im Wesentlichen durch Meetings, Workshops, Beratungen, Konferenzen und eine Zeitschrift angeregt.

Christian Schirlo führt durch den Dialog zwischen Hochschuldidaktik und universitärer Medizin. Ausgangpunkt sind dabei Reformbewegungen der Ausbildung von Ärztinnen und Ärzten, die Neugestaltung von Curricula und neue Qualitätsstandards. Am Beispiel eines gemeinsamen Kursangebots im Bereich Humanmedizin wird dieser Dialog auch für die Dozierenden weiter gepflegt.

Lucien Criblez formuliert die Hypothese „Hochschuldidaktik wird, wenn sie denn nicht als überflüssig erachtet wird, als Methodentraining angesehen". Der Autor stellt allerdings daraufhin die Frage, ob Hochschuldidaktik mehr als Methodik zu sein vermag. Dabei rückt insbesondere die Hochschulforschung als mögliche Perspektive ins Blickfeld.

Regula Schmid Keeling macht eine Diskursform zum Thema – den Zirkel. Dieser hat gesellig, informell, wenig öffentlich zu sein, doch hinreichend formalisiert, um sich den politischen und wissenschaftlichen „Stakeholders" gegenüber legitimieren zu können. Das Anliegen an eine Weiterbildung, welche die Herausbildung neuer, zukunftsweisender Ideen ermöglicht, fordert also die Herstellung eines solchen „geschützten Raums".

Bruno Wohlgemuth schließt mit einem Beitrag zur Selbstreflexion als Möglichkeit des Diskurses. Es geht um die Funktion eines hochschuldidaktischen Instruments, das über die Gestaltung der Lernumgebung hinausweist. Im Zentrum steht die Strukturierung von Reflexions- und Kommunikationsprozessen.

Aktionsfeld Zukunftslabor

Das hochschuldidaktische Zukunftslabor ist ein Aktionsfeld für Gedankenexperimente. Es geht darum, vorauszublicken und künftige Entwicklungen des Lehrens und Lernens an Hochschulen zur Disposition zu stellen oder für Lehren und Lernen an Universitäten fruchtbar zu machen. Ein Studien- und Bildungsort kann auf diese Art und Weise wichtige Entwicklungsimpulse erhalten und Innovationsprozesse sind durch Reflexion und konzeptionelle Fundierung begleitet. Das Zukunftslabor nimmt vergangene Entwicklungen kritisch auf, setzt sie überspitzt fort oder schreibt sie alternativ um. Der innovative und vorläufige Charakter des Zukunftslabors eröffnet dabei ein spannendes Aktionsfeld für hochschuldidaktische Entwicklungen.

Im Zukunftslabor haben die Herausgeberinnen und Herausgeber dieses Sammelbands Gedankenexperimente zu hochschuldidaktischen Fragen gewagt. Vier Themen, die uns bei der täglichen Arbeit und den konzeptionellen Überlegungen begleiten, kommen hier zu einem ausführlichen – wenn auch vorläufigen – Auftritt. Das Zukunftslabor ermöglicht damit hochschuldidaktische Hypothesen für das Weiterbildungsangebot, die gleichzeitig einen Ausschnitt hochschuldidaktischer Forschung darstellen.

Kathrin Futter überträgt das Modell des Fachspezifisch-Pädagogischen Coachings von der Weiterbildung von Lehrpersonen auf die Förderung und Weiterentwicklung der Lehrexpertise auf Tertiärstufe (Hochschulen und Universitäten). In ihrem Beitrag reflektiert sie die Adaption des Modells kritisch und entwirft zwei mögliche Szenarien als Zukunftsperspektiven für die Qualitätssicherung respektive -verbesserung der Lehre.

Mandy Schiefner fokussiert den Einsatz von Social Software in Bildungsinstitutionen und geht der Frage nach, warum diese in vielen Fällen von Studierenden kaum eigenaktiv genutzt werden. Die wenig verbreitete und wenig elaborierte Nutzung scheint auf den ersten Blick eine Unstimmigkeit zu sein, passen doch diese Form der Mediennutzung und die Tätigkeiten im Studium auf den ersten Blick optimal zusammen. Hier eröffnen sich für die Hochschuldidaktik vor allem in der umfassenden Thematisierung von digitalen Medien in der alltäglichen Arbeit neue Handlungs- und Lernfelder.

Balthasar Eugster denkt über das nicht ganz widerspruchsfreie Verhältnis von Forschung und Lehre als beschworene Einheit nach. Der Autor stellt Vermutungen an, welches eine (Neu-)Positionierung der universitären Hochschuldidaktik vor dem Horizont einer gegen den Strich gebürsteten Einheitsformel sein könnte. Hochschuldidaktik ist dann nicht weniger, aber auch nicht mehr als die Einlassung auf das Ununterscheidbare der differenten Konstrukte „Forschung" und „Lehre".

Markus Weil nähert sich an eine hochschuldidaktisch rehabilitierte Internationalisierung an. In seinem Beitrag zielt der Autor darauf, die Internationalisierung der Lehre nochmals genauer unter hochschuldidaktischen Gesichtspunkten zu betrachten und ihren ruinierten Ruf zwar zur Kenntnis zu nehmen, aber nicht leichtfertig zur Hauptreferenz zu machen.

Im **Schlusswort** von **Peter Tremp** geht es nochmals um die Aktionsfelder der Hochschuldidaktik als Räume zur Gestaltung. Der Autor blickt auf die mit Weiterbildungszentrum, Expertiseagentur, Diskursraum und Zukunftslabor betitelten Aktionsfelder, die auch das Leitbild der Hochschuldidaktik der Universität Zürich strukturieren. Drei Beispiele kombinierter Aktionsfelder illustrieren und konkretisieren dieses Konzept von Hochschuldidaktik.

Für ein hochschuldidaktisches Weiterbildungszentrum einer Universität ist es sinnvoll, einige Prämissen zu definieren, welche die Auswahl respektive die Zusammenstellung des Angebots strukturieren helfen. Eine naheliegende Möglichkeit wäre, sich an der Nachfrage zu orientieren. Dadurch würden das Dienstleistungszentrum „Hochschuldidaktik" gestärkt und die Wünsche der „Kundinnen und Kunden" erfüllt. Bei einer disziplinär ausgerichteten Fachstelle, die Hochschuldidaktik über eine Dienstleistung hinaus versteht, ergeben sich jedoch – soll das Angebot nicht nur durch die Nachfrage etabliert werden – zusätzliche Fragen, die es zu beantworten gilt: Welches Profil kennen die einzelnen Weiterbildungsangebote? Welche Grundideen leiten die Zusammenstellung des Angebots?

Eine Grundannahme ist, dass Lehre Lernen bewirken soll. So trivial es klingt, aber in einem hochschuldidaktischen Weiterbildungszentrum geht es nicht direkt darum, wie Studierende lernen, sondern darum, wie Dozierende lehren, damit Lernen möglich wird. Lehren ohne diese Intention scheint wie Malen ohne Farben und Papier, es fehlt die Verknüpfung zweier zusammengehörender Absichten: Studierende wollen Neues lernen und Dozierende möchten dieses Lernen durch ihre Lehre bestmöglich unterstützen.

Ein Weiterbildungszentrum für Dozierende berücksichtigt diese Grundannahme. Andere Facetten der Personalentwicklung, wie beispielsweise fachliche Weiterbildung, Führungsschulung oder Budgetverwaltung, kommen nur zum Tragen, wenn sie für die hochschuldidaktische Perspektive relevant sind. Ausgangspunkt bleibt die dem Lernen geschuldete Lehre. Diese Grundannahme soll allerdings nicht in die Irre führen: Die Prämisse „Lehren soll Lernen bewirken" kann sich nicht mit einem engen Verständnis von Lehren begnügen, sie muss auch Curriculums- und Modulplanung, Betreuungs- und Beratungsaufgaben sowie Prüfung und Evaluation kritisch betrachten und im Angebot berücksichtigen. So entsteht ein Gesamtbild über den modularisierten hochschuldidaktischen Methodenkoffer hinaus.

Eine zweite handlungsleitende Vorannahme für das hochschuldidaktische Aktionsfeld Weiterbildungszentrum lautet: Universitäre Lehre ist forschungsbasiert. Die Forschungsorientierung zeichnet die universitäre Lehre aus und grenzt sie von anderen Bildungsinstitutionen ab. Diese Prämisse gilt – im Gegensatz zur ersten – vor allem für die Universität als Bildungsort. Forschungsbasierte Lehre kann sich in unterschiedlichen Dimensionen zeigen, so zum Beispiel indem Forschendes Lernen ermöglicht, die eigene Forschungsexpertise veranschaulicht oder ganz allgemein Wissenschaft und Forschung in der Lehre thematisiert werden. Für ein hochschuldidaktisches Weiterbildungszentrum ergeben sich so zwei Implikationen. Zum einen soll das Weiterbildungsangebot in den Inhalten und Methoden berücksichtigen, dass universitäre Lehre forschungsbasiert ist. Zum anderen soll die Hochschuldidaktik selbst forschend lehren – beziehungsweise lehrend forschen. Das heißt, dass die eigenen Angebote durch Forschung inspiriert oder angeleitet, aber selbst auch Grundlage für Forschung sind und sich reflektierend hinterfragen. Wenn mehrere Personen in einem solcherart ausgestatteten Weiterbildungszentrum zusammentreffen, entsteht eine – meist temporäre – hochschuldidaktische Forschungsgemeinschaft über die Fachgrenzen hinaus. Diese Forschungsgemeinschaft zeichnet sich beispielsweise durch das experimentelle oder reflexionsgeleitete Herangehen an die Lehrtätigkeit in der Universität oder durch Diskurse über die Grundannahmen zur universitären Lehre aus.

Soll die hochschuldidaktische Angebotspalette den systematischen Aufbau von Lehrkompetenzen fördern, damit professionelles universitäres Lehren und nachhaltiges studentisches Lernen ermöglicht werden, so braucht es ein Weiterbildungszentrum, welches über eine Dienstleistung hinaus gedacht wird und sich an den zwei beschriebenen Referenzpunkten orientiert, entsprechende Angebote gestaltet und darüber kritisch im Gespräch bleibt.

Markus Weil

Einstieg in die Hochschullehre

Der Einstieg ist ein zentrales Thema für hochschuldidaktische Weiterbildungs-angebote. Einerseits ist er als Inhalt zu verstehen, z.b. mit der Frage, wie ein Semester oder eine Lektion gewinnbringend zu eröffnen seien. Andererseits stellt der Einstieg jene Phase für Dozierende dar, in der sie ihre Lehrtätigkeit an einer Hochschule beginnen. Dieses zweite Verständnis von Einstieg ist im Folgenden für die Fragestellung leitend, was grundsätzlich für ein hochschuldidaktisches Weiterbildungszentrum wichtig ist, um Dozierenden einen adäquaten Einstieg in die Hochschullehre zu ermöglichen.

Vier Perspektiven auf den Einstieg

Führen wir uns den Übergang vor Augen, wenn Dozierende zum ersten Mal in einer Lehr-Lernsituation als Lehrende handeln. Konzeptionell kann man dies aus verschiedenen Blickwinkeln betrachten: Diese Blickwinkel sollen im Folgenden eingeordnet werden, um eine Auslegeordnung für hochschuldidaktische Einstiegs-angebote zu entwerfen. Dabei verstehen sich diese Angebote nicht nur als Kurse, sondern auch als Beratung, Selbststudium oder Austausch.

Die vier Perspektiven Rollenwechsel, Lehrsituation, Qualitätsentwicklung und Professionalisierung betonen jeweils andere Elemente eines Einstiegs. Hoch-schuldidaktische Einsteigerliteratur setzt den Fokus oftmals und teilweise aus-schließlich auf den Einstieg als Lehrsituation. Vor allem geht es um praktische Tipps und Tricks zur Planung von Semestern und zur Gestaltung der Lehr-, Prü-fungs- und Beratungstätigkeiten von Dozierenden (vgl. Böss-Ostendorf / Senft 2010; Johansen et al. 2010; Waldherr / Walter 2009; Macke et al. 2008; Wehr / Ertel 2007). Der Blick auf den Einstieg als Rollenwechsel wird seltener gepflegt. Er ist aber zentral, da Dozierende nicht nur die Lehrsituation gestalten, sondern darüber hinaus neue Aufgaben und Erwartungen an sie herangetragen werden (vgl. Wörner 2008). Ebenfalls seltener in der Einstiegsliteratur anzutreffen, aber dennoch wichtig, ist der Aspekt der Qualitätsentwicklung (vgl. Winteler 2008).

Deutlich am wenigsten wird der Professionalisierungsprozess behandelt (vgl. Merkt / Mayrberger 2007). Dies ist aber ebenfalls ein möglicher Referenzpunkt für die Unterstützung von neuen Dozierenden in der Hochschullehre.

Der Einstieg muss im Zusammenspiel der vier Perspektiven nicht nur mit Weiterbildungsangeboten „versorgt" werden, sondern es braucht eine Reflexionsmöglichkeit für die neuen Erfahrungen der Dozierenden und einen Austausch. Die vier aufgeführten Perspektiven bieten in diesem Sinne eine Auslegeordnung für hochschuldidaktische Einstiegsangebote.

Einstieg in die neue Rolle

Neue Dozierenden sind meist seit einiger Zeit an Universitäten oder Hochschulen tätig und nun doch wieder neu: Neu in der Lehre. Dieser Schritt bedeutet einen Rollenwechsel (vgl. Hochschuldidaktik UZH 2011, S. 7f.). Neue Dozierende waren bereits aktiv in Lehr-Lernsituationen eingebunden – aber als Lernende. Sie bringen Ideen darüber mit, wie Hochschullehre funktioniert und was zu vermeiden wäre. Gleichzeitig befinden sich viele Dozierende gerade zu Beginn der Lehrtätigkeit in einer Doppelrolle. Oft sind sie nämlich einerseits als Doktoratsstudierende weiterhin als Lernende im Lehr-Lernprozess angesprochen – dies je nach Strukturierungsgrad des Doktoratsprogramms mehr oder weniger stark. Andererseits werden sie in der neuen Funktion als Dozierende Lehrveranstaltungen selbst gestalten, Lernumgebungen schaffen, Studierende betreuen. Die Dozierenden sind verantwortlich, an einer Universität forschendes Lernen zu ermöglichen, eigene Forschungsexpertise in der Lehre einzubetten sowie Wissenschaft und Forschung zum zentralen Thema zu machen.

Hochschuldidaktische Einstiegsangebote greifen diesen Rollenwechsel auf und helfen dabei, Verantwortungsbereiche abzustecken. Beispielsweise formulieren Teilnehmende eines Einstiegsangebots der Universität Zürich einen Satz, mit dem sie ausdrücken, was ihnen am wichtigsten für die neue Aufgabe in der Hochschullehre ist. Diese Erwartung kann mit vermuteten Einschätzungen seitens der Studierenden verglichen werden. Unter Umständen ergibt sich daraus sogar der Wunsch, die eigenen Vorstellungen über Hochschullehre gegenüber den Studierenden zu thematisieren. Dies bedeutet zum einen Verantwortung in der Hochschullehre übernehmen, zum anderen aber auch sich gegenüber ungerechtfertigten Erwartungen abgrenzen zu können. Ein Weiterbildungsangebot kann dazu mit Beratung und Austauschmöglichkeiten zur Reflexion über den Rollenwechsel beitragen sowie über zukünftige Erwartungen informieren.

Einstieg in die Lehrsituation

Der Blick auf die ersten Lehrsituationen verlagert den Fokus auf die Tätigkeitsfelder in der Hochschullehre. Diese sind in der Ratgeberliteratur oft auf reine Anwendungstechniken verkürzt, bieten aber auch die Möglichkeit für konzeptionelle Überlegungen. Als drei hochschuldidaktische Ansätze nennt Tremp (2005) das Ausbildungsziel „Wissenschaftliches Tun", die Methode „Cognitive Apprenticeship" und Passungsfragen in der Studieneingangsphase. Das eigenständige wissenschaftliche Tun sowie die Verknüpfung von Forschung und Lehre gehört zum traditionellen Selbstverständnis von Universitäten, das zum Beispiel durch eine Mitgliedschaft in der League of European Research Universities (LERU) oder andere Forschungsverbünde noch unterstrichen wird. Demnach setzt die Vermittlung an der Universität vor allem darauf, dass Studierende das wissenschaftliche, forschende Tun tatsächlich ausführen können. Dafür können von Beginn des Studiums an (Stichwort Studieneingangsphase) Forschungshandlungen explizit und in der Lehre deutlich gemacht werden. Ein mögliches methodisches Modell liegt im „Cognitive Apprenticeship" als geistige Einführung in eine Expertenkultur (vgl. ebd.).

Für ein hochschuldidaktisches Weiterbildungsangebot bedeutet dies, dass Dozierenden Möglichkeiten an die Hand gegeben werden sollen, wie die Lehrsituation als Verknüpfung von Forschung und Lehre gestaltbar ist. Das heißt aber auch, dass das Weiterbildungsangebot selbst nicht beim Methodentraining verbleiben kann, sondern selbst Forschung als Weiterbildungshandeln aufgreift, indem zum Beispiel die eigene Lehre anhand von kollegialen Hospitationen reflektiert wird oder Dozierende verschiedene „Daten" zur eigenen Lehre erheben und auswerten (lassen). Ein hochschuldidaktisches Weiterbildungsangebot berücksichtigt die Prinzipien forschenden Lernens über eine reine Vermittlung von Techniken (z.B. Partnerarbeit, Frontalunterricht ...) hinaus. Sie macht bereits in Einstiegsangeboten deutlich, welcher Zusammenhang von hochschuldidaktischer Weiterbildung und wissenschaftlicher Arbeit in der Hochschullehre besteht. Dies kann bei der ersten Lehrplanung bedeuten, dass sich die neuen Dozierenden darüber bewusst werden, wo sie den Studierenden Einblick in ihr eigenes wissenschaftliches Handeln geben können. Die Schritte der Semester- und Veranstaltungsplanung sind als praktische Anleitungshilfen mit solchen grundsätzlichen Überlegungen zu verknüpfen (vgl. Terhart 2000; Hochschuldidaktik UZH 2011), um dem Hochschulkontext Rechnung tragen zu können.

Einstieg in die Qualitätsentwicklung

Im Zusammenhang mit Qualitätsentwicklung zeigt sich der Einstieg in die Hochschullehre als zentraler Moment, denn bereits mit der ersten Planung und Durchführung spielen Gütevorstellungen eine wichtige Rolle. „Gute Lehre lässt sich immer nur durch ein Bündel von Faktoren charakterisieren. Insbesondere ist zu klären, welche Ebene von Hochschullehre denn genau gemeint ist. Eine Ebene ist beispielsweise das gesamte Studium bzw. Studienprogramm, eine andere ist die Ebene des Moduls, in dem unter Umständen mehrere Lehrveranstaltungen integriert sind" (Hochschuldidaktik UZH 2011, S. 27).

„Gute Hochschullehre" hat aber auch einen gemeinsamen Referenzpunkt, nämlich nachhaltiges und forschendes Lernen der Studierenden zu ermöglichen und zu unterstützen. Lehren ist also als Angebot für Lernprozesse zu verstehen. Dem entspricht die Vorstellung vom Lernen als einem individuellen, konstruktiven und aktiven Prozess (vgl. Reinmann-Rothmeier / Mandl 2001).

Ein hochschuldidaktisches Einstiegsangebot zeigt anhand von Beispielen auf, wie „gute Lehre" umgesetzt werden kann. Es ermöglicht den Dozierenden, die Wirkung ihres Lehrhandelns zu reflektieren und damit die eigene Lehre zum Gegenstand für die Weiterentwicklung zu machen (vgl. auch Eugster in diesem Band). In diesem Sinne muss Qualitätsentwicklung als Reflexionsangebot bereits von Beginn an in die hochschuldidaktische Weiterbildung einbezogen werden. Dies kann sich zum Beispiel in einem Leitgedanken niederschlagen, der den Dozierenden am wichtigsten ist. Dieser Leitgedanke unterstützt bei der Planung und Durchführung, Prioritäten zu setzen, spiegelt aber das eigene Verständnis als Dozent oder Dozentin wider (vgl. Hochschuldidaktik UZH 2011).

Einstieg in den Professionalisierungsprozess

Im Prozess der Professionalisierung erweitert sich zum einen das Methodenre-pertoire und die Routine in der Hochschullehre, zum anderen erhalten die zu-nächst intuitiv angewendeten Lehrformen einen konzeptionellen Unterbau und eine fundierte Grundlage zur Reflexion. Frontale, kooperative und individuelle Lehrsituationen beziehen sich auf Forschungsergebnisse und -methoden aus ih-rem fachlichen Kontext. Die fachliche Expertise ist eine wichtige Voraussetzung. „Experten unterscheiden sich von Novizen in der Regel dadurch, dass sie auf dem Gebiet ihrer Expertise über ein umfangreiches, wohlgeordnetes Wissen und über reichhaltige Erfahrungen verfügen" (Hasselhorn / Gold 2009).

Es kann somit davon ausgegangen werden, dass es den Einstieg im Sinne eines Novizentums gar nicht gibt. Neben der fachlichen Expertise sind neue Dozieren-de auch in der Lehr-Lernsituation keine Novizen. Keller-Schneider (2010) be-schreibt, dass Hochschuldozierende mindestens als fortgeschrittene Anfänger zu betrachten seien, da sie die universitäre Lehrsituation bereits intensiv durchlaufen haben – nämlich als Studierende.

Hochschuldidaktische Einstiegsangebote berücksichtigen in diesem Zusammen-hang, dass es verschiedenste fachlich geprägte Anwendungssituationen im Hör-saal, am Patienten, im Labor, am Computer, im Feld gibt. Es gilt aber neben der Fachexpertise eine hochschuldidaktische Professionalisierung zu unterstützen. Dabei spielen unter Umständen neben fachlichen auch pädagogisch-didaktische Konzepte und deren fachdidaktische Verknüpfungen eine zentrale Rolle. Ein hochschuldidaktisches Weiterbildungsangebot unterstützt zudem die Dokumen-tation der persönlichen Lehrleistungen.

Hochschuldidaktische Einstiegsangebote über eine Dienstleistung hinaus

Hochschuldidaktische Weiterbildung orientiert sich an den beruflichen Aufgaben von Lehrverantwortlichen und den Etappen einer wissenschaftlichen Laufbahn. Als grundsätzliche Überlegung für ein hochschuldidaktisches Weiterbildungszentrum ist der Einstieg in die Hochschullehre als eine der zentralen Etappen einer wissenschaftlichen Laufbahn zu berücksichtigen. Das Angebot folgt dabei einem breiten Verständnis von Beratung, Kursen und Selbststudienmaterial. Die vier Referenzpunkte Rollenwechsel, erste Lehrsituation, Lehrqualität und Professionalisierung bieten einen Raster für die hochschuldidaktischen Weiterbildungsangebote, das sich explizit am Einstieg orientiert. Im Zentrum stehen Überlegungen, welche Maßnahmen Dozierenden auf Wunsch unterstützen könnten, um forschendes Lernen der Studierenden zu ermöglichen. Dies kann insbesondere die Unterstützung bei der Reflexion zur eigenen (neuen) Rolle im Wissenschaftsbetrieb sein, aber auch das bewusste Durchdringen und Begleiten bei zentralen Planungsschritten für die erste Lehrsituation. Weiterhin spielt zu Beginn ein Angebot zur Qualitätsentwicklung und „Erforschung" der eigenen Lehre eine wichtige Rolle, ebenso wie das Wechselspiel von Fachbezug und Hochschuldidaktik im Sinne einer umfassenden Professionalisierung von Hochschuldozierenden. Der Einstieg ist demnach eine wichtige Etappe, in der hochschuldidaktische Weiterbildungsangebote selbst die Messlatte für ihre zukünftige Ausrichtung an der wissenschaftlichen Laufbahn setzen.

Literatur

Böss-Ostendorf, A. / Senft, H. (2010). Einführung in die Hochschul-Lehre. Ein Didaktik-Coach. Opladen: Barbara Budrich.

Hasselhorn, M./Gold, A. (2009). Pädagogische Psychologie: Erfolgreiches Lehren und Lernen. Stuttgart: Kohlhammer, 2. Aufl.

Hochschuldidaktik UZH (2011). Einstieg in die Hochschullehre. Zürich.

Johansen, K. / Jung, K. / Lexa, S. / Niekrenz, Y. (2010). Einsteigerhandbuch Hochschullehre. Aus der Praxis für die Praxis. Darmstadt: Wissenschaftliche Buchgesellschaft, 2. Aufl.

Keller-Schneider, M. (2010). Entwicklungsaufgaben im Berufseinstieg von Lehrpersonen. Münster: Waxmann.

Macke, G. / Hanke, U. / Viehmann, P. (2008). Hochschuldidaktik. Lehren, vortragen, prüfen. Weinheim: Beltz.

Merkt, M. / Mayrberger, K. (Hrsg.) (2007). Die Qualität Akademischer Lehre. Zur Interdependenz von Hochschuldidaktik und Hochschulentwicklung. Innsbruck: Studienverlag.

Reinmann-Rothmeier, G. / Mandl, H. (2001). Unterrichten und Lernumgebungen gestalten. In: Krapp, A. / Weidenmann, B. (Hrsg.). Pädagogische Psychologie. München: Urban & Schwarzenberg, 4. Aufl., S. 601–646.

Terhart, E. (Hrsg.) (2000). Perspektiven der Lehrerbildung in Deutschland. Abschlussbericht der von der Kultusministerkonferenz eingesetzten Kommission. Weinheim: Beltz.

Tremp, P. (2005). Verknüpfung von Lehre und Forschung: Eine universitäre Tradition als didaktische Herausforderung. In: Beiträge zur Lehrerbildung, 23(3), S. 339–348.

Tremp, P. (2010). Geordnete Vielfalt – Das hochschuldidaktische Weiterbildungsangebot der Universität Zürich. In: Zeitschrift für Personal- und Organisationsentwicklung, 5(2/3), S. 58–60.

Waldherr, F. / Walter, C. (2009). Didaktisch und praktisch: Ideen und Methoden für die Hochschullehre. Stuttgart: Schäffer-Poeschel.

Wehr, S. / Ertel, H. (Hrsg.) (2007). Aufbruch in der Hochschullehre. Beiträge aus der hochschuldidaktischen Praxis. Bern: Haupt.

Winteler, A. (2008). Professionell lehren und lernen. Ein Praxisbuch. Darmstadt: Wissenschaftliche Buchgesellschaft, 2. Aufl.

Wörner, A. (2008). Lehren an der Hochschule. Eine praxisbezogene Anleitung. Wiesbaden: Verlag für Sozialwissenschaften, 2. Aufl.

Kathrin Futter

Professionalisierung der Hochschullehre am Beispiel des Programms „Teaching Skills"

Dozierende an Hochschulen kennen meistens lediglich eine Art der Ausbildung für ihre Lehrtätigkeit, das „apprenticeship of observation" (Lortie 1975), eine lange informelle Lernzeit als Studentin oder Student, bei welcher man selber in unzähligen Stunden erlebt hat, wie Lehre „funktioniert". Solche tradierten Lehrmuster sind gut konserviert und prägen die Lehrkultur eines Fachs oder einer Disziplin (vgl. auch Ludwig Huber in diesem Band). Manch eine neue Assistentin/ ein neuer Assistent vermag es nicht, eine leicht veränderte Methode anzuwenden, denn – so die Antwort auf Nachfrage – die Studierenden würden dies nicht akzeptieren. Im Grunde genommen kennen die Studierenden jedoch nichts anderes, da der Habitus der Fachkultur sie bereits geprägt hat. Dies der negativ geprägte Einstieg in diesen Beitrag. Auf der anderen Seite gibt es Angebote zur Professionalisierung der Hochschullehre. Zum Beispiel Einstiegsprogramme (vgl. Markus Weil in diesem Band) oder Programme für Assistierende wie das in diesem Beitrag vorgestellte Qualifizierungsprogramm „Teaching Skills" der Hochschuldidaktik der Universität Zürich. Wenn sich Assistierende mit anderen Lehrenden in hochschuldidaktischen Kursen austauschen, wenn sie sich gegenseitig in der Lehrveranstaltung besuchen und sehen wie an anderen Fakultäten, in anderen Fachkulturen gelehrt wird, wenn sie von hochschuldidaktischen Expertinnen und Experten besucht werden und fundierte Rückmeldungen zu ihrer Lehre erhalten oder wenn sie ihre Lehrtätigkeit in einem Lehrportfolio kritisch reflektieren, dann besteht die Möglichkeit, dass ihre Lehrkompetenz professionalisiert wird und die Lehre sich verändern und verbessern kann. Dies der positiv geprägte Einstieg in diesen Beitrag.

Ausgangslage

Bezüglich der Professionalisierung des eigenen Lehrhandelns kann davon ausgegangen werden, dass die das Handeln leitenden Konzepte ihren Ursprung in den jeweiligen persönlichen Überzeugungen und der gelebten Fachkultur finden.

Auch bekannt unter dem Begriff der „subjektiven Theorien" (vgl. z.B. Dann 1994; Groeben et al. 1988) sind solche Lehrkonzepte äußerst stabil und nur schwierig veränderbar. Nicht nur die Kultur/der Habitus eines Instituts prägen solche individuellen Lehrkonzeptionen, auch ganze Landeskulturen sind Ausdruck von impliziten und expliziten Überzeugungssystemen respektive deren zugrundeliegenden Lehr-Lerntheorien. So wird heute, ausgehend von einem kognitiv-konstruktivistischen Lernbegriff (vgl. u.a. Reusser 2001), davon ausgegangen, dass Lernen ein höchst aktiver, individueller, kumulativer, situierter und zielbezogener Konstruktionsprozess ist. Beim Lehren – soll es sich denn auf Lernen beziehen – tun also die Dozierenden gut daran, Lernumgebungen zu schaffen, welche solche aktiven Konstruktionsleistungen der Studierenden fördern. Welche Möglichkeiten es dazu gibt, ob der Transfer in die eigene Praxis gelingt, welche Schwierigkeiten zu bewältigen sind, all dies sind Aspekte, welche im Rahmen des Programms „Teaching Skills" zur Sprache respektive zur Anwendung kommen.

„Teaching Skills", ein Angebot zur Professionalisierung der Hochschullehre an der Universität Zürich

„Teaching Skills" wurde im Jahr 2001 in enger Zusammenarbeit mit den Fakultäten ins Leben gerufen. Konzipiert als Programm für den wissenschaftlichen Nachwuchs und absolvierbar während der Assistenzzeit, schließt es mit einem Zertifikat ab, welches vom Dekan der jeweiligen Fakultät und dem Prorektor der Universität Zürich unterschrieben ist. Mittlerweile ist es möglich, sich das Programm auch im Rahmen der strukturierten Doktoratsprogramme im Umfang von 6 ECTS-Punkten anrechnen zu lassen. Über 100 Zertifikate wurden bisher ausgestellt und über 200 Personen nehmen zur Zeit am Programm teil. Bewusst ist das „Teaching Skills" so gestaltet, dass es den Assistierenden erlaubt, sehr individuell ihre Lehrkompetenzen zu entwickeln. Trotzdem gibt es einige strukturierende Eckpfeiler (vgl. Abb. 1).

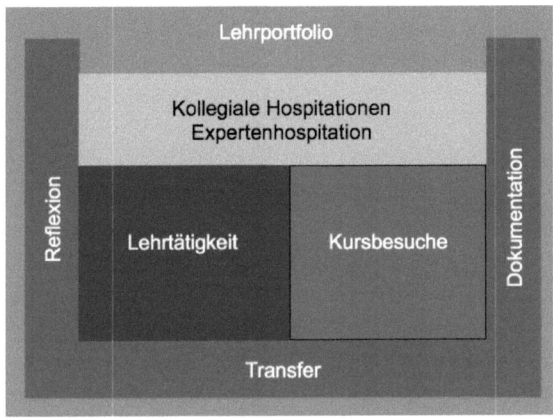

Abb. 1: Übersicht Programm „Teaching Skills"

So wurde für jede Fakultät eine auf die je spezifischen Verhältnisse zugeschnittene Kursliste erstellt. Für alle Teilnehmenden obligatorisch ist z.b. der dreistündige Kurs „Kollegiale Hospitation". Dieser Kurs dient der Einführung in das Setting der kollegialen Hospitation, übt die Lehrbeobachtung anhand von Videobeispielen und das konstruktive Feedback-Geben. Die Teilnehmenden werden im Kurs aufgefordert, Dyaden oder Triaden zu bilden und sich gegenseitig in der Lehre Besuche abzustatten, Rückmeldungen zu geben und auch einen Bericht zu verfassen. Diese Besuche werden sehr geschätzt und die kollegiale Hospitation, als niederschwelliges Verfahren, hat sich als bewährtes Instrument der Lehrreflexion etabliert. Ebenfalls verpflichtend werden die Teilnehmenden von einem Mitglied der Hochschuldidaktik im Rahmen einer Hospitation besucht. Alternativ kann auch der Lehrstuhlinhaber/die Lehrstuhlinhaberin diesen Besuch übernehmen. Kurse aus anderen Programmen und Angeboten der Hochschuldidaktik sind in einem Wahlpflicht- respektive Wahlbereich angesiedelt und können von den Assistierenden selber zusammengestellt werden.

Wie aus obiger Abbildung ersichtlich, wird neben den Kursbesuchen der eigentlichen Lehrtätigkeit besonderes Gewicht beigemessen. Das Programm kann denn auch nicht ohne Lehrverpflichtung absolviert werden. Für einige Assistierende ist gerade dies jedoch ein schwieriger Punkt, da es Fakultäten gibt, an denen die Assistierenden sehr wenig direkte Lehrtätigkeit nachweisen können und z.B. hauptsächlich mit dem Korrigieren von Prüfungen oder der Organisation von Tagungen

beschäftigt sind. Hier braucht es das Gespräch mit den Vertretern und Vertrete-
rinnen der Fakultät, damit diejenigen Personen, welche das freiwillige Programm
absolvieren möchten und dadurch zur Professionalisierung der Hochschullehre
beitragen, auch tatsächlich eine Lehrverpflichtung erhalten.

Umrahmt werden die Kursbesuche, die Lehrtätigkeit und die (kollegialen)
Hospitation(en) von der Dokumentation und Reflexion der Lehrtätigkeit in einem Lehrportfolio. Dieses wurde im Programm als Leistungsnachweis konzipiert
und es gelten Richtlinien zur Erstellung. Gerade mit diesem Kernstück des Programms bekunden viele Assistierende jedoch auch Mühe. Im Wissenschaftsbetrieb eingespannt und gewohnt, Fachartikel zu publizieren, ist das Verfassen eines
Lehrportfolios, mit der dazugehörenden didaktischen Reflexion, ein weitgehend
unbekanntes Format. Mit Hilfe einer Werkstatt „Mein Lehrportfolio schreiben"
wird diesem Umstand Rechnung getragen und die Assistierenden erhalten (falls
gewünscht) Unterstützung beim Schreibprozess. Auch wurde eine Bibliothek
„Teaching Skills" im geschützten Bereich einer E-Learning-Plattform eröffnet,
welche es den Teilnehmenden ermöglicht, einschlägige Artikel zum Lehren und
Lernen an Universitäten zu lesen und auch kritisch zu verarbeiten. Die Lehrportfolios haben in den letzten Jahren deutlich an Profil gewonnen und die Absicht,
damit nicht bloß die eigene Lehrtätigkeit zu dokumentieren, sondern vor allem
auch zu reflektieren, konnte vermehrt eingelöst werden.

Über eine Dienstleistung hinaus

Wie oben dargestellt, ermöglicht das Programm „Teaching Skills" einer ganz bestimmten Zielgruppe – nämlich den Assistierenden der Universität Zürich – ihre
Lehrleistungen zu dokumentieren, zu reflektieren und dadurch auch zu professionalisieren. Vielen Assistierenden ist es ein echtes Anliegen, ihre Lehre zu verbessern und dadurch optimale Lerngelegenheiten für die Studierenden zu schaffen. Von Seiten der Hochschuldidaktik ist es zentral, im Zusammenhang mit dem
Lehrportfolio aufzuzeigen, wie wichtig die didaktische Reflexion des eigenen
Lehrhandelns ist. Gerade in Bezug auf die Veränderung der eigenen Überzeugungen ist die didaktische Reflexion ein zentrales Element (vgl. u.a. Lyons 2006;
McAlpine / Weston, 2000; Schön 1983). Dass diese didaktische Reflexion nicht
selbstverständlich ist und von den Assistierenden großen Einsatz verlangt, charakterisiert den hohen Anspruch des Programms. Deshalb wird es in Zukunft sicher

auch notwendig sein, Angebote zu generieren, in welchen – nebst der bereits oben erwähnten Werkstatt „Mein Lehrportfolio schreiben" – auch die didaktische Reflexion geübt werden kann. Zum Beispiel könnte dies eine Kolloquiumsveranstaltung sein, bei welcher die Auseinandersetzung mit disziplinären Texten stattfindet oder aber Reflexionsveranstaltungen wie zum Beispiel „Videoclubs" (vgl. Sherin / van Es, 2009), in welchen die universitäre Lehre kritisch reflektiert werden kann. Jedenfalls lohnt es sich, das Angebot in diese Richtung weiterzuentwickeln, so dass es noch deutlicher an Profil gewinnt und damit der Professionalisierung der Hochschullehre Rechnung trägt.

Literatur

Dann, H.D. (1994). Pädagogisches Verstehen: Subjektive Theorien und erfolgreiches Handeln von Lehrkräften. In: Reusser, K. / Reusser-Weyeneth, M. (Hrsg.). Verstehen. Bern: Verlag Hans Huber, S. 163–182.

Groeben, N. / Wahl, D. / Schlee, J. / Scheele, B. (1988). Das Forschungsprogramm Subjektive Theorien. Eine Einführung in die Psychologie des reflexiven Subjekts. Tübingen: Francke.

Lortie, D. (1975). Schoolteacher: A sociological study. Chicago: University of Chicago Press.

Lyons, N. (2006). Reflective engagement as professional development in the lives of university teachers. In: Teachers and Teaching: theory and practice, 12(2), S. 151–168.

McAlpine, L. / Weston, C. (2000). Reflection: Issues related to improving professors' teaching and students' learning. In: Instructional Science, 28, S. 363–385.

Reusser, K. (2001). Unterricht zwischen Wissensvermittlung und Lernen lernen: Alte Sackgassen und neue Wege in der Bearbeitung eines pädagogischen Jahrhundertproblems. In: Finkbeiner, C. / Schnaitmann, G.W. (Hrsg.). Lehren und Lernen im Kontext empirischer Forschung und Fachdidaktik. Donauwörth: Auer, S. 106–140.

Schön, D.A. (1983). The reflective practitioner. How professionals think in action. New York: Basic Books.

Sherin, M.G. / van Es, E.A. (2009). Effects of Video Club Participation on Teachers' Professional Vision. In: Journal of Teacher Education, 60(1), S. 20–37.

Mandy Schiefner

Hochschuldidaktische Szenarien für die wissenschaftliche Weiterbildung

Im Rahmen des Bologna-Prozesses ist durch die Einrichtung von Weiterbildungs-mastern eine neue Studienstufe an die grundständigen Studiengängen angeschlos-sen worden. Wird die wissenschaftliche Weiterbildung nun als eigene Stufe im Rahmen der Universitätsbildung gesehen, stellt sich die Frage nach der didakti-schen Qualifikation und Unterstützung der Dozierenden und Programmleitenden der wissenschaftlichen Weiterbildung. Dies kann als neues Aktionsfeld der Hoch-schuldidaktik verstanden werden, was sich jedoch von der Hochschuldidaktik auf der grundständigen Stufe unterscheidet. Der folgende Artikel schildert den Ver-such, ein angemessenes Angebot zu konzipieren.

Wissenschaftliche Weiterbildung

Die wissenschaftliche Weiterbildung als eine Form der Weiterbildung an Uni-versitäten unterscheidet sich von allgemeiner Weiter- bzw. Erwachsenenbildung in einigen Punkten (vgl. auch Reinmann in diesem Band). Als wissenschaftliche Weiterbildung gelten Veranstaltungen, die „von den Universitäten angeboten und verantwortet (werden), sich an Fachleute mit einem tertiären Bildungsabschluss richtet und wenn ihre Inhalte eine wissenschaftliche Basis aufweisen" (Jütte / Weber 2005, S. 11).

Dozierende der wissenschaftlichen Weiterbildung sind meist Angehörige von Universitäten, Professoren und Forschende, die den Inhalt der Weiterbildung auch aus ihrer Forschungstätigkeit generieren und dementsprechend eine besondere Zielgruppe darstellen (vgl. Gabi Reinmann, in diesem Band). Diese Situationen bedingen veränderte Anforderungen an die Lehrsituation der wissenschaftlichen Weiterbildung, auf die Lehrpersonen vorbereitet werden müssen bzw. für das sie angemessene Handlungs- und Reflexionsstrategien ausarbeiten müssen.

Der *Gegenstand von wissenschaftlicher Weiterbildung* ist wissenschaftliches Wissen, dessen Erarbeiten auf wissenschaftliche Art und Weise erfolgt (Nuissl von Rein 2001). Es geht vor allem um Inhalte, die sich im wissenschaftlichen Diskurs bewährt haben: „Während (berufs)praktische, handlungsorientierte Diskurse notwendigerweise darauf aus sind, etwas ans (bessere) Funktionieren zu bringen, geht es im wissenschaftlichem Diskurs eher darum, ob etwas funktionieren kann, warum dies der Fall ist, welche (unerwünschten) Effekte eintreten, aber auch darum, ob das Problem, das man zu lösen gedenkt, das Problem ist, das man ‚eigentlich' hat" (Wittpoth 2005, S. 17f.). So ist wissenschaftliche Weiterbildung auf der einen Seite der Wissenschaftlichkeit von Universitäten verpflichtet, auf der anderen Seite dient sie als Professionalisierung einer Berufstätigkeit der Teilnehmenden, in der meist praxisorientierte Probleme vorherrschen. Und in beiden Bereichen liegen unterschiedliche Wissensarten vor, worauf Gonon (2004) hinweist und was das Agieren für Dozierende in der wissenschaftlichen Weiterbildung herausfordernd macht:

> „Wissenschaftliches Wissen basiert auf Lehre und außerdem auf Forschung. Es ist in der Sprache der Forschung verfasst und folge einer Systematik. Sie baut auf Akkumulation und kritischer Prüfung. Betriebliches Wissen wiederum ist stark durch spezifische Kontexte geprägt. Es ist situativ in Produktion und Dienstleistung eingebunden. Wissen wird vor allem in seiner strategischen Bedeutung wahrgenommen." (ebd., S. 19)

Während Wissenschaft im engen Sinne sich immer an einer zu findenden „Wahrheit" und der Suche nach Erkenntnis orientiert, stellt das Referenzkriterium in der Praxis die „Angemessenheit" dar. Es geht nicht unbedingt darum, das „Wahre" zu finden und zu tun, sondern in Praxissituationen angemessen zu handeln. Im wissenschaftlichen Kontext steht meist die distanzierte Reflexion eines Gegenstands im Vordergrund, während Handeln in der Praxis stark vom unmittelbaren Handlungsdruck geprägt ist. Wissen entsteht in der Wissenschaft vor allem als Ergebnis systematischer Erkenntnisproduktion, während es in der Praxis meist aufgrund von Erfahrung gewonnen wird.

Hier müssen innerhalb der Weiterbildung zwei Pole miteinander in Einklang gebracht werden: wissenschaftliche Distanz mit praktischer Tätigkeit (vgl. Abb. 1):

Wissenschaft		Praxis
	Ziel	
Erkenntnisgewinn		Praxisveränderung
	Motivation	
Wissensbedarf		Handlungsbedarf
	Modus	
(Praxis)reflektion		Problemlösung
	Orientierung an	
Wahrheit		Angemessenheit des Handelns
	Entstehung von Wissen	
Ergebnis systematischer Erkenntnisproduktion		Erfahrung

Abb. 1: Unterschiedliche Referenzpunkte von Wissenschaft und Praxis in der universitären Weiterbildung

Diese Pole implizieren neben der fachlichen und inhaltlichen Ausrichtung Fragen nach angemessener Didaktik, die Verfahren des Forschungsprozesses auf die Organisation von Lehren und Lernen in einem solchen Umfeld übertragen kann. Dabei kann es häufig zu Spannungen bzw. zu einem Widerspruch zwischen Teilnehmerorientierung und Wissenschaftsorientierung der Disziplinen kommen (Nuissl von Rein 2001) – eine besondere Herausforderung für Dozierende in diesem Setting. Sie müssen genau diese Ambivalenz registrieren und reflektieren, um sie angemessen zu berücksichtigen.

Szenarien hochschuldidaktischer wissenschaftlicher Weiterbildung

Die Frage ist nun: Welche didaktischen Überlegungen sind im Bereich einer hochschuldidaktischen Unterstützung der wissenschaftlichen Weiterbildung zu machen und was bedeuten veränderte Rahmenbedingungen und Inhalte der wissenschaftlichen Weiterbildung für die Hochschuldidaktik? Lehre muss auch hier von Lernen aus gedacht werden, d.h. Lehre umfasst mehr als nur das Darbieten von Wissen. Gemeinhin kann davon ausgegangen werden, dass Dozierende und Programmleitende der wissenschaftlichen Weiterbildung als Lehrende an Universitäten durchaus „fit" in didaktischen Fragestellungen und im didaktischen Handeln sind. Wissenschaftlicher Weiterbildung liegen allerdings andere Konnotationen didaktischer Fragestellungen zugrunde als in den grundständigen Studiengängen. Durch die oben angedeuteten Referenzpunkte ergeben sich unterschiedliche Rahmenbedingungen für wissenschaftliche Weiterbildung. So sind hochschuldidaktische Szenarien speziell für die wissenschaftliche Weiterbildung von verschiedenen Faktoren abhängig (vgl. Gabi Reinmann in diesem Band):

1. Vom Verständnis von *Lehrkompetenz*: pädagogische und didaktische Kenntnisse, Fähigkeiten und Fertigkeiten zur Lehrplanung, -entwicklung und -umsetzung, Inhaltswissen zum Lehrgegenstand sowie persönliche Überzeugungen.
2. Von den *Merkmalen der Lehrenden und Dozierenden*, die im Rahmen der wissenschaftlichen Weiterbildung unterrichten. Hier findet sich auf der einen Seite eine große Heterogenität aus unterschiedlichen Arbeits- und Forschungskontexten, auf der anderen Seite auch unterschiedliche Vorerfahrungen mit dem Kontext der wissenschaftlichen Weiterbildung.
3. Von der *Didaktik der wissenschaftlichen Weiterbildung*: Integration von Modellen der Vermittlung des Inhalts und dessen Aufbereitung, die in ein hochschuldidaktisches Szenario einbezogen werden müssen.
4. Von den *Anforderungen und Ansprüchen* der in der Weiterbildung integrierten Personen.

In der Hochschuldidaktik der Universität Zürich wurde ausgehend von den oben genannten Faktoren der Schwerpunkt „Didaktik wissenschaftlicher Weiterbildung" ein Angebot generiert, das Dozierende und Studiengangsleitende optimal in ihrer didaktischen Tätigkeit unterstützt.

Konzeption und Formate

Im Fokus des Programms stand die Auseinandersetzung mit der eigenen Lehrtätigkeit im Rahmen der wissenschaftlichen Weiterbildung: Neben den Kernkompetenzen von Dozierenden und Programmleitenden „Unterrichten, Organisieren, Entwickeln, Leiten, Beraten, Evaluieren und Akquirieren als Methoden- und Handlungskompetenzen" sollten auch andere Wissensformen berücksichtigt werden, so beispielsweise orientierendes Kontextwissen über die Universität als Bildungseinrichtung und der Berufspraxis der Teilnehmenden sowie die Reflexion der eigenen Lehre und Person.

Im Rahmen hochschuldidaktischer Szenarien für die wissenschaftliche Weiterbildung geht es darum, den Arbeitsbedingungen der Akteure Rechnung zu tragen. Zu beachten sind Erfahrungswissen und Kompetenzstufen von Dozierenden und Studiengangsverantwortlichen sowie Arbeitsbedingungen im Rahmen der wissenschaftlichen Weiterbildung, in denen es z.b. kaum feste Semesterstrukturen mit einem koordinierten Beginn gibt. Für eine Umsetzung dieser unterschiedlichen Ziele wurden unterschiedliche Formate gewählt. Dabei waren sowohl *formelle wie auch informelle Weiterbildungsformen* (z.b. Bretschneider 2007) angedacht. Kamingespräche als informelleres Angebot dienten beispielsweise dem Austausch über Fragestellungen und der Reflexion der eigenen Rolle in der wissenschaftlichen Weiterbildung. Als Kurzkurse wurden Einheiten zu spezifischen Themen konzipiert. Diese Form der Weiterbildung kommt vor allem den Arbeits- und Lernbedingungen aller Beteiligten entgegen. Und schließlich greift die Hochschuldidaktik auf die bewährte Tradition der Dossiers zurück und bietet mit „Lehren und Lernen in der wissenschaftlichen Weiterbildung" eine umfangreiche Handreichung zum Selbststudium an, die als Grundlage für eine Didaktik wissenschaftlicher Weiterbildung (vgl. Schiefner 2010) verstanden werden kann. Flankiert werden die Weiterbildungsformen mit einem *Beratungsangebot* zu Themen der Lehrentwicklung in der wissenschaftlichen Weiterbildung, Hospitationen und Evaluation.

Drei zentrale Prinzipien

Angebote sind kompetenzorientiert: Kompetenzorientierung ist auch in der wissenschaftlichen Weiterbildung zentral. Dies betrifft zum einen die inhaltliche Gestaltung der Weiterbildung, die sich vermehrt an Fähigkeiten und Fertigkeiten orientiert, die Teilnehmende am Ende der Weiterbildung erreichen sollen. Zum zweiten aber auch die Ebene des Planens und Unterrichtens selbst. Die Handlungskomponente, die Kompetenzformulierungen inhärent ist, erfordert unterschiedliche didaktische Konzeptionen, die im Rahmen der wissenschaftlichen Weiterbildung auch als Inhalte zu integrieren sind, von einer anwendungs- und handlungsorientierten Vermittlung von Inhalten, komplexen Aufgabenstellungen bis hin zur Konzeption von Leistungsnachweisen, in denen die Kompetenz auch dargestellt werden kann. Ein Problem bei der Konzeption zeigte, dass es bisher kaum Kompetenzraster für die wissenschaftliche Weiterbildung gibt. So wurde im Rahmen der Konzipierung des Angebots sowohl Kompetenzrahmen der Erwachsenenbildung/Weiterbildung sowie auf Europäische bzw. Nationale Qualifikationsrahmen Bezug genommen (vgl. auch Kraft / Schmidt-Lauff 2007).

Angebote sind reflexionsbasiert: Zentrales Prinzip hochschuldidaktischer Weiterbildungen auf Ebene der wissenschaftlichen Weiterbildung ist die Reflexion oder
das Ziel „Turning experience into learning" (Boud et al. 1985). Reflexion kann
zum einen dadurch erreicht werden, dass unterschiedliche Referenzpunkte der
beiden Systeme Wissenschaft und Praxis (vgl. Abb. 1) zur Diskussion gebracht
oder im Rahmen der Weiterbildung immer wieder systematische Phasen der Spiegelung integriert werden. Diese Reflexion muss allerdings sowohl angeleitet als
auch unterstützt werden. Als Instrument zur Anregung und Förderung kann dafür
ein Portfolio eingesetzt werden: Dieses dient neben der Dokumentation der eigenen Lehrtätigkeit der Verknüpfung informeller und formeller Lernprozesse und
der besseren Integration von Vorerfahrung (vgl. z.B. Andexer / Thonhauser 2001;
Berthold 2006). Somit kann das Portfolio als Referenzinstrument in der wissenschaftlichen Weiterbildung angesehen werden.

Angebote bieten formelle und informelle Zugänge: Für die Zielgruppe der Lehrpersonen in der wissenschaftlichen Weiterbildung stellt sich die Frage nach der
sinnvollen Verknüpfung von informellem und formellem Lernen, da hochschuldidaktische Weiterbildungen beide Formen des Lernens kennen. Diese beiden Formen verschwimmen immer mehr, so dass vor allem hinsichtlich der Unterstützung
der Studiengangsleitenden und Dozierenden auf Stufe der wissenschaftlichen
Weiterbildung Fragen der angemessenen Verbindung virulent werden. Informelle
Prozesse in einem formalen Rahmen zu integrieren und die Vorteile der jeweiligen Lernform zu eruieren, stellt eine Hauptaufgabe der Hochschuldidaktik bei
der Konzeption von Lernszenarien für die Weiterbildung der wissenschaftlichen
Weiterbildung dar. Vor allem geht es darum, beide Lernformen gewinnbringend
zu verknüpfen, aber auch bisher erworbene Kompetenzen in der Weiterbildung zu
berücksichtigen.

Erste Erfahrungen

Diese pointierte Fokussierung auf die Lehrqualifikation innerhalb der wissenschaftlichen Weiterbildung kann zu einem Qualitätsausweis für das Weiterbildungsprogramm einer Hochschule werden. Für die Hochschuldidaktik bedeutet
dies, auch auf der Stufe der wissenschaftlichen Weiterbildung die Analyse von
Lehren und Lernen auszubauen und ein passendes Weiterbildungsangebot für

Lehrende bereitzuhalten. So formuliert Jütte (2004), dass für eine Didaktik der wissenschaftlichen Weiterbildung „angemessene methodisch-didaktische Formen zu entwickeln und zu evaluieren (sind). Überdies sind Kontexte, Wirksamkeit sowie Aufwand und Ertrag zu untersuchen" (ebd., S. 2).

Die bisherigen Praxiserfahrungen mit dieser breiten Form der Weiterbildung sind gering, bedingt ein solch breiter Zugang doch die Zustimmung aller an der wissenschaftlichen Weiterbildung beteiligten Personen. Ist dieser gegeben, so zeigen sich interessante Veranstaltungen, die neue Sichtweisen auf Hochschuldidaktik auf Stufe der universitären Weiterbildung eröffnen. Die Konzeption möglichst breiter Angebote wird in Zukunft sowohl auf die wissenschaftliche Weiterbildung als auch auf die Hochschuldidaktik zukommen.

Literatur

Andexer, H. / Thonhauser, J. (2001). Portfolio in der Lehrer/innenbildung: Begriffe, Erwartungen, Erfahrungen: Antworten auf 3 Fragen. In: Journal für Lehrerinnen- und Lehrerbildung, 1(4), S. 53–55.

Berthold, K. (2006). Handlungskompetenz durch Reflexion im Lerntagebuch: 5 Thesen. In: Bildung und Erziehung, 59(2), S. 205–214.

Boud, D. / Keogh, R. / Walker, D. (1985). What is Reflection in Learning? In: Boud, D. / Keogh, R. / Walker, D. (Hrsg.), Reflection: Turning Experience into Learning. London: Kogan Page, S. 7–17.

Bretschneider, M. (2007). Kompetenzentwicklung aus der Perspektive der Weiterbildung. URL: die-bonn.de/doks/bretschneider0601.pdf

Gonon, P. (2004). Kompetenzbiographie. 5 Thesen. In: Fröhlich, W. / Jütte, W. / Knoll, J. (Hrsg.). Studies in Lifelong Learning, 3. Hochschuldidaktik und Qualitätsentwicklung. Ein Beitrag zur Förderung innovativer Lehr-Lernkultur in der wissenschaftlichen Weiterbildung. Krems, S. 19–20.

Jütte, W. (2004). Kremser Thesen zum Forschungsbedarf in der wissenschaftlichen Weiterbildung. URL: www.donau-uni.ac.at/imperia/md/content/weiter bildungsforschung/kremser_thesen.pdf (Stand: Mai 2011).

Jütte, W. / Weber, K. (2005). Kontexte wissenschaftlicher Weiterbildung. Münster: Waxmann.

Kraft, S. / Schmidt-Lauff, S. (2007). Standbeine der Professionalisierung. In: DIE Magazin, 3, S. 38–41.

Nuissl von Rein, E. (2001). Weiterbildung an und in Hochschulen. Lebenslanges Lernen. Lernen ein Leben lang. Beiträge der wissenschaftlichen Weiterbildung. Dokumentation der 30. Jahrestagung des Arbeitskreises Universitäre Weiterbildung, Universität Leipzig.

Schiefner, M. (2010.). Didaktik wissenschaftlicher Weiterbildung – Begründung eines neuen Handlungsfeldes für die Hochschuldidaktik. In: Strate, U. / Kalis, P.-O. (Hrsg.). Wissenschaftliche Weiterbildung: Zehn Jahre nach Bologna – alter Wein in neuen Schläuchen oder Paradigmenwechsel. Berlin: Deutsche Gesellschaft für Wissenschaftliche Weiterbildung, S. 143–150.

Wittpoth, J. (2005). Wissenschaft und Weiterbildung. In: Jütte, W. / Weber, K. (Hrsg.), Kontexte wissenschaftlicher Weiterbildung. Münster: Waxmann, S. 17–24.

Balthasar Eugster | Gabriela Zaugg-Ineichen

Lehrreflexion

Lehren zielt auf Lernen ab. Da seine Wirkungen aber immer nur erhofft und nie exakt vorausgesagt werden können, kommt der kritischen Rückschau, der Reflexion, eine wichtige Bedeutung in Lehr-Lern-Prozessen zu. Lehrreflexion darf dabei aber nicht mit der Evaluation von Lehre gleichgesetzt und als Instrument des Qualitätsmanagements konzipiert werden. Vielmehr versucht sie eine sorgfältige Beschreibung des Zusammenspiels von Lehr- und Lern-Handlungen und entwickelt daraus hochschuldidaktische Angebote.

Lehrreflexion als komplexe Trivialität

Der analytische Blick auf Lehren möchte wissen, wie sich die Wirkungsgefüge – oder besser noch: die Kausalitäten – der Lehr-Lern-Arrangements ausnehmen, möchte messtheoretisch die Erfolgsgrößen der Lehrbemühungen bestimmen. Was er zunächst aber hervorbringt, ist die Verunsicherung über die guten Absichten des Lehrens, die vom eigenen Lehr-Handeln selber oft unterlaufen werden. Es kommt im Zusammenspiel von Lehren und Lernen meist anders als beabsichtigt. Denn die direkte kausale Einwirkung vom Lehren auf das Lernen gibt es nicht, obwohl man nicht anders kann, als eine direkte Einwirkung, also Kausalität zu unterstellen (siehe dazu etwa bei Luhmann 1982, Luhmann 1986 oder Luhmann / Schorr 1982).

Das ist und bleibt die widersprüchliche Wechselbeziehung von Lehren und Lernen. Kritische Lehrreflexion – so könnte man daraus folgern – ist dann das Eingeständnis und die Interpretation dieses Widerspruchs. In ihrer Unumgänglichkeit mag sie durchaus trivial erscheinen, in ihrer Realisierung aber erweist sie sich als nicht wenig komplex.

Eine Ungereimtheit mit der gängigen Handhabung und Verwaltung von Lehre eröffnet sich in der Abgrenzung von Lehrreflexion und Lehrevaluation. Während die Reflexion auf die Lehre gerade vom prinzipiellen Fehlen einer eigentlichen

Kausalität zwischen Lehren und Lernen ausgeht, baut die Evaluation von Lehre als Maßnahme des Qualitätsmanagements auf die ursächliche Anschlussfähigkeit des Lehrens. Evaluation unterstellt Wirkungszusammenhänge und sucht sie quantitativ festzumachen. Reflexion geht dem Schein der Wirkung auf den Grund und analysiert das Lehr-Lern-Geschehen gerade angesichts der fehlenden Kausalität. So sind Evaluation und Reflexion nicht gegeneinander auszuspielen, aber institutionell sehr wohl in ihrem unterschiedlichen Bezug auf Lehre zu differenzieren.

Der Reflexion geht es zwar um Antworten angesichts der Ungewissheit, wie gut die Lehre sei, noch wichtiger ist ihr aber die Frage, wie gute Lehre begriffen werden kann, wenn Lehre als Ursache nicht zu begreifen ist. Die Fragen sind dann zunächst handlungstheoretischer Art und die Antworten handlungsbeschreibend. Reflexion ist also auf die Deskription dessen aus, was in Lehr-Lern-Arrangements überhaupt geschieht. Damit scheint sich Reflexion selber aufzuschieben. Doch dem ist gerade nicht so: Die Beschreibung, das Nachzeichnen der Handlungsverläufe selber, ist die Reflexion, weil im Be-Schreiben genau dieselben Distanzierungen und damit dieselben Abschattungen des zu erfassenden Gegenstandes sichtbar werden. Auch darin zeigt sich noch einmal, dass Lehrreflexion gleichsam die hochschulpädagogische Epistemologie bildet. Indem Reflexion Lehre angemessen zu erkennen sucht, sich der Schwierigkeiten des Erkenntnisprozesses aber durchaus bewusst ist, leitet sie Schlüsse auf das zukünftige Handeln nur mit aller gebotenen Vorsicht daraus ab.

Zugangsweisen und Grundformen der Lehrreflexion

Immer da, wo im Lehren und Lernen innegehalten und Abstand für die Sicht auf das konkrete Handeln der Lehrenden und Lernenden geschaffen wird, kann Reflexion – allerdings nur ex post – die fehlenden Kausalitätserklärungen wettmachen, indem sie das Wechselspiel verschiedener Perspektivierungen und Informationsquellen nutzbar macht. Dozierende können etwa mit Hilfe von Lehrjournalen den Verlauf von Veranstaltungen dokumentieren und analysieren. Diese Selbstbeobachtung lässt sich durch kollegiale Beobachtungen ergänzen, indem Dozierende sich gegenseitig in Lehrveranstaltungen besuchen oder sich über konkrete Lehr-Lern-Situationen austauschen. Eine zentrale Perspektive und Informationsgrundlage der Lehrreflexion stellen studentische Rückmeldungen zu Lernprozessen und -situationen dar. Zur Reflexion der Lehre können aber auch Außenbeobachtungen durch Expertinnen und Experten, etwa der Hochschuldidaktik oder Rhetorik, beigezogen werden. Als Grundlage für die Beschreibung von Lehr-Handlungen lassen sich darüber hinaus aber auch Daten und Informationen nutzen, wie sie in Syllabi zu Lehrveranstaltungen, in Wegleitungen, Skripten und Arbeitsmaterialien enthalten sind oder wie sie bei der Auswertung von Leistungsnachweisen gewonnen werden.

Diese Mehrzahl der Perspektiven und Informationsgrundlagen lässt eine Vielzahl reflexiver Grundformen und Methoden zu. Von logbuchartigen Selbstbeschreibungen über kollegialen Austausch und Pausengespräche mit Studierenden bis hin zu standardisierten Fragebogeninstrumenten und statistischen Auswertungen von Prüfungsergebnissen kann Reflexion als feinmaschiges Netz von Informationsaufbereitung konzipiert und realisiert sein. Insbesondere studentische Rückmeldungen lassen sich sehr vielfältig einholen. Bereits nicht-sprachliche Signale während der Präsenzveranstaltung liefern Hinweise auf das Lehrgeschehen, das aber natürlich auch mit elaborierten Methoden der Videoanalyse untersucht werden kann.

Trotz aller empirischen Auf- und Zurüstung bemisst sich Lehrreflexion stets am Grad ihrer eigenen Fragwürdigkeit. Datenmaterial, Berichte oder kollegiale Einschätzungen mögen noch so viel Informationsgehalte aufweisen, sinnhaft in Bezug auf Erkenntnisse über das Lehr-Handeln werden sie nur, wenn im Zusammenspiel der relevanten Fragestellungen die Verzerrungen der einzelnen Perspektiven und methodischen Zugänge aufeinander gespiegelt werden. Allein daraus kann jene konstruktive Störung des Lehr-Handelns entstehen, die als Irritation Anreiz für künftiges, wiederum reflektierbares Handeln ist. Mit anderen Worten: Lehrreflexion ergibt sich nicht aus den Daten selber, sie entsteht sozusagen im Winkel zwischen den unterschiedlichen Perspektiven, als Reibungsgewinn verschiedener Informationslagen, die in ihrem, zuweilen durchaus spannungsgeladenen, Wechselspiel zum Surrogat der entbehrten Kausalität werden.

Lehrreflexion im hochschuldidaktischen Dienstleistungsangebot

Wenn Lehrreflexion auf die Kausalitätslücke zwischen Lehren und Lernen referenziert, wird Hochschuldidaktik, die einen solchen Mangel zu ihrem Thema macht, zum Störfaktor. In Zeiten der Bildungsstandards und des Qualitätsmanagements will sie etwas, das mechanistische Wirkungszusammenhänge unterläuft und vor aller Zuschreibbarkeit des Lehr(miss)erfolgs bescheiden nach den subjektiven Wirkungs*konzepten* der Lehrenden fragt. Das ist im besten Sinne des Wortes reflexive Sub-Version – und damit Einladung zur akademischen Entschleunigung.

Dozierende, die eine solche bedächtige Erkenntnis den schnellen Kennzahlen vorziehen, haben sich einzulassen auf die Nuancierung zwischen Reflexion und Evaluation. Dass beide sehr wohl zusammen, aber nicht als Synonym für die je andere zu denken sind, das wiederum ist in der Lehrkultur einer Universität nicht so einfach zu implementieren. Grundlagen für den angemessenen Umgang mit dem Neben- und Ineinander von Reflexion und Evaluation sind sowohl hinsichtlich der institutionellen Verankerung wie auch der konkreten Ausgestaltung entsprechender Beratungs- und Weiterbildungsangebote zu schaffen.

An der Universität Zürich etwa werden regelmäßig umfassende Evaluationen ganzer Studiengänge und Universitätsbereiche von der direkt dem Universitätsrat unterstellten Evaluationsstelle und flächendeckende obligatorische Evaluationen von Lehrveranstaltungen im Auftrag der Universitätsleitung von der Fachstelle „Studienangebotsentwicklung" durchgeführt. Beratungen und Unterstützung zur freiwilligen Lehrreflexion bietet demgegenüber die Fachstelle „Hochschuldidaktik" an. Damit ist strukturell zwar eine deutliche Trennung zwischen Evaluation und Reflexion gelegt, die entsprechende Wahrnehmung auf Seiten der Dozierenden und Lehrverantwortlichen aber noch keineswegs gesichert. Die Erfahrung im Bereich der Lehrreflexion der letzten zwei Jahre zeigt, dass das Bedürfnis von Dozierenden vor allem und meist ausschließlich darin liegt, anhand eines Fragebogens die Studierenden zu befragen und dadurch ein Feedback zu ihrer Lehrveranstaltung zu bekommen. Dabei möchten die Dozierenden hauptsächlich Standardfragebogen verwenden, wie sie auch bei der obligatorischen Lehrveranstaltungsbeurteilung zum Einsatz kommen. Das Angebot individuell maßgeschneiderter Fragebogen wird zwar nachgefragt, doch handelt es sich dabei vorwiegend um Anpassungen oder Ergänzungen der Standardfragebogen.

Der Einsatz von Fragebogen wird allerdings erst dann zu einem Element der Lehrreflexion, wenn die Studierendenbefragung mit anderen Perspektiven und Formen der Lehrbeobachtung kombiniert und interpretiert wird. Dies ergibt sich oft eher zufällig als Nebenwirkung zu allgemeinen didaktischen Beratungen oder Weiterbildungsangeboten. Im Rahmen der Entwicklung von didaktischen Konzepten oder ganzen Curricula lassen sich formative und summative Evaluationselemente im Sinne der Lehrreflexion kontextualisieren und in einen weiteren Bedeutungszusammenhang stellen. So bildet etwa die Planung des Einsatzes von „Classroom Assessment Techniques" oft einen idealen Ausgangspunkt für die Differenzierung und Konkretisierung verschiedener Reflexionsperspektiven, da die von Angelo und Cross zusammengestellten Techniken die Wechselwirkung zwischen der studentischen Fremdbeobachtung und den Einschätzungen der Lehrpersonen sehr unmittelbar und in einfacher Implementierungsform greifbar machen (Angelo / Cross 1993).

Womöglich ist diese gewisse Zufälligkeit der Lehrreflexion nicht nur hochschuldidaktisches Defizit oder Desiderat, sondern zugleich auch eines ihrer Wesensmerkmale. Sie kann von Dozierenden sehr wohl systematisiert und als operatives Element in den Curriculum-Ablauf integriert werden, ihre Qualität gewinnt sie aber gerade auch durch die Wahrnehmung und Berücksichtigung neuer, unerwarteter Perspektiven und Informationskonstellationen, die sich nur sehr begrenzt planen lassen und oft da eintreten, wo nicht unbedingt mit ihnen zu rechnen ist.

Entsprechende hochschuldidaktische Angebote müssen daher verstärkt bei der Deskription von Lehr- und Lern-Handlungen ansetzen. Nur wenn Lehren und Lernen in ihrer Tiefengrammatik, also in der Kopplung verschiedener Perspektiven, dargestellt werden, kann Reflexion realisiert werden. Das hat zunächst noch nichts mit Qualitätssicherung zu tun, sondern mit der basalen Erkenntnis, was universitäres Lehren und Lernen überhaupt ist. Im Zuge einer solchen Reflexion wird sich auch erweisen, dass sich Lehren nur beschreiben lässt, wenn Lehre als Forschen und Forschen als Lehre verstanden werden und also ihre Einheits- und Beschwörungsformel durch Radikalisierung selbst überboten wird (siehe dazu Balthasar Eugster in diesem Band). Mit dem Verzicht auf die Kausalität zwischen Lehren und Lernen wird auch die Integrität des Forschens hinterfragt, das mit Lehre weit mehr als den Überzeugungswillen in der Vermittlung von Erkenntnis gemein hat. Die didaktische Herausforderung der Lehrreflexion liegt dann vor allem darin, Wirkungen und Wirkungskonzepte zum Thema zu machen, ohne Kausalität vorauszusetzen. Es geht mitunter darum, Lehre als allgemeines kommunikatives Wissenschaftshandeln zu begreifen, das nicht zuletzt darauf hin geprüft werden kann, ob und wie es als Element des Forschungsprozesses zu realisieren ist.

Literatur

Angelo, T.A. / Cross, K.P. (1993). Classroom Assessment Techniques: A Handbook für College Teachers. San Francisco: Jossey-Bass, 2. Aufl.

Luhmann, N. (1982). Die Voraussetzung der Kausalität. In: Luhmann, N. / Schorr, K.E. (Hrsg.). Technologie und Selbstreferenz. Fragen an die Pädagogik. Frankfurt a.m.: Suhrkamp, S. 41–50.

Luhmann, N. (1986). Codierung und Programmierung. Bildung und Selektion im Erziehungssystem. In: Tenorth, H.-E. (Hrsg.). Allgemeine Bildung. Analysen zu ihrer Wirklichkeit, Versuche über ihre Zukunft. Weinheim: Juventa, S. 154–182.

Luhmann, N. / Schorr, K.E. (1982). Das Technologiedefizit der Erziehung und die Pädagogik. In: Luhmann, N. / Schorr, K.E. (Hrsg.). Technologie und Selbstreferenz. Fragen an die Pädagogik. Frankfurt a.m.: Suhrkamp, S. 11–40.

Mandy Schiefner

Informelle hochschuldidaktische Weiterbildung – die Gestaltung einer Homepage als Weiterbildungsangebot

Hochschuldidaktische Einrichtungen stehen als Dienstleistungseinrichtungen auch in der Notwendigkeit, ihre Angebote innerhalb der Universität oder Hochschule zu verbreiten. Neben klassischen Flyern zu den Angeboten und Kursen hat sich die Gestaltung einer Homepage als Element des Dialogs nach innen (und nach außen) durchgesetzt. Der folgende Artikel beschreibt die Homepage der Hochschuldidaktik der Universität Zürich und stellt Referenzüberlegungen an, um diese als Dialog- und Weiterbildungsinstrument zu nutzen.

Gestaltung von Homepages als didaktisches Moment

Hochschuldidaktische Weiterbildung zeichnet sich meist dadurch aus, dass sie in Form von Kursen und Programmen angeboten wird. Hochschuldidaktische Angebote haben eine Zielgruppe, die sich von normalen Weiterbildungsprogrammen unterscheidet: Sie richtet sich an Mitarbeitende an Hochschulen, Dozierende, Professorinnen und Professoren. Als Wissensarbeiter (Willke 2006) sind diese daran gewöhnt, sich selbstständig Informationen zu besorgen und diese aufzuarbeiten. Zeitgleich haben Professorinnen und Professoren oder Dozierende ein enges Zeitbudget, das kaum Spielraum für Weiterbildungen in Kursform ermöglicht. Die Hochschuldidaktik der Universität Zürich nutzt ihre Homepage nicht nur als Instrument der Öffentlichkeitsarbeit, sondern auch als Dialoginstrument.

Aufbau der Homepage

Die Startseite bietet einen Überblick über die einzelnen Elemente der Homepage. Kern der Startseite ist die Schaffung unterschiedlichster zielgruppenspezifischer

Zugänge zu den einzelnen Informationen. Zuoberst auf der Seite in der Brotkrumennavigation findet man die klassische Darstellung des Angebots der Hochschuldidaktik nach *Formaten* gegliedert (vgl. Abb. 1):

- *Über uns*: hier stellt sich die Hochschuldidaktik als Fachorganisation vor. Mit diesen Seiten wird zum einen neben Personen die Expertise der Abteilung gezeigt, zum anderen die Vernetzung innerhalb der Fachcommunity gefördert.
- Die Rubrik *Kurse & Programme* gibt einen Überblick über Einzelkurse sowie über längere Programme zur hochschuldidaktischen Weiterbildung.
- *Beratung & Begleitung* liefert Ansprechpartner für eine Eins-zu-eins-Beratung, die man als Dienstleistung nachfragen kann.
- *Materialien*: Sammlung von Unterlagen, die für die individuelle hochschuldidaktische Weiterbildung durch die Hochschuldidaktik verfasst wurden.
- *Schwerpunkte* sind besondere Projekte, denen sich die Hochschuldidaktik widmet und mit denen sie einen Beitrag zur Fachdiskussion leisten will.
- *Veranstaltungen* sammelt die Aufzeichnungen der an der Hochschuldidaktik durchgeführten Veranstaltungen.
- *Aktuelles* gibt einen Überblick über aktuelle Neuigkeiten der Abteilung.
- *Hochschuldidaktik von A–Z* stellt ein Verzeichnis dar, in dem hochschuldidaktische Begriffe auf möglichst kurzem Raum und allgemeinverständlich erklärt werden.

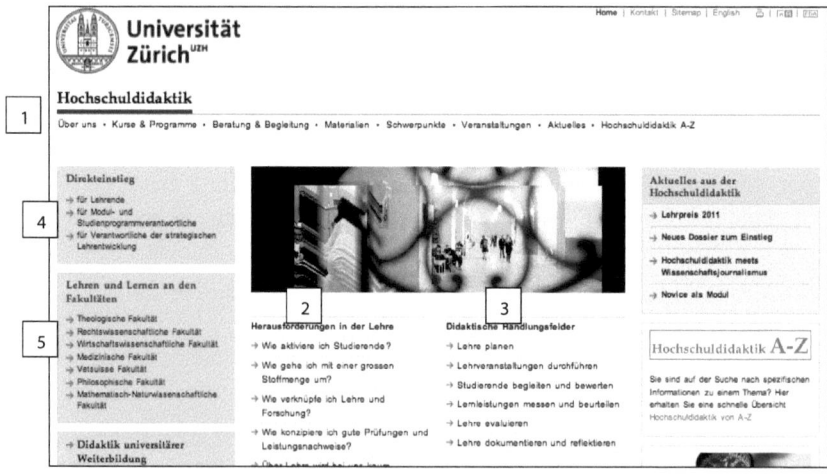

Abb. 1: Zugangsmöglichkeiten auf der Startseite der Hochschuldidaktik UZH

Neben diesen *formatabhängigen Zugänge*n (1) wurden im Zentrum der Homepage eher *problemorientierte Zugänge* (2) geschaffen, die sich am Arbeitsalltag von Hochschuldozierenden orientieren sowie Informationen zu verschiedenen *didaktischen Handlungsfeldern* liefern (3), die im Rahmen der universitären Lehre identifiziert werden. So können Dozierende Just-in-Time-Lösungen für alltagsnahe Probleme erhalten, ohne erst allgemeine hochschuldidaktische Weiterbildungsangebote besuchen zu müssen. Damit wird vor allem den Arbeits- und Lernbedingungen der Dozierenden Rechnung getragen.

Doch nicht nur format- und problembasierte Zugänge zum hochschuldidaktischen Angebot wurden geschaffen. Es besteht auch die Möglichkeit, über die eigene Funktion bzw. *organisationale Zugehörigkeit* (4) das dazu konzipierte Angebot der Hochschuldidaktik zu finden. So wurden Zugänge für spezielle Zielgruppen gestaltet: von Dozierenden über Studienprogramm- und Modulverantwortliche bis hin zu Personen der strategischen Lehrplanung an Universitäten. Hier finden sich Informationen, die speziell für diese einzelnen Gruppen interessant sind. Zum Beispiel finden Studienprogramm- und Modulverantwortliche auf ihren Seiten vor allem Hinweise zur Modul- und Studiengangsplanung, während für Dozierende eher Informationen bereitgehalten werden, welche die konkrete Lehr-Lernsituation betreffen.

Allerdings sind auch die Dozierenden nicht alle gleich bzw. je nach Disziplin mit unterschiedlichen didaktischen Herausforderungen konfrontiert. Aus diesem Grund wurde ein *fach- bzw. fakultätsspezifischer Zugang* (5) gewählt, damit Personen der einzelnen Fakultäten jene Informationen finden, die für sie relevant sind. Beispielsweise stellte sich heraus, dass problembasiertes Lernen vor allem für Medizinerinnen und Mediziner und Juristinnen und Juristen wichtiges didaktisches Prinzip ist, während die Wirtschaftswissenschaftler vor allem mit dem didaktischen Problem der großen Gruppen zu kämpfen haben und sich hierbei Unterstützung wünschen.

Navigation und Portale

Nun kann es dennoch passieren, dass Personen nicht direkt wissen, welches Angebot für sie das richtige ist bzw. sie keinen Überblick über das hochschuldidaktische Angebot haben. Aus diesem Grund wurde auf der Startseite ein hochschuldidaktischer Kompass integriert, der vor allem die einzelnen Angebote der Hochschuldidaktik nochmals hinsichtlich unterschiedlicher Variablen wie Perspektive, Inhalt, Zielgruppe und Format vergleichbar macht und so eine Zuordnung bzw. eine Auswahl eines Weiterbildungszugangs erleichtern soll (vgl. Abb. 2).

Lehren ist eine komplexe Tätigkeit. Mit den Kursen und Programmen der Hochschuldidaktik können Sie die dafür notwendigen Kompetenzen aufbauen und vertiefen: Von der souveränen Anwendung einzelner didaktischer Arrangements bis hin zur adäquaten Einschätzung von Lehr-Lern-Situationen. Die Hochschuldidaktik kennt unterschiedliche Kurs- und Programmformate. Hier finden Sie das passende Angebot:

	Fokus	Inhalt	Zielgruppe	Format
→ Début	Einstieg in die Lehre	Die erste Lektion, Lernziele, Aktivierung Studierender, ...	Neue Assistierende	Einstiegsveranstaltung 1,5 Tage
→ Novice*	Aufbau von Lehrkompetenz	Planung der eigenen Lehre, Frontalunterricht, kooperatives und individuelles Lernen	Assistierende mit erster Lehrerfahrung	Workload 60h als Modul, Einzelkurse möglich
→ Teaching Skills*	Systematischer Aufbau von Lehrkompetenz mit Teaching Portfolio	Kurse aus Début, Novice oder didactica, Hospitation und Reflexion im Lehrportfolio	Assistierende, die Lehrkompetenz professionalisieren und Lehrleistung sichtbar machen wollen	Zertifikatsprogramm 180h Workload
→ didactica	Individuelle Vertiefung von Lehrthemen	Breite Palette hochschuldidaktischer Themen	Lehrende der grundständigen Studiengänge	Seminare, Kurse, Werkstätten, Kolloquien; von 2h - 1.5 Tage
→ Hochschuldidaktik à la carte	Individuelle Schwerpunkte	Individuell zusammenstellbar	Gruppe von Dozierenden eines Institutes oder Studienprogramms, Studiengangsverantwortliche	Massgeschneidertes Angebot für Institute und Seminare

Abb. 2: Beratungs-Kompass

Die Informationen, die unter den einzelnen Zugängen gefunden werden, stehen prinzipiell allen offen und werden nicht für jede Gruppe neu aufbereitet, sondern es wurde versucht, so viel wie möglich auf bestehende Inhalte zu verlinken und miteinander zu verknüpfen. Damit sich Interessierte nicht auf dem Internetangebot der Hochschuldidaktik verirren, wurde mit den unterschiedlichen Zugängen eine bessere Nutzerführung erreicht, die möglichst schnell zur gesuchten Information leiten soll. Dabei ist es irrelevant, ob Personen beispielsweise über einen problembasierten Einstieg oder das fakultätsspezifische Moment auf die Inhalte der Hochschuldidaktik zugreifen, am Schluss landen sie auf der gleichen Information, die für sie relevant ist.

Die zahlenmäßig größte Gruppe, die eine hochschuldidaktische Weiterbildung oder Beratung nachfragen, sind Nachwuchswissenschaftler, die neu in der Lehre eingesetzt werden und meist vor ihren ersten Lehrerfahrungen stehen. Aus diesem Grund wurde mit dem Portal „Neu in der Lehre" speziell alle Informationen zusammengeführt, die für diese Gruppe relevant sind. Diese beschränken sich nicht nur auf didaktische Angebote, sondern auch auf organisatorische Hinweise wie beispielsweise Geräte- und Raumbuchung. So wurde versucht, für diese Gruppe einen Workflow der didaktischen Vorbereitung abzubilden.

Input und Austausch

Neben der konkreten Unterstützung von Dozierenden möchte die Hochschuldidaktik vor allem auch die Universität als Bildungsinstitution in den Mittelpunkt setzen und Fragen des Lehrens und Lernens an Universitäten diskutieren. Aus diesem Grund wurde auch auf der Homepage dieser offenen Funktion des Austauschs über universitäres Lehren und Lernen Rechnung getragen. So finden sich Seiten, auf denen interessante Personen der Universität Zürich zu Lehren und Lernen befragt werden, wie beispielsweise die Lehrpreisträger. Diese Interviews werden auf der Homepage zugänglich gemacht und erlauben so die Darstellung von Statements, die sonst an der Universität, deren Fokus auf Forschung liegt, eher wenig thematisiert werden.

Ein Herzstück der Homepage ist die Rubrik „Hochschuldidaktik von A–Z". Hier finden sich Sammlungen hochschuldidaktischer Begriffe, die kontinuierlich erweitert werden. Zu jedem Begriff gibt es neben einem kurzen Abstract ein maximal zweiseitiges Dokument, das den Begriff für Dozierende und Studiengangsverantwortliche verständlich erklären soll. Gibt es auf der Homepage noch mehr Informationen zu diesem Thema, werden diese entsprechend verlinkt. So ist es für hochschuldidaktisch interessierte Personen einfach, sich schnell über ein Themengebiet zu informieren. Sie haben aber auch über die Verlinkung die Möglichkeit, dieses Thema näher zu bearbeiten, oder auch (je nach Angebot) dieses Thema in hochschuldidaktischen Weiterbildungskursen weiter zu bearbeiten.

Referenzüberlegungen

Auf einige der Referenzüberlegungen, vor allem hinsichtlich der Kommunikation mit den einzelnen Zielgruppen hochschuldidaktischer Angebote wurde schon eingegangen. Das folgende Kapitel soll die Hauptüberlegungen nochmals bündeln.

Die Homepage ist erstens als *Kommunikationsinstrument* konzipiert und wird nicht primär eingesetzt, um Informationen zu verteilen, sondern das Hauptanliegen war, über die Homepage den Dialog mit den Dozierenden und an Lehrfragen Beteiligten anzuregen. Aus diesem Grund werden vielfältige Zugänge zu Informationen geboten, die individuell vertieft werden können. Damit ist es möglich, das Zielpublikum hochschuldidaktischer Angebote nicht als Masse zu sehen und Informationen einfach nur darzustellen, sondern schon beim Aufbau der Homepage werden unterschiedlichste Personengruppen angesprochen, so dass eine direktere Kommunikation, im Idealfall eins zu eins, analog hochschuldidaktischer Beratungssituationen möglich wird.

Somit wird zweitens die Homepage der Hochschuldidaktik weniger zu einem Instrument der Öffentlichkeitsarbeit, sondern eher zu einem didaktisch konzipierten, informellem *Selbstlernangebot*. Hochschuldidaktik findet traditionellerweise in Kursformaten statt. Aufgrund der besonderen Zielgruppe und Herausforderungen, welche die Medienentwicklung an Universitäten mit sich bringt (vereinfachte Nutzungs- und Handhabungsmöglichkeiten, vielfache Durchdringung des Arbeitsalltags usw.), gilt es, das Verständnis von hochschuldidaktischer Weiterbildung zu weiten und verstärkt Möglichkeiten zum individuellem und informellem Lernen bereithalten bzw. dahingehend zu erweitern. So bietet die Homepage Anregungen und Anknüpfungspunkte im Bereich des informellen Lernens (Overwien 2005). Dozierende bekommen hier je nach Informationshunger kurze Lernhäppchen (z.b. Hochschuldidaktik von A–Z) oder umfassende Dossiers, die zur eigenen Bearbeitung und Auseinandersetzung zur Verfügung stehen. Zeitgleich steht mit der Fachstelle ein Team von Spezialistinnen und Spezialisten zur Verfügung, das bei tiefergehenden Fragen beratend zur Seite steht oder bei individuellen Wünschen dies in Kursformaten vertieft.

Die Angebote auf der Homepage können drittens von allen Interessierten bzw. von hochschuldidaktischen Weiterbildungseinrichtungen genutzt werden. Die Materialien, wie angebotene Lernhilfen in Form von Videos, Veranstaltungsmitschnitten und eigens erstellten Dossiers und Kurzzusammenfassungen, werden unter einer Creative Commons Lizenz veröffentlicht und können von jedem zum einen zur privaten Weiterbildung, zum anderen für eigene (hochschuldidaktische) Weiterbildungen gebraucht und angepasst werden. So kann die Homepage als Verteilungsplattform für *Open Educational Resources* (OECD 2007) gesehen werden und lehnt sich damit an die Policy der Universität Zürich an. Hiermit leistet die Hochschuldidaktik einen wichtigen Beitrag zur Verbreitung von Lehr-Lernmaterialien, die unter Finanzierung von Steuergeldern entstanden sind und so an die Allgemeinheit zurückfließen.

Ausblick

Die Homepage der Hochschuldidaktik der Universität Zürich wurde in den letzten Jahren als Selbstlernangebot erweitert und mit Hilfe verschiedener Zugänge wurde versucht, mit den Lehrenden und an Lehre Interessierten innerhalb der Universität Zürich in direkten Kontakt zu kommen und ihnen zur gewünschten Zeit als Beratungsstelle zur Verfügung zu stehen. Dabei erlangte die Homepage Bekanntheit nicht nur innerhalb der Hochschuldidaktik, sondern wurde auch von verschiedenen Universitäten international wahrgenommen, vor allem durch den konsequenten Aufbau einer englischen Version, der in den letzten Jahren vorangetrieben wurde. Auch an der Universität Zürich befinden sich immer mehr Wissenschaftler/innen, deren Lehr- und Forschungssprache Englisch ist, so dass Dienstleistungsabteilungen nicht umhin kommen, mindestens einen Teil ihrer Angebote auch auf Englisch anzubieten.

Erste Versuche wurden unternommen, an die Homepage auch eine Community anzuschließen, um den Kontakt mit der Hochschuldidaktik durch erste Dialoge zu vertiefen und so eine Online-Diskussionskultur über Lehren und Lernen an der Universität Zürich zu etablieren (vgl. Schiefner / Kuhn 2010). Diese Potenziale müssen in Zukunft stärker analysiert und vorangetrieben werden, um einen nachhaltigen Einsatz dieser Kommunikations- und Dialogformen zu finden.

Literatur

OECD (2007). Giving Knowledge for Free: The emergence of open educational resources. URL: 213.253.134.43/oecd/pdfs/browseit/9607041E.pdf (Stand: Mai 2011).

Overwien, B. (2005). Stichwort: Informelles Lernen. In: Zeitschrift für Erziehungswissenschaft, 3, S. 339–355.

Schiefner, M. / Kuhn, T. (2010). Fachübergreifend von einander lernen – Chancen und Herausforderungen durch den Aufbau einer virtuellen Community of Practise in der Hochschuldidaktik. 4. Dortmund Spring School for Academic Staff Developers und Jahrestagung der DGHD. 3.–5. März 2010, TU Dortmund.

Willke, H. (1998). Organisierte Wissensarbeit. In: Zeitschrift für Soziologie, 27(3), S. 161–177.

Yvonne Marti | Brigitte Kleinert | Beatrice Leisibach

„Verwalten Sie noch oder verstehen Sie schon?" Hochschuldidaktische Administration über eine Dienstleistung hinaus

Bei steigender Komplexität, Informationsflut und verschiedensten Ansprüchen an eine hochschuldidaktische Einrichtung ist es eine Herausforderung für die Administration, nicht nur zu verwalten, sondern auch zu verstehen. Dieses Verstehen ist zentral, um im Außenauftritt und in der Kommunikation nicht die Verwaltungslogik, sondern die hochschuldidaktischen Inhalte und Prozesse abzubilden und um kreative Lösungen für neue interne Anforderungen zu finden. Anhand von drei Beispielen erläutern wir, warum die Rolle einer hochschuldidaktischen Administration eben diese Außenwirkung sowie Inhalte und Prozesse verstehen muss, um bei deren Gestaltung zu unterstützen, aber über diese Dienstleistung hinaus auch Entwicklungen anzustoßen und zu gestalten.

Ein Mehr an Informationen

Gernot Wersig hat bereits in den 1970er-Jahren festgehalten, dass „Information die Verringerung von Unwissenheit" sei (vgl. Wersig 1997). Eine hochschuldidaktische Administration begegnet jeden Tag der Frage, welchen konkreten Beitrag sie für die „Kunden"[1] leisten könne, damit sie nicht in einem Zustand der Unwissenheit – oder der Unsicherheit – verharre. Es stellt sich die Herausforderung in einer immer komplexer werdenden Hochschuldidaktik, verständlich und einheitlich nach außen aufzutreten. Es ist unbestritten, dass die Menge an Informationen in den letzten Jahren massiv zugenommen hat. Die administrative Seite der Hoch-

---

1   Der Kundenbegriff ist im hochschuldidaktischen Alltag alles andere als eindeutig. Hier treffen verschiedene Adressaten von Weiterbildungsangeboten, Kursleitende und Beteiligte an internen Dienstleistungen zusammen. Die Ansprüche sind teilweise sehr unterschiedlich und reichen von der administrativen Unterstützung, über inhaltliche Gestaltung bis hin zum Lösen von komplexen Problemstellungen.

schuldidaktik hat die anspruchsvolle Aufgabe, dieses „Mehr an Informationen" so aufzubereiten und zu vermitteln, dass die Qualität jederzeit hohen Standards entspricht.

Immer wieder liest man, dass wir uns in einer Informationsgesellschaft befinden, in welcher Informations- und Kommunikationstechnologien eine zentrale Bedeutung zukommen. Das wichtigste Merkmal einer solchen Entwicklung ist neben der Informationsmenge auch die Zunahme von Komplexität. Eines der wichtigsten Werkzeuge, um unsere Kunden zu informieren, ist das Internet. Timothy J. Berners-Lee, Erfinder der HTML (Hypertext Markup Language) und der Begründer des World Wide Web, hat im Buch „Der Web-Report" betont, dass es genauso wichtig ist, das Web editieren zu können, wie durch das Web zu browsen (Berners-Lee / Fischetti 1999). Und hiermit sind wir bei der Kernaussage dieses Beitrags – auch für die Hochschuldidaktik gilt: Man kann in ihr „browsen", man kann sie aber auch „editieren" und hierbei spielt eine hochschuldidaktische Administration eine wichtige Rolle. Das Editieren verlangt dabei weit mehr als eine reine Verwaltung – ohne das Verständnis, was denn genau verwaltet wird, kommt es zu Formalismen, zur so genannten Bürokratie.

Außenauftritt als Visitenkarte

Die Ansprüche an einen professionellen Außenauftritt der Hochschuldidaktik zeigen – als erstes Beispiel an der Universität Zürich – warum ein Verstehen neben dem Verwalten unbedingt notwendig ist. Der Webauftritt als Visitenkarte soll übersichtlich und klar strukturiert sein. Regelmäßige Aktualisierungen und ständiger Ausbau der Angebote prägen dabei das Arbeitsumfeld. Ziel ist dabei, die relevanten Informationen so zu publizieren, dass die User (oder im Dienstleistungsjargon „Kunden") rasch und ansprechend informiert werden. Aktualität der Inhalte spielt dabei eine zentrale Rolle.

Nebst einem umfangreichen Kursangebot bietet die Hochschuldidaktik auch eine große Auswahl an Weiterbildungsmaterialien an (online wie auch in Druckversionen), welche das administrativ-technische Personal layoutet. Interessierte können unzählige Materialien in Form von Dossiers, Flyern und den sogenannten

A–Z Kurzinformationen auf unserer Homepage downloaden (vgl. auch Beitrag von Mandy Schiefner in diesem Band). Die wissenschaftlichen Mitarbeitenden erstellen die Materialien und die Administration bereitet diese auf, so dass sie für die Zielgruppe entsprechend nutzbar sind. Überlegungen, die hier über die reine Verwaltung von Material für einen Kundenkreis hinausgehen, sind folgende: Alle Online- und Print-Unterlagen sollen trotz unterschiedlichster Ansprüche und Einsatzgebiete trotzdem einen Wiedererkennungswert sowie einen hohen Qualitätsstandard haben und stellen eine Visitenkarte für die Hochschuldidaktik der Universität Zürich dar. Das einheitliche Auftreten nach außen ist unerlässlich. Einerseits gilt es die Corporate-Design-Bestimmungen einzuhalten und andererseits soll auf jeder Website und auf allen Materialien die „Hochschuldidaktik-Handschrift" klar erkennbar sein.

Man könnte sich nun fragen, weshalb im Zeitalter von Internet und Multimedia, in dem elektronische Dokumente immer mehr an Bedeutung gewinnen, noch Materialien in Druckversionen angeboten werden. Die Vorhersage des im Jahre 1975 von der Zeitschrift Business Week in einem Artikel mit dem Titel „The Office of the Future" angekündigten „papierlosen Büros" hat sich schließlich bis heute nicht bewahrheitet (vgl. Business Week 1975, S. 48). Im Gegenteil: Es wurde noch nie mehr Papier verbraucht als heute. In der Studie von Jones, Pentecost und Requena wurde u.a. festgestellt, dass sich die Versuchspersonen besser an Printinformationen als an Bildschirminformationen erinnern konnten (vgl. Jones et al. 2005). Weiter lesen Menschen gemäß einer Studie von Lexmark „In paper we trust ..." Dokumente lieber auf Papier als am Bildschirm (vgl. Lexmark 2007). Papier kann man anfassen und begreifen – digitale Dokumente dagegen sind virtuell. Diese Erkenntnisse werden von der Hochschuldidaktik UZH berücksichtigt und wir stellen die Lehrmaterialien und Dossiers sowohl als Print-Version als auch online zur Verfügung.

Dank einer engen Zusammenarbeit von wissenschaftlichen Mitarbeitenden und administrativ technischem Personal lassen sich Erfahrungen über die Hochschullehre und das studentische Lernen austauschen und gleichzeitig administrative Prozesse und institutionelle Vorgaben besser verstehen. So können wir nach außen bestmöglich beraten und qualifizierte Auskünfte erteilen.

Datenbank als Abbild von Inhalten und Prozessen

Im zweiten Beispiel, warum Verstehen neben dem Verwalten in der Hochschuldidaktik unbedingt notwendig ist, nimmt einen Bezug auf Inhalte und Prozesse, die intern funktionieren müssen, aber auch wiederum auf einen professionellen Außenauftritt Auswirkungen haben. Eine zentrale Datenbank wird dafür als Instrument eingesetzt. Eine Datenbank kann tatsächlich mit einer Bank im herkömmlichen Sinn verglichen werden. Wie dem Geldinstitut werden der Datenbank Werte anvertraut mit dem Zweck, dass diese sicher und möglichst gewinnbringend angelegt werden. Mit dem Geld gelingt dies nicht immer, mit den Personen- respektive Kursdaten hingegen schon.

Die Datenbank liefert vielfältige Auskünfte und Informationen, sei es über Kursteilnehmende, Kurslokale, Kursleitungspersonen, Kurse, Fakultäts- und Institutszugehörigkeiten. Wer verfügt über welchen Leistungsnachweis? Wie hoch ist der Anteil an Professoren oder Professorinnen in unseren Angeboten? Solche und weitere Erhebungen lassen sich durch einfache Abfragen aus der Datenbank ermitteln.

Mit dem Bologna-Prozess und der Umstrukturierung von Studiengängen stellte sich auch für die hochschuldidaktische Weiterbildungsangebote die Frage nach der Modularisierung. Eine einfache Kursdatenbank musste damit zu einer Moduldatenbank weiterentwickelt werden. Wenn dies aber aus reiner Verwaltungssicht geschieht, können nur schwer praktikable Lösungen gefunden werden für verschiedene Varianten von Leistungsnachweisen, unterschiedliche Kurskombinationen, die Rolle von Selbstlernphasen, Integration von E-Learning-Angeboten und so fort. Erst die gemeinsame Auseinandersetzung mit den neuen Anforderungen und die Schaffung und Optimierung von Prozessabläufen in einem gegenseitigen Verständnis erlaubte, Probleme überhaupt erst wahrzunehmen und Lösungen zu finden. Statt über Verwaltungsdenken und Bürokratie oder über abgehobenes wissenschaftliches Denken zu klagen, sollen Lösungen erarbeitet werden, die von allen Beteiligten verstanden und getragen werden.

Einen erheblichen Anteil der administrativen Arbeiten wird auf die Weiterentwicklung der effizienten Datenbank gesetzt, welche in den letzten zwei Jahren immer differenzierter wurde. Hier geht es also wie schon beim Beispiel der Homepage ebenfalls nicht nur um ein „Browsen", sondern auch um das Potenzial, das wächst, wenn man auch „Editieren" kann.

Kommunikation mit Kursleitenden

Ein drittes Beispiel: Um die Abwicklung eines hochschuldidaktischen Angebots in der Administration gewährleisten zu können, braucht es nebst des Internetauftritts und den optimalen Hilfsmitteln wie der Datenbank auch eine Kommunikation mit den Personen, die zur Entwicklung der verschiedenen Themenfelder beitragen.

Wichtig ist die Kommunikation nicht nur zwischen wissenschaftlichen Mitarbeitern der Hochschule und Referenten, sondern auch zwischen den Kursleitern und der Aministration wie auch zwischen wissenschaftlichen Mitarbeitern, Referenten und Administration. Die Möglichkeiten sind gegeben durch Einberufungen von Treffen zusammen mit den Referenten und Programmverantwortlichen unter Einbezug des administrativ-technischen Personals. Solch gemeinsame Treffen sind unerlässlich. Finden sie nicht statt, können die Erfahrungen nicht ausgetauscht werden. Wenn die Administration allerdings beteiligt ist, besteht die Möglichkeit, Änderungen und neue Angebote von Beginn an zu begleiten. So wurden zum Beispiel neue Formate im Weiterbildungsprogramm „didactica" der Universität Zürich eingeführt, wie etwa Werkstätten und Kolloquien. Bei einem ersten Treffen wurden Erfahrungen der Kursleitenden und der Administration gemeinsam ausgetauscht und Entwicklungsschritte für die Zukunft angestoßen. Ohne ein gegenseitiges Verstehen wäre es schwer, solche Entwicklungen gemeinsam umzusetzen.

Das A und O der Betreuung eines Angebots ist der Einbezug von allen Beteiligten. Die wichtigsten Prozesse müssen dokumentiert und schriftlich festgehalten werden. Die Betreuung und Bearbeitung kann so innerhalb des Teams übergeben werden. Unter Einbezug des administrativ-technischen Personals, welches unter anderem viele Inputs zu den Abläufen einbringen kann, wird vielfach der unbeliebte Administrationsablauf verständlich. So haben wir diverse Merkblätter und Ablaufpläne erstellt. Die Anfrage für ein neues Angebot beginnt mit einem persönlichen Gespräch und endet z.B. mit der Handhabung von Honorarauszahlungen. All diese Informationen werden in kurzer Form schriftlich festgehalten und helfen bei der Planung und Durchführung der Veranstaltung – und das auch bei unterschiedlicher personeller Besetzung.

Fazit

Tatkräftige, unterstützende Assistenz, Mitdenken und auch Ideen anstoßen, kann von der Administration erwartet werden, wenn diese Personen in die konzeptionellen und thematischen Diskussionen einbezogen sind. Werden die Mitarbeitenden lediglich zu bürokratischen Erledigungen der anfallenden Arbeiten herangezogen, fehlen wichtige Übergänge und Kompetenzen. Als Kontaktpersonen nach außen vermittelt die Administration einen ersten und meist auch bleibenden Eindruck bei den Kunden. Nur wer versteht, kann auch verwalten und Dienstleistungen erbringen. Ohne zu begreifen, können keine befriedigenden Lösungen gefunden werden. Mangelnde Information und fehlende Kommunikation zwischen wissenschaftlichen Mitarbeitenden und Administration führen zu fehlerhaften Abläufen und Unproduktivität. Deshalb ist die enge Zusammenarbeit und die gegenseitige Wertschätzung von wissenschaftlichen Mitarbeitenden und der Administration Grundvoraussetzung für eine ideenreiche und dienstleistungsorientierte hochschuldidaktische Einrichtung.

Die drei Beispiele „Außenauftritt als Visitenkarte", „Datenbank als Abbild von Inhalten und Prozessen" und „Kommunikation mit Kursleitenden" sollen verdeutlichen, wie Zusammenarbeit funktionieren kann. Dank einer team- und sachorientierten Kommunikation zwischen den unterschiedlichen Hierarchien kann es einer Administration gelingen, für Dozierende eine hochstehende und auf deren Bedürfnisse abgestimmte Unterstützung und Beratung in vielen Belangen zu bieten. Es wird administriert, aber eben auch verstanden!

Literatur

Berners-Lee, T. / Fischetti, M. (1999). Der Web-Report. Der Schöpfer des World Wide Webs über das grenzenlose Potenzial des Internets. München: Econ.

Jones, M.Y. / Pentecost, R. / Requena, G. (2005). Memory for advertising and information content: comparing the printed page to the computer screen. In: Psychology and Marketing, 22(8), S. 623–648.

Lexmark (Hrsg.) (o.J.). In Paper we trust .... Why Paper has endured the Digital Age: An investigation into the business, psychologial and technological aspects of paper use, URL: ftp://ftp.lexmark-europe.com/brochures/de/corporate/press/papertrust.pdf (Stand: Mai 2011).

o. A. (1975). The Office of the Future. In: Business Week, 2387, URL: www.busi nessweek.com/technology/content/may2008/tc20080526_547942.htm (Stand: Mai 2011).

Wersig, G. (1997). Der Weg in die Informationsgesellschaft. In: Buder, M. / Rehfeld, W. / Seeger, T. / Strauch, D. (Hrsg.). Grundlagen der praktischen Information und Dokumentation. München: K.G. Sauer, 4. Aufl., S. 974 –999.

Expertise setzt die Ungleichheit des Wissens voraus. Wo es Expertinnen und Experten gibt, können die Laien nicht weit sein, deren Respekt den Expertinnen- bzw. Expertenstatus erst begründet. Und weil Expertise nur Expertise ist, wenn sie als solche anerkannt und hofiert wird, muss sie immer wieder neu gefestigt werden und ist latent von Unterwanderungen bedroht. Expertise hängt also durchaus auch vom Ausmaß der Differenz zwischen Laien und Expertinnen bzw. Experten ab. Nach welchen Gesetzmäßigkeiten sich der entsprechende Zusammenhang genau ausrichtet, mag spezifischer Expertiseforschung bedürfen, die Korrelation wird aber grundsätzlich positiv sein.

Allerdings scheint für die hochschuldidaktische Expertise diese Wechselwirkung nur begrenzt zu gelten. Die Laien – sprich: die Dozierenden – zeichnen sich gerade dadurch aus, dass sie über herausragende Expertise verfügen, die primär zwar nicht als Lehrkompetenz fundiert, in ihrer Generalität aber als Lehrbefähigung mitgemeint ist. Und umgekehrt sind die Experinnen bzw. Experten – die hochschuldidaktischen Fachpersonen – meist akademische Teil-Laien, weil sie zwar über universitäre Abschlüsse verfügen, aus der akademischen Qualifizierungshierarchie aber zum größeren Teil ausgeklinkt sind. Die Distanzverhältnisse zwischen Expertinnen bzw. Experten und Laien verschieben und überlagern sich also. Es befinden sich sozusagen Laien unter Laien und Experten unter Expertinnen in Aktion und Austausch. Die Hochschuldidaktik wird dabei ihr Feld – ihr *Aktionsfeld* eben – in vielerlei Expertise abstecken. Sie produziert selbst Wissen, sie sichtet und bündelt Wissen, das in anderen Feldern geschaffen wird, und sie vermittelt Wissen über Lehren und Lernen. Damit sind unterschiedliche Rollen und unterschiedliche Wissensformen – und unterschiedliche Diskurse miteinander verbunden. Das alles macht Hochschuldidaktik zu einer Expertiseagentur, in welcher spezifisches Wissen formiert und transformiert wird.

Eine Agentur verbindet, führt zusammen und überbrückt Gräben. In der Komplexität des akademischen Milieus trägt sie Wissen dorthin, wo es benötigt, aber nachzufragen nicht immer gleich mutig gewagt wird. Die Expertiseagentur der Hochschuldidaktik tastet sich an die Tabus der wechselseitig kaum eingestandenen Abhängigkeiten von Forschung und Lehre heran. Es liegt an ihr zu klären, wer welches Wissen verfügbar und wer dieses Wissen wirksam vermittelbar machen kann.

Eine Agentur ist kein Bazar – und doch ein Ort bunt gefächerter Transaktionen. Gehandelt wird mit dem Wissen der Praxis, das wissenschaftliches Wissen ebenso ist wie die praktische Handreichung. Hochschuldidaktik als Aktionsfeld einer Expertiseagentur ist Praxeologie. Sie spiegelt den Bildungsort Universität auf sich selber und beansprucht in ihrer Expertise die Normativität der Besser-Wissenden. Das ist heikel und schürt Vorbehalte. Wenn die gute Lehre sich aus einem anderen als dem gelehrten Fach selber ergibt, dann ist das zugleich trivial und anmaßend. Und genau aus diesem Spagat besteht die Kunst der hochschuldidaktischen Expertise. Sie ist Wissenschaft, die in den Revieren anderer mittut, und (deshalb) zugleich um ihren Status als Wissenschaft bemüht sein muss. Von ihr werden wissensbasierte Tipps und Tricks erwartet, die das Kerngeschäft der je eigenen Disziplin aber möglichst unberührt lassen sollen. Wie das zusammengehen kann, ist Forschungsfrage und Botschaft in einem. Hochschuldidaktik fragt und beschreibt, hinterfragt und schreibt vor. Das normative Moment ihrer Expertise ist Selbstkritik der Universität – und Fremdbelehrung derer, die aus den richtigen Methoden der Erkenntnisgewinnung auch die Angemessenheit der Vermittlung vermeinen ableiten zu können. Und zu allererst ist Hochschuldidaktik als Expertiseagentur auch die Enttäuschung der Hoffnung, dass es so etwas wie die richtige Lehre überhaupt gäbe – oder die Entwarnung der Befürchtung, dass es die richtige Lehre womöglich auf die Freiheit des Denkens abgesehen haben könnte.

Im Aktionsfeld der Expertise ist also Selbstbescheidenheit ebenso gefragt wie Aufdringlichkeit – und selbstgefällige Pedanterie ebenso wenig wie zeigefingrige Spitzfindigkeit.

Ulrich Welbers

Forschendes Lernen als Verfahren von Menschwerdung und Wissenschaft. Eine Verzauberung

„Nun aber ist die Bestimmung des Menschen, als eines freien und selbstthätigen Wesens allein in ihm selbst enthalten." (W. v. Humboldt, Über den Geist der Menschheit, GS II 331–332)

„Forschendes Lernen" ist in der aktuellen Hochschulentwicklungsdebatte ein ebenso inflationärer Appell geworden wie beispielsweise „Internationalisierung" und „Durchlässigkeit". Seinen anspruchsvollen Voraussetzungen und Verfahrensweisen weitgehend entkleidet, schwirrt der Begriff als Hochwertvokabel von einem Positionspapier zum nächsten. Der folgende Beitrag versucht zunächst die vielfältigen Gebrauchssituationen aufzudecken, stellt die aktuelle Forschungslage übersichtlich zusammen und geht dann auf eine historische Entdeckungsfahrt, in der Forschendes Lernen als grundlegendes Verfahren von Menschwerdung und Wissenschaft interpretiert wird.[1] Wenn aber beim Lernen an Hochschulen so vieles anders werden kann, gerade dann ist der Alltag nicht mehr so schwer zu ändern, wie es scheint. Alltagsbesichtigungen der Lehre wollen dies zeigen. Wer aber verzaubern will, muss selbst erst (ver-)wandelbar sich zeigen: der Beitrag endet mit einem Eintritt in hochschuldidaktische Aus- und Weiterbildung und favorisiert die Chancen, die für Lehrende hier zu finden sind.

Entzauberung eines Kalküls

Ist ein Begriff erst einmal zustimmend in aller Munde, und wird er unterschiedslos von allen für alles ins Feld geführt, ist er – wenn nicht eben so veraltet, dass er

---

1   Der Beitrag wurde in einer gekürzten Fassung auf der Konferenz „Forschendes Lernen. Hochschuldidaktische Konzepte und internationale Perspektiven" der Universität Oldenburg, der Jacobs University und der Universität Bremen am 5. November 2010 an der Universität Bremen vorgetragen.

niemandem mehr gefährlich werden kann – zumeist dreierlei: Symptom, Phantom oder Religion. Alle verwenden ihn enthusiastisch und nutzen ihn als Bestätigung in eigener Sache. Meist ist es um diesen Begriff dann beinahe schon geschehen, hat er seinen kritischen Gehalt und seine notwendige Kontroversität im Konzert begrabender Beifallsbezeugung doch längst eingebüßt. „Forschendes Lernen" ist ein solcher Begriff, sprachwissenschaftlich könnte man formulieren: ein Dignitätstopos, denn wer kann schon ernstlich etwas gegen Forschung haben und gegen Lernen schon überhaupt nicht. So erinnern seine aktuellen Gebrauchssituationen ein bisschen an eine bekannte Waschmittelwerbung des ausgehenden zwanzigsten Jahrhunderts, in der der zu bearbeitenden Wäsche nicht nur Sauberkeit, sondern gar pure Reinheit versprochen wurde. Nicht nur Lernen, nein, *forschendes* Lernen muss es sein.

Gerade die Hochschulentwicklung verbraucht wunderbare Begriffe wie die Luft zum Atmen, sie bringen die frustrationsüberwindende Bewegung, die sich im Alltag häufig doch so schwer nur einstellen will, und so gehört einfach: „zu jedem wissenschaftlichem Studium forschendes Lernen" (Wissenschaftsrat 2006, S. 64). Bei einem solch multiperspektivischen Begriff kann ja auch jeder zufrieden sein: Zunächst der Hochschullehrer, der schon immer der Ansicht war, dass universitäres Lernen wesentlich Forschungszwecken, gerne also auch eigenen, zu dienen habe. Die Studierenden dürfen „forschend lernend" dabei sein, bedingungslose Niederwerfung vor dem Forschungsziel und der an diesem zu orientierenden Unterstützungsleistung ist dabei freilich Ehrensache. Die Gütigeren der Berufsgruppe räumen gleichwohl ein, dass Lehre eigener Legitimations- und Gestaltungsraum sei, der allerdings sich aufzubauen habe an der Logik fachlicher Vernunft, die sich auf Lernen zu beziehen verstünde – gewiss ein kluges Fundament zur Problemklärung. Dann die Bildungspolitik: in den marodierenden Abwärtsbewegungen von Budgets und gesellschaftspolitischen Anspruchshaltungen, wie sie sich hinter verschleiernden Termini wie „Hochschulfreiheitsgesetz"[2] oder „Qualitätspakt"[3] verbergen, ist ein Begriff wie der des Forschenden Lernens natürlich Gold wert – vor allem auch deswegen, weil er so unheimlich preiswert aussieht. Alles wird gut, „forschend" muss das Lernen sein von der Kindertagesstätte bis zum Fraun

---

2   Nordrhein-Westfalen hat 2007 die Rechtsform seiner Hochschulen per Gesetz – nach eigener Aussage mit dem Ziel höherer Eigenständigkeit – verändert.

3   Der so genannte „Qualitätspakt" besteht zwischen dem Land Nordrhein-Westfalen und den Hochschulen des Landes. Letztere werden hier unter bestimmten Bedingungen von so genannten Konsolidierungsmaßnahmen, Haushaltssperren und Einstellungsstopps zunächst ausgenommen.

hofer-Institut, für jeden Mann und natürlich jede Frau voraussetzungslos erreichbar, durchlässig bis zum Untergang. Schließlich wird auch bei Studierenden der Begriff seine Wirkung kaum verfehlen, die nach so viel Pauken für ein zentral verdachtes Abitur endlich einmal Anderes, Wertvolles, Eigenständiges vermuten könnten.

Kann man sich der Verführung so viel „forschlernenden" Glamours wohl nur schwer entziehen, bleibt er doch verräterisch, „werbliches" Kalkül einer ebenso rastlosen wie über ihre Zukunft ratlosen Institution, die um Beitragszahler buhlen muss und denen sie daher in immer neue Varianten des Bekannten die abenteuerlichsten Studiengangideen in die glitzerndsten Studienpläne verpackt und so das individuell Blaue vom institutionellen Himmel verspricht. Als das letzte Mal ein Begriff struktursanierend über deutsches Hochschulland flog und mosaisch die gelobte Zukunft versprach, landete die „Internationalisierung" ebenso bettvorlegerisch wie provinziell in einem Dickicht vollkommen zugebauter Studienstrukturen, die ein Anerkennungsverfahren von Kreditpunkten für Studierende zu einem Abenteuer von der Qualität der Amerika-Reise Alexander von Humboldts machen, als dieser im Jahre 1800 mit seinem Freund Aimé Bonpland auf dem Orinoco ins Ungewisse aufbrach.

Um nicht falsch verstanden zu werden: „Forschendes Lernen" ist ein ebenso faszinierendes wie verzauberndes Konzept, dass es spezifisch zu erläutern, emphatisch auszulegen und praktisch ins Leben zu rufen gilt, aber es ist eben auch *Symptom* für das, was vor allem fehlt: ein tragfähiges Konzept des Lernens für die Hochschulen im 21. Jahrhundert, das in deren Anspruch auf Universalität des Denkens und Handelns verlässlich sich gründet. Es bleibt gewollt *Phantom*, weil man sich vor den erheblichen Konsequenzen scheut, die es zeitigen würde. Und es ist, ja es darf *Religion*, oder sagen wir lieber bescheidener: Bekenntnis, sein für diejenigen, für die Bildung immer noch mehr ist als das stilsichere Anhäufen von unverstanden gebliebenen, arithmetisch messbaren Wissensbeständen.

Ich beginne eine Orinoco-Expedition ganz anderer Art, gleichwohl wie Alexander, der jüngere der beiden Humboldts, auf der Suche nach Verbindungslinien unterschiedlicher Systeme, Erkundungen in einer sicheren Angelegenheit, die einer tragfähigen Interpretationsvokabel für das Lehren und Lernen an Hochschulen nachgehen, eine, die sich nicht so einfach verbrauchen lässt und die sich gegen den häufig folgenlosen Begriffskonsumismus der Hochschulentwicklung zur Wehr zu setzen vermag.

Erkundungen in einer sicheren Angelegenheit

Sicher ist die Angelegenheit zumindest an ihrem Beginn schon deswegen, weil das eigentlich Wichtige, Erklärende und systematisch Erhellende längst gesagt ist. In seinen *10 Thesen zum Verhältnis von Forschung und Lehre aus der Perspektive des Studiums* (Huber 2004) hat Ludwig Huber bemängelt, dass gerade das Problem der Einheit von Forschung und Lehre einer „empirischen Fundierung" (ebd., S. 30) ermangele. Stattdessen gebe es einen „Überschuss an Programmatik" (ebd.). Dies ist beides richtig und es ist darüber hinaus kritisch anzufragen, ob solcher Überschuss überhaupt, unterstellte man seine Notwendigkeit, nicht auch substantiell häufig fehlgeleitet ist. Markantestes Beispiel ist wohl die Diskussion um die *Einheit* von Forschung und Lehre, wie sie ebenso scham- wie kenntnislos mit allen Beifütterungen und Unterlassungen an den Namen diesmal *Wilhelm* von Humboldts geknüpft wird, der doch ganz anderes im Sinn hatte als eine Forschungsuniversität, in der vom Brote des Forschungsreichen lediglich für die Lehre etwas abfällt. Das Thema scheint aber besonders geeignet, „Privilegien zu konservieren, zu entreißen oder zu monopolisieren" (Huber 2004, S. 31). Entscheidender noch als dies ist Hubers Einsicht, dass „forschendes Lernen (...) zu einem wissenschaftlichen Studium" (ebd.) genau *so* dazu gehöre, dass hier ein Wesensbestandteil des Begriffs Studium an sich angesprochen ist, mithin kein „didaktischer Trick" (ebd.), auch mehr als „aktivierende Lehrmethode" (ebd.), sondern die Erfahrung von Wissenschaft als sozialem Prozess (ebd. S., 32). Es geht also fundamental um ein spezifisches Verständnis von Wissenschaft, wenn Huber konstatiert, dass

> „das Wichtige am Prinzip des Forschenden Lernens (...) die kognitive, emotionale und soziale Erfahrung des ganzen Bogens, der sich vom Ausgangsinteresse, den Fragen und Strukturierungsaufgaben des Anfangs über die Höhen und Tiefen des Prozesses, Glücksgefühle und Unwissenheiten, bis zur selbst (mit-) gefundenen Erkenntnis oder Problemlösung spannt." (ebd., S. 33)

Man könnte hier also mit Fug und Recht von einer ganzheitlichen Verfahrensmodifikation sprechen, die eine Reduktion auf einen methodischen Charakter ebenso ausschließt wie die Herausnahme der Hochschullehrpersönlichkeit aus der hochschuldidaktischen Problemanalyse. Dieses Postulat ist nach Huber keineswegs historisch vorbildlos, richtet es sich doch auf das Fundament von Bildung durch Wissenschaft, wie Humboldt und Schleiermacher es Anfang des 19. Jahrhunderts zum Ausgangspunkt keiner beliebigen, sondern dezidiert auf Aufklärung und Emanzipation hin ausgerichteten Universitätsidee gemacht haben. Nur das, was ich selbstverantwortet tue, ist verantwortliches Handeln, aber auch nur für eine auf Aufklärung und gesellschaftliche Emanzipation ausgerichtete Universität bedarf es notwendig der Freiheit für Bildung durch Wissenschaft. Leicht umzusetzen ist dieses anthropologisch und institutionell äußerst unbescheidene, gleichwohl unumgängliche Postulat heute nicht, es bedarf vielmehr „komplexer Lernsituationen" (ebd., S. 35), und diese müssen auch nach „Fächern und Stufen" (ebd., S. 37) variantenreich gestaltet werden. In hochschuldidaktischer Hinsicht geht es also um eine „vielstimmige Partitur der Lernformen" (ebd., S. 39), die die niemals richtige und trotzdem endlos favorisierte, vor allem den Lehrenden in ihrer Alltagspraxis nützenden Aufteilung in einerseits Grundlagenwissen und andererseits weiterführendem Wissen zugunsten von anspruchsvollen, vielschichtigen Lernanlässen untergräbt. Ich spare die Frage zunächst aus, welchen Hochschullehrertypus es braucht, der dies bewerkstelligen kann, aber schon an dieser Stelle lässt sich wohl absehen, dass auch das Berufsprofil eine Verzauberung erfahren müsste, wollte man Forschendes Lernen an Hochschulen wirklich durchgängig zu einem Grundprinzip ihres Handelns machen. Unzweifelhaft scheint, dass Hochschullehrer Forschende sein sollen, damit sie als Persönlichkeiten der Haltung Forschenden Lernens Authentizität und Gesicht verleihen können. Wissenschaftliche Tugenden wie Interesse, Aufrichtigkeit, Wahrheitsorientierung, Dialogizität und die Demut vor der Sache lassen sich nicht vorspielen, sie lassen sich nur vorleben. Solche Tugenden können aber nur Voraussetzung hochschuldidaktisch qualifizierter Unterrichtsgestaltung sein, ersetzen können sie diese nicht.

So überraschen an Hubers Ausführungen aus 2004 weniger die Einsicht in der Sache und die markante Profilierung des Konzeptes des Forschenden Lernens, sondern ihre Ähnlichkeit mit den Thesen von 1970, wo Huber in Anlehnung an das Konzept der Bundesassistentenkonferenz (BAK) forschendes Lernen als „hochschuldidaktisches Prinzip" (Huber 1970, S. 16) beschreibt und auch in seinen konkreten Gestaltungsformen ausbuchstabiert.[4] Als Spätgeborener der Hochschulreform mag man sich fragen, welche Beharrungskräfte eigentlich am Werke waren, dass sich in der modernen Universität in Bezug auf Forschung und Lehre trotz besserer Einsicht immer noch fast unverändert die Sonne um die Erde drehen darf. Eine kopernikanische Wende des Lehrens und Lernens, in der sich Forschende vor allem als mit anderen gemeinsam Lernende verstehen, steht weiterhin aus,

---

4   Eine Fülle an Gestaltungsformen durch verschiedenste Fachkulturen hindurch findet sich in dem 2009 von Ludwig Huber, Julia Hellmer und Friederike Schneider herausgegebenen Band: „Forschendes Lernen im Studium. Aktuelle Konzepte und Erfahrungen" und zeigt damit auch praktisch, was sich mit dem Konzept realisieren lässt.

obwohl sie doch so nahe liegt. Damit ist gerade nicht der Lehrprofessur das Wort geredet und forschungslosen Fachhochschulen, wohl aber einer praktischen Einlösung des Konzepts Forschenden Lernens, wie es durch die Fachkulturen hindurch von Huber u.a. 2009 vorgelegt worden ist (vgl. Huber et al. 2009). Das Verständnis aber, dass Forschen nur eine spezifisch profilierte, besonders professionalisierte und institutionell legitimierte Form des Lernens ist, gehört zur Wahrheit Forschenden Lernens ebenso hinzu wie die alltäglichen Forderungen nach Forschungsfreiheit und Forscherfreiheit.

Stärker als in dem Text von 2004 hört man bei Huber in den Thesen von 1970 heraus, dass Studienreform auch eine gesellschaftspolitische Angelegenheit sein soll. Dies wäre für uns alle wohl wiederzuentdecken, wenn die eiskalten Nebelschwaden des Neoliberalismus sich wieder auf ein erträgliches Maß eingedampft haben und statt der Unkultur der Effizienz Besonnenheit und Einsicht in die Sache in die Gestaltung gesellschaftlicher Institutionen zurückfinden. So zögerlich dies zurzeit noch geschieht, so unvermeidbar ist es doch, wenn anspruchsvolle Lernkonzepte an Hochschulen überhaupt Platz greifen sollen, die dem Diktum von Adorno einer „Bildung gleich Warten Können" (Notizheft 1943, Ts 51905) zu folgen vermögen.

Selbst ein kurzer Forschungsüberblick zum Thema wäre wohl unvollständig, würde nicht auch Ralf Schneiders und Johannes Wildts zyklenbezogene Konfrontation von Forschen und Lernen in die Diskussion mit eingebracht. Unmissverständlich und höchst alltagsbewusst weist Wildt 2009 darauf hin, dass „manche Vorhaben, die unter dem Titel des ‚Forschenden Lernens' firmieren, nicht mehr als Maßnahmen zur Erweiterung der Forschungskapazität [zu sein scheinen] und [dass] das studentische Engagement lediglich als Einsatz kostenfreier Hilfskräfte" (Wildt 2009, S. 5) verstanden wird. Für seinen Versuch, in der „Forschungspraxis Lernmöglichkeiten aufzutun" (ebd.) wird dagegen „einem typischen Zyklus von Forschungstätigkeiten" (ebd.) der Lernzyklus von Kolb zugeordnet, so dass ein Learning Cycle im Format des Forschungsprozesses entsteht (Abb. 1).

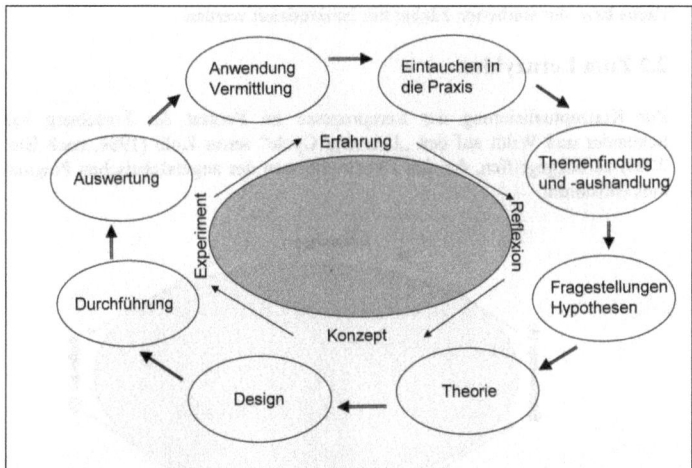

Abb. 1: Der Learning Cycle im Format des Forschungsprozesses (Schneider / Wildt 2009, S. 58)

Die oben genannte These, dass Forschen im wesentlichen als *Lern*prozess von Forschenden verstanden werden muss und dass die diesbezüglichen Verfahrensmodalitäten sich durchaus ähneln, scheint hier eindrucksvoll illustriert und erhält zudem in der Einsicht Wildts Unterstützung, dass „Forschungsprojekte der Methodologie wissenschaftlicher Erkenntnisgewinnung folgend typische Zyklen von Forschungshandlungen durchlaufen, die mit einem dazu synchron konzeptualisierten Lernzyklus korrespondieren" (ebd.). Hier liegt natürlich ein spezieller Fall vor, der von einem dezidierten Erfahrungsbegriff erziehungs- bzw. sozialwissenschaftlicher Prägung ausgeht, der „im Dewey'schen Sinne ‚continuity', also die Kohärenz der Erfahrung in der Alltagswelt" (ebd., S. 6) konstruiert, und der schon deswegen durch eine nicht in jeder Fachkultur ähnlich gelagerte Nähe von Forschungs- und Lernarrangements gekennzeichnet ist. Das Beispiel zeigt aber eines ganz deutlich: Wer sich um den Begriff des Lernens bekümmert, muss sich auch kritisch um den des Forschens bemühen, oder anders gesagt: Nur wer die Wissenschaft neu denkt, wird auch das Lernen neu verstehen können – und umgekehrt (vgl. Welbers 1998).

Man ahnt schon, das ist alles so unmittelbar einsichtig, dass es kaum spontaner Überlegung unserer Zeit entstammen kann. Und natürlich, einer hat es in verblüffender Einfachheit, brennender Klarheit und wohl auch in erschreckender Alter-

nativlosigkeit schon gewusst – seitdem inflationär zitiert und doch semantisch
zerfleddert und legitimatorisch missbraucht bis ins letzte Wort. Gestatten Sie mir
also einen unumgänglichen Ausflug, für den ich auf das bekannte Wort Herrmann
Hesses setze, nach dem „jedem Anfang (…) ein Zauber inne" (Hesse 1995, S.
528) wohnt, dies auch deswegen, weil die Zeile folgendermaßen endet: „der uns
beschützt und der uns hilft zu leben" (ebd.).

Menschwerdung als Bildungsprogramm und Wissenschaft als Dramaturgie der Wahrheit

Wilhelm von Humboldt ist erst gut ein Viertel Jahrhundert alt, hätte also in unserer zeitgeistigen Vorstellung biographischer Makellosigkeit gerade einmal seinen
Master abgeschlossen, als er in seinen *Ideen zu einem Versuch, die Grenzen der
Wirksamkeit des Staates zu bestimmen*, den „wahren Zwek des Menschen – nicht
der, welchen die wechselnde Neigung, sondern welchen die ewig unveränder-
liche Vernunft ihm vorschreibt – (…) [als] die höchste und proportionirlichste
Bildung seiner Kräfte zu einem Ganzen" (Humboldt, W. von 1903–36, I, S. 106)
bestimmt. Humboldt kann sich zu diesem Zeitpunkt bereits sicher sein, mit seinem humanistischen Bildungsbegriff – ausgehend u.a. von der von ihm so viel be-
achteten aristotelischen Philosophie – auf ein durch die Jahrhunderte profiliertes,
„reichhaltiges, (…) [zudem] stark *theologisch geprägtes* Konzept" (Fohrmann
2010, S. 1) zurückzugreifen. Die systematische Figur „Bildung" ist im Kontext
ihrer griechischen Ausprägung zunächst Entelechie, mithin zielgerichteter Entwicklungsprozess von innen, in seiner mystisch christlichen Traditionslinie vor
allem Ein-, besser gesagt Hineinbildung der Gottesvorstellung in den Menschen,
diesen in seinem Wesen verändernde imaginatio, die ihn in ihrem Zurückkehren
nach außen als Ganzes verwandelt:

> „,Bildung' in diesem Verständnis hat daher einen dreifachen Bezug: sie ist
> impressiv, also geht von außen nach innen; sie ist dann expressiv, geht also
> von innen nach außen zurück, indem sie etwas schafft, ein Werk, ein kulturel-
> les Erzeugnis, eine Form (forma); und bei diesem Vorgang von außen nach in-
> nen, von innen nach außen zurück, bei der eine Form entsteht, bildet sich der
> Mensch selbst. Nur im Zusammenspiel aller drei Bewegungen kommt ,Bildung'
> zustande." (ebd.)

Sehr verkürzt ausgedrückt könnte man Humboldts Verdienst darin sehen, dass
er diese reichhaltige Begriffstradition, die ja das Motiv von Welterschließung

in nuce darstellt, in zweierlei Hinsicht weiterentwickelt. Erstens säkularisiert er diese, durch die Theologie hindurch gegangene, Konstruktion der griechischen Philosophie in einem neuhumanistischen Geist, reichert sie um Begriffsprägungen wie Charakter, Individualität, Dialogizität und Toleranz an und macht sie so für die drängenden gesellschaftspolitischen Aufgabenstellungen des frühen 19. Jahrhunderts diskursiv verfügbar. Schleiermacher ist hier sein systematischer Gesprächspartner. Zweitens, und das ist wohl seine originäre Leistung, erkennt er den ebenso konstitutiven wie unauflöslichen Zusammenhang zwischen Bildung und Sprache wie niemand vor ihm:

> „Subjective Thätigkeit bildet im Denken ein Object. Denn keine Gattung der Vorstellungen kann als ein reines Beschauen eines schon vorhandenen Gegenstandes betrachtet werden. Die Thätigkeit der Sinne muss sich mit der inneren Handlung des Geistes synthetisch verbinden, und aus dieser Verbindung reisst sich die Vorstellung los, wird, der subjectiven Kraft gegenüber, zum Object, und kehrt, als solches aufs neue wahrgenommen, in jene zurück. Hierzu aber ist die Sprache unentbehrlich. Denn indem in ihr das geistige Streben sich Bahn durch die Lippen bricht, kehrt das Erzeugniss desselben zum eignen Ohre zurück. Die Vorstellung wird also in wirkliche Objectivität hinüberversetzt, ohne darum der Subjectivität entzogen zu werden. Dies vermag nur die Sprache, und ohne diese, wo Sprache mitwirkt, auch stillschweigend immer vorgehende Versetzung ist die Bildung des Begriffs, mithin alles wahre Denken unmöglich. Ohne daher irgend auf die Mittheilung zwischen Menschen und Menschen zu sehn, ist das Sprechen eine nothwendige Bedingung des Denkens des Einzelnen in abgeschlossener Einsamkeit. In der Erscheinung entwickelt sich jedoch die Sprache nur gesellschaftlich, und der Mensch versteht sich selbst nur, indem er die Verstehbarkeit seiner Worte an Andren versuchend geprüft hat." (Humboldt, W. von 1903–36, VI, S. 155)

In dieser kurzen sprachphilosophischen Passage aus den Jahren 1827–29 entdeckt man alles wieder, was auch Grundlage von Humboldts Bildungsbegriffs ist und was sich damit auf die Konstruktion Forschenden Lernens beziehen lässt. Es ist – so wird hier einsichtig – schon erkenntnistheoretisch gar nicht möglich, vorgefertigte Begriffe derart anzubieten, dass sie nur noch auswendig gelernt werden müssten. Wohl gemerkt, es ist nicht nur nicht sinnvoll, sondern es ist *schlichtweg unmöglich*. Erst jedesmalige, subjektiv geleistete *Begriffs*bildung ist aktive Welterschließung, mit einem Wort: Lernen. Und dieses Lernen ist wiederum an die Dialogizität mit anderen geknüpft, nur in ihr wird Objektivität überhaupt möglich und wirksam. Die „Einsamkeit", von der Humboldt hier spricht, und die in ihrer Textvariante zur Berliner Universitätsgründung von 1810 so inflationär gebraucht wird (vgl. ebd., X, S. 251), ist zuvorderst gar keine institutionelle Aussage – into-

niert mit melancholischem Freiheitspathos – sie ist zunächst einmal ein erkennt-
nistheoretisches Paradigma, dass sich auf die reine Vernunftkritik Kants stützt und
diese um die Dimension der Sprache erweitert. „Die Sprache ist das bildende Or-
gan des Gedanken" (ebd., S. 151) und die Bildung des Begriffs ist für Humboldt
stets eine „Verwandlung der Welt in Sprache" (ebd., S. 28), semantische „Verzauberung" wenn man möchte und mit Humboldt zugesteht, dass der Ursprung solch'
wunderbarer Sprachspontaneität wohl „jenseits der Gränzlinie" (ebd., IV, S. 3)
menschlicher Vernunft zu suchen wäre.

Diese grundlegenden Einsichten sind für den hiesigen Zusammenhang in zweierlei Hinsicht bedeutsam. Erstens: Humboldt hat das nach ihm benannte Bildungsideal in seinen grundlegenden Konstanten keineswegs selbst ersonnen. Die hier
– allzu kurz – vorgeführte Begriffsgeschichte sollte aber bereits gezeigt haben,
dass Humboldt mit wunderbarem Wort-Geist zur richtigen Zeit am richtigen Ort
das in der Geschichte als Wahrheit schon Erkannte mit „Ahndungsvermögcn und
Verknüpfungsgabe" (ebd., S. 37) noch einmal so verfügbar gemacht hat, dass es
auf die Situation seiner Zeit Anwendung finden konnte. Dies bleibt Aufgabe für
alle Zeit. Die Bildungspolitik unserer Tage erweckt allerdings den teilweise doch
eher etwas skurril anmutenden Eindruck, als könnte sie kalkuliert auf ein anderes,
für sie vermeintlich nützlicheres Bildungsideal setzen, das ihr für die Erledigung
gesellschaftspolitischer Aufgaben kurzfristig brauchbarer erscheint. Das ist, mit
Verlaub, vollkommene Torheit in der Sache bei gleichzeitiger reflexiver Besin-
nungslosigkeit der Beteiligten. Natürlich kann man *das* Bildungsideal der abend-
ländischen Geistesgeschichte ignorieren und beschädigen, institutionell beiseite-
schaffen oder schlichtweg ablehnen. Eine Alternative zu ihm hingegen existiert
schon aus dem innersten Verständnis und Wesen der Sache heraus nicht. Wer etwas anderes will, will eben nicht eine andere Bildung, sondern will eben keine Bildung, stattdessen lieber Ausbildung, zuweilen Halbbildung, manchmal gar
Unbildung, häufig aber noch schlimmer: im Grunde nur „Wissen". In einem, der
theologischen Geschichte des Begriffs geschuldeten Vergleich gesprochen: Ob jemand an Gott glaubt oder nicht, ist natürlich seine subjektive Entscheidung, aber
erstens berührt diese Entscheidung die Existenz Gottes durchaus nicht und zweitens lässt er sich schon gar nicht abwählen – und auch nicht wegadministrieren,
noch nicht einmal durch ein noch so ambitioniertes Hochschulfreiheitsgesetz, das
fünf Menschen pro Universität zu Feldherren und zehntausende weitere jeweils
zu Ruderern einer römischen Galeere macht. Jedes Lernen, dass gesellschaftlich
verantwortetes Lernen sein soll, braucht die republikanische Verfassung und die

demokratische Haltung als schützenden Raum und stützende Ermutigung, bei gleichzeitiger Hinwendung auf das, was als conditio humana nicht verhandelbar sein kann.

Zweitens: die erkenntnistheoretische Grundlegung des Bildungsbegriffes, wie Humboldt sie in der Sprache erkennt, macht deutlich, dass die Kriterien Forschenden Lernens wie Verschiedenheit des Interesses, Selbständigkeit der Themenauswahl und Fragestellung, Mitgestaltung des Verfahrens, Dialogizität mit anderen, Gemeinschaftlichkeit von Lehrenden und Lernenden auf gleicher Augenhöhe keine Frage einer Auswahl didaktischer Spezialeffekte sind, vielmehr sind sie grundlegende, unhintergehbare Eckpunkte von Lernen überhaupt. In diesem Sinne fügt der Begriff des Forschenden Lernens dem des Lernens-ohne-forschend-zu-sein systematisch streng genommen weder etwas hinzu noch profiliert er hochschuldidaktische Paradiesräume, er klärt vielmehr prinzipiell und methodisch förderlich, was „Lernen" wesenhaft ist, und stellt dieses Lernen als ebenso anspruchsvolle wie singuläre Form individueller, wissenschaftlicher und kultureller Entwicklung mit der Universität in einen ebenso strapazier- wie widerstandsfähigen institutionellen Rahmen ein.

Was Wilhelm von Humboldt also als „das Verfahren der Sprache in seiner weitesten Ausdehnung" (ebd., VII, S. 53) bestimmt, ist zugleich das Bildungsverfahren des Menschen, formiert Individualität, ist Menschwerdung aus selbstgewonnener Erkenntnis und Erfahrung. Diese wird im Raum der Wissenschaft – allein dafür braucht jene ihre Freiheit – zu einer Dramaturgie der Wahrheitssuche mit anderen, denn im „Du [der Dialogpartner liegt die, U.W.] Spontaneitaet der Wahl" (ebd., VI, S. 161). Die Sprache bindet uns im Verstehen an unser Menschsein, der Mensch versteht sich selbst jedoch nur mit anderen, also erst dann, wenn „er die Verstehbarkeit seiner Worte an Andren versuchend geprüft hat" (ebd., S. 155). So entsteht erst gemeinschaftlich der „Zauber des Unbegrenzten" (Humboldt, A. von 1869, I, S. 20): eben Wissenschaft.

Alltagsbesichtigungen eines Verzauberten

Die Hochschuldidaktik fragt immer auch nach Handlungswirklichkeiten und hier also nach den Arrangements des Lernens, in denen Wahrheitssuche als Verzauberungsverfahren faktisch möglich wird.

Jeden Dienstag gehe ich mit einem fachdidaktischen Kollegen in ein vierstündiges Projektseminar des dritten Bachelor-Studienjahres unter dem linguistischen Label der Angewandten Sprachanalyse. Gesellschaftlicher Sprachgebrauch soll zunächst Gegenstand der wissenschaftlichen Untersuchung, dann aber vor allem auch Vermittlungsaufgabe sein (vgl. Welbers 2000). Der thematische Rahmen fordert hierfür „Interpretationsvokabeln der Gegenwart" und in Projektgruppen suchen die Studierenden über ein ganzes Semester ihre biographisch bedeutsamen, gesellschaftlich relevanten und sprachwissenschaftlich analysierbaren Interpretationsvokabeln. Am Ende steht eine – die verschiedenen Begriffe sinnlich in Szene setzende – Ausstellung, die der Öffentlichkeit präsentiert wird. Im Sommersemester werden die Studierenden dann – durch Werkstattkolloquien begleitet – die von ihnen favorisierte Interpretationsvokabel als Bachelorarbeit individuell erforschen und bearbeiten.

Mittwochs Nachmittag können die Studierenden des zweiten Studienjahres so viel Eigenständigkeit schon einmal üben, wenn sie in Teamarbeit Deutsche Sprachgeschichte erkunden, verstehen, wie die Menschen in ihrer Sprache die Sinnhaftigkeit von Geschichte über 1.400 Jahre lang gesucht und gefunden haben. Im anschließenden Haupt- bzw. Masterseminar wird dieser Zusammenhang von Sprache und Erinnerung nicht nur sprachphilosophisch thematisiert, die Gespräche dort erreichen oft auch ein intellektuelles und menschliches Niveau humboldtscher Gemeinschaftlichkeit, das mich selbst ergreift und verzaubert. Wohl gemerkt, alle diese Veranstaltungen sind nach gängiger Meinung eigentlich viel zu voll, um förderlich zu sein, und lange braucht es zuweilen auch, bis die Deckung schwindet, aber hinter ihr lugt das Forschende Lernen allerorts hervor. Forschendes Lernen: eben kein Kammerkonzert für selbsternannte „Eliten", sondern Bewegungsprinzip für alle.

Donnerstags unterhalte ich mich dann im Rahmen des Kubus-Programms mit Studierenden der Studienanfangsphase über ihr Leben und die sich daraus ergebenden Berufschancen (vgl. Welbers 2003b). Hier lerne ich, dass ich mit 20 deutlich langweiliger war, als ich heute wahrhaben möchte. Im anschließenden

Examenskolloquium bestehe ich nun noch einmal sichtbarer darauf, dass wirklich jeder eine eigenständige Idee für sein Examensprojekt entwickelt und diese im dialogischen Prozess des Kolloquiums mit anderen entwickeln lernt.

Nach so viel Individualität bin ich donnerstagabends häufig ganz schön geschafft und sehne mich nach einer Universität, in der man Studierenden erst alles vorschreibt, dann präsentiert und schließlich abprüft – aber nur ganz kurz.

Hochschuldidaktische Wege zu sich selbst

Eine Alltagsbesichtigung ist unerwähnt geblieben. Ich verantworte gemeinsam mit der Fachschaft der Studierenden ein Erstsemesterprogramm unter dem Titel „Studieren lernen". Über 400 Neustudierende lernen hier in einem Wechselspiel prototypischer Lernarrangements von kolloquialer Vorlesung, Kleingruppenarbeit in Tutorien und wiederum selbstverantworteten Projekten genau das, was der Programmname aussagen will: eine biographisch tragfähige und damit individuell förderliche Form des Studierens, die Forschendes Lernen vor allem als innere Haltung beschreibt und ausbildet. Als ich mit der Fachschaft dieses Programm vereinbarte, fragten mehrere der potenziellen Tutoren nach, das sei ja alles irgendwie sehr schön, aber so etwas Anspruchsvolles käme ja wohl nur in Frage, wenn es dafür auch eine ordentliche Aus- und Weiterbildung gäbe, auf der man sich für diese schwierige Aufgabe vorbereiten könne. Meine stille Begeisterung konnte ich, wie man sich vorstellen kann, nur schwer verbergen, aber wir sind dann ein Wochenende gemeinsam weggefahren und die Erlebnisse dort gehören fraglos zu den Erfahrungen, die meine Berufsmotivation für längere Zeit wieder zu stärken vermögen. Daraus ergibt sich gleichwohl eine Frage für die Problematik Forschenden Lernens: Was schon einem Tutor Recht ist, sollte dies einem Hochschullehrenden nicht billig sein? Wer anderen das Lernen lehren will, muss selbst der erste Lerner sein.

Am Angebot der organisierten Hochschuldidaktik kann es wohl nicht liegen. In über 60 Arbeitsstellen und Zentren in Deutschland findet sich ein professionelles Programm über die ganze Spannbreite des Lehrens und Lernens an Hochschulen hinweg. Module machen die Angebote verknüpfungsfähig, sowohl thematisch als auch überregional. Zertifikate helfen den Absolventen der Kurse bei ihrer Laufbahngestaltung. Hochschuldidaktische Netzwerke sichern zudem die Kommunikation einer prosperierenden scientific community in diesem Bereich, national und auch international. So bleibt als letztes Argument für eine standhafte Nicht-Professionalisierung des eigenen Lehrhandelns die sicher häufig zutreffende, allgegenwärtige Überlastungsszenerie. Da hilft ein Wort des Philosophenkaisers Marc Aurel aus seinen *Wegen zu sich selbst*, mit dem ich schließen möchte und das uns Lehrende mahnt, unser eigenes Bildungsrecht auf alltagsstützende Professionalisierung des lernenden Forschens und gelehrten Lernens nicht gänzlich zu vergessen:

> „Erinnere dich daran, seit wann du dies aufschiebst und wie oft du von den Göttern Termine bekamst, ohne sie zu nutzen. (…) Das äußere Geschehen soll Dich nicht ablenken, und du sollst dir Zeit nehmen, etwas Gutes hinzuzulernen, und aufhören umherzuirren." (Marcus Aurelius 1990, II, S. 4; S. 7)

Literatur

Fohrmann, J. (2010). Was ist Bildung? Vom inflationären Gebrauch eines Begriffs und vom Verschwinden seiner tatsächlichen Bedeutung. Veranstaltung vom 14.01.2010. Altes Rathaus Bonn.

Hesse, H. (1995). Stufen. In: Conrady, K.-O. (Hrsg.). Das große deutsche Gedichtbuch. Von 1500 bis zur Gegenwart. München: Artemis und Winkler, 4. Aufl., S. 527–528.

Huber, L. (1970). Forschendes Lernen: Bericht und Diskussion über ein hochschuldidaktisches Prinzip. In: Neue Sammlung, 10(3), S. 227–244.

Huber, L. (2004). Forschendes Lernen. 10 Thesen zum Verhältnis von Forschung und Lehre aus der Perspektive des Studiums. In: Die Hochschule, 2, S. 29–49.

Huber, L. (2009). Warum forschendes Lernen nötig und möglich ist. In: Huber, L. / Hellmer, J. / Schneider, F. (Hrsg.). Forschendes Lernen im Studium. Aktuelle Konzepte und Erfahrungen. Bielefeld: UniversitätsVerlagWebler, S. 9–35.

Huber, L. / Hellmer, J. / Schneider, F. (Hrsg.) (2009). Forschendes Lernen im Studium. Aktuelle Konzepte und Erfahrungen. Bielefeld: UniversitätsVerlag-Webler.

Humboldt, A. von (1869). Kosmos. Entwurf einer physischen Weltbeschreibung. Jubiläumsausgabe zum 14. September 1869. 4 Bände. Stuttgart: Cotta.

Humboldt, W. von (1903–36): Gesammelte Schriften. 17 Bände. Herausgegeben von der Königlich Preussischen Akademie der Wissenschaften. Leitzmann, A. / Gebhardt; B. / Richter, W. (Hrsg.). Berlin, Leipzig (Nachdruck Berlin 1968).

Marcus Aurelius Antonius (1990). Wege zu sich selbst. Griechisch-deutsch. Herausgegeben und übersetzt von Rainer Nickel. München: Artemis und Winkler.

Schneider, R. / Wildt, J. (2009). Forschendes Lernen und Kompetenzentwicklung. In: Huber, L. (Hrsg.). Forschendes Lernen im Studium. Aktuelle Konzepte und Erfahrungen. Bielefeld: UniversitätsVerlagWebler, S. 53–68.

Welbers, U. (1998). Die Lehre neu verstehen – die Wissenschaft neu denken. Qualitätsentwicklung in der germanistischen Hochschullehre. Opladen: Westdeutscher Verlag.

Welbers, U. (2001). Verwandlung der Welt in Sprache. Aristotelische Ontologie im Sprachdenken Wilhelm von Humboldts. Paderborn: F. Schöningh.

Welbers, U. (2003a). Humboldt, ein Traum. Über Sprache – Geschichte – Bildung in idealischer Perspektive. Düsseldorf: Grupello.

Welbers, U. (Hrsg.) (2003b). Vermittlungswissenschaften. Wissenschaftsverständnis und Curriculumentwicklung. Düsseldorf: Grupello.

Welbers, U. / Preuss, M. (Hrsg.) (2000). Die reformierte Germanistik. Dokumentation zur Düsseldorfer Studienreform. Klaus-Hinrich Roth zum 60. Geburtstag. Düsseldorf: Grupello.

Wildt, J. (2009). Forschendes Lernen: Lernen im „Format" der Forschung. In: Journal Hochschuldidaktik, 20(2), S. 4–7.

Wissenschaftsrat (2006): Empfehlungen zur künftigen Rolle der Universitäten im Wissenschaftssystem. Köln.

Carolin Kreber

Educational development for critically reflective teaching: The challenge of challenging conceptions[1]

Der Begriff der „forschungsbasierten Lehre" kann auf mindestens zwei Arten verstanden werden: Einerseits bezieht er sich auf Wissenschaftler, die Erkenntnisse aus der Forschung auf Ihre Lehrtätigkeit übertragen und fortlaufend ihre Lehrpraxis untersuchen. In der anglo-amerikanischen Literatur wird dies oftmals als „scholary teaching" bezeichnet (z.B. Richlin 2001). Andererseits steht der Begriff für Wissenschaftler/innen, die ihre Lehrtätigkeit so aufbauen, dass sie Studierenden direkt in Forschung einführt (Stichwort „inquiry-based teaching" vgl. Healey / Jenkins 2006). Diese beiden Konzepte stehen in einer Beziehung zueinander (Kreber 2006). Das Ziel forschungsbasierter Lehre im ersten Verständnis ist die Verbesserung und Effizienzsteigerung von Hochschulunterricht. Die Autorin plädiert dafür, dass die Interpretation von „Verbesserung der Hochschullehre" dadurch bestimmt ist, was wir als Ziele von Hochschulen ansehen. In diesem Kapitel erörtert die Autorin einige Herausforderungen, mit denen Hochschuldidaktiker zu tun haben, wenn sie bei Wissenschaftlern einen kritisch-reflexiven Zugang zu ihrer Lehrtätigkeit anregen wollen.

The notion of research-based teaching can be understood in at least two ways: On the one hand it refers to academics approaching their teaching in ways that are informed by insights gained from research into teaching and learning, and by continuously examining their own teaching practices. In North American literature this is often referred to as 'scholarly teaching' (e.g., Richlin 2001). On the other hand the term refers to academics approaching their teaching in ways that directly involve students in inquiry-based learning (Healey / Jenkins 2006). The two concepts, of course, are not unrelated (Kreber 2006). The goal of research-based teaching in the sense of scholarly teaching is to make teaching better or

---

1   The original title of this article was educational "development for research-based teaching"; however, for reasons that will soon become clear, I changed this to "educational development for critically reflective teaching".

more effective. What does this mean? I suggest that our interpretation of what constitutes improved teaching is ultimately linked to our view of the purposes of higher education. In this chapter I will explore some of the challenges faced by educational developers who seek to promote a critically reflective approach to teaching practice amongst academics.

How do we typically understand the ends or aims of higher education?

Are they obvious or contested? Does the very notion of *higher* education, as compared to the education offered in schools and other settings, impose certain parameters on a definition of the educational aims of universities? Asking academics how they understand the aims or purposes of higher education will elicit different responses, for example the development of students' intellectual autonomy, the formation of general intellectual abilities and perspectives, the enhancement of students' personal character, or the development of the ability to critically comment on the host society (ibid., pp. 20–21).

There might be alternative views and these need not necessarily be mutually exclusive. But is it possible to say anything more succinct about the underlying nature of these various aims that we typically associate with the idea of education at university level? Can we identify their essence? Ron Barnett attempted such a synthesis of aims and concluded that

> "Contained within the idea of higher education are the notions of critical dialogue, of self-reflection, of conversations, and of continuing redefinition. They do justice to the idea of higher education because it is through such processes of the mind that a higher level of understanding-and ultimately action-is achieved." (ibid. 1992, p. 29)

In order to engage in these processes of self-reflection and critical dialogue, he argued, students need to be introduced to high-level concepts and a breadth of frameworks so that they can critically evaluate issues from a variety of perspectives. What is implied in Barnett's definition of the aims of university education is a concern for personal development, intellectual development and engagement with our social world.

Policy initiatives on higher education released over the past several years, in the UK and other Western countries, emphasise that given the increasingly complex and uncertain contexts of our times universities should prepare students for employability, lifelong learning and civic responsibility (AAC&U 2002; Dearing 1997; DfES 2003). Some observers of higher education consider policies that emphasise the university's role in promoting employability, lifelong learning and civic responsibility to be the direct response of government to the pressures of globalisation, and the desire to impose an agenda on universities to produce a certain kind of worker, learner or person. Rather than being simply compliant with such an imposed agenda these colleagues invite us to critique and contest it. The extent to which we agree with this view is a matter not just of differences in ideology or conceptions of the purposes of higher education but also of different interpretations of what preparing students for employability, lifelong learning and civic responsibility means. Perhaps the issue might be framed as such: Is university education a process of production whereby externally imposed purposes (to bring about employability, civic responsibility and lifelong learning) are seen as pre-determined ends and our degree programmes as little more than the means to effectively and efficiently realise them? Or does university education have its own (internal) distinct ends, which find expression and are supported by the very nature of the opportunities for learning that our degree programmes afford?

Preparing students for employability, civic responsibility and lifelong learning may be consistent with the aims and processes of *higher* education *if* preparing for employability is understood not as fitting graduates into predetermined roles but as helping them shape the world of work, *if* preparing for civic responsibility is understood not as promoting compliance but as supporting students to become critical yet responsible citizens, and *if* preparing for lifelong learning is seen not simply as helping students to constantly adapt to new situations to satisfy solely personal and economic purposes but as developing moral and affective development and learning for social justice, democracy and civic responsibility.

Rather than viewing higher education as a production process directed at externally imposed ends or purposes, university education is seen here as a form of ‚praxis' where the means (the higher education experience we provide) and the ends (criticality, curiosity, and democracy) are internally or constitutively related (Carr 2000). Such an alternative reading makes possible a high degree of agency on the part of academics and the university as a whole and reveals that engaging with notions of employability (and also civic responsibility and lifelong learning) need not be a matter of uncritically succumbing to an externally driven agenda but could be one of creating an internal agenda and owning it. The *ifs*, then, are fundamental.

How then could learning for criticality, curiosity and democracy best be supported – what type of learning opportunities would be suitable to assist students in attaining these goals?

Linking the aims of higher education to approaches to teaching

At a Higher Education Colloquium on "The 21st Century Graduate"[2] Professor Ron Barnett distinguished between qualities and dispositions of university students that are crucial for success in both academic life and post graduation. By *dispositions* Barnett meant the ways in which students go forward or engage with their studies and the world. He suggests these include:
 - A will to learn
 - A will to engage
 - A preparedness to listen
 - A preparedness to explore
 - A willingness to hold oneself open to experiences
 - A determination to keep going forward

By *qualities* he meant the directions and character that are given to these dispositions. These are seen as akin to the notion of virtues or 'excellences'. Barnett suggests qualities include integrity, carefulness, courage, resilience, self-discipline, restraint, respect for others, and openness.

While *dispositions* could be fostered through *curricular arrangements* that require students to take responsibility for their learning, *qualities*, Barnett suggests, would be encouraged principally by *pedagogies* (that is the concrete ways in which course teams encourage students to engage in the learning process) that are both affirming of students but also uphold critical standards (Barnett 2007).

---

2   Organised by the Centre for Teaching, Learning and Assessment at the University of Edinburgh in 2009 (www.tla.ed.ac.uk/events/Colloqium2007/Colloquium2009.htm).

At the Edinburgh Higher Education Colloquium on "Teaching and learning within the disciplines"[3] Professor Marcia Baxter-Magolda also commented on the pedagogies needed to bring about complex learning. She argued that the complexities and uncertainties of our times render it imperative that universities prepare students for *self-authorship*.

Self-authorship refers to an intellectual, personal and interpersonal maturity that is both influenced by and supports students developing increasingly sophisticated conceptions of the subjects and disciplines they are studying. Learning that is supportive of self-authorship is seen not merely as accumulating more and more knowledge. What stands in the foreground is a notion of learning as a social activity where students engage with the viewpoints of others and thus encounter the ways of thinking, practices and values that define particular disciplinary communities and, through this engagement, reconceptualise their understanding of the issues they are studying and also of themselves. Learning is understood not just as a cognitive and accumulative process but also as a social, socio-cultural and transformative process.

Baxter-Magolda suggests that the development of self-authorship is supported through pedagogies (the concrete ways by which students are supported in their learning) that are based on the following three constructivist and developmental principles: (1) students are validated or confirmed in their ability to know and contribute; (2) learning is situated in the students' experience; and (3) learning is conceptualised as a relational process of mutual knowledge construction whereby different interpretations are considered and evaluated. Importantly, these principles also underlie the process of *inquiry-based learning* where students learn in a research mode (Baxter-Magolda 1999).

A few years ago Boulton and Lucas commented in a LERU (League of European Research Universities) paper entitled "What are universities for":

> "Generation by generation universities serve to make students think [...] they are taught to question interpretations given to them, to reduce the chaos of information to the order of an analytical argument. They are taught to seek out what is relevant to the resolution of a problem, they learn progressively to identify problems for themselves and to resolve them by rational argument supported by

---

3   Organised by the Centre for Teaching, Learning and Assessment in 2005 (www.tla.ed.ac. uk/events/Colloqium2007/Colloquium05teachlearn.htm).

evidence; and they learn not to be dismayed by complexity but to be capable and daring in unravelling it [...] They are the qualities which every society needs in its citizens." (Boulton / Lucas 2008, paragraph 30).

And they go on to suggest, that the more recently advocated functions of universities (here they mean entrepreneurialism, managerial capacity, leadership, teamwork, adaptability and the effective application of technical skills) "are only part of a wider project which contains their essence. That capacity that leads to economically significant outcomes is derivative from a deeper creativity" (ibid., paragraph 31).

The deeper creativity they have in mind is rooted in intellectual and critical engagement with significant questions stimulated through active enquiry within individual disciplines and across disciplines. How might these observations inform our understanding of what it means to learn about teaching, or educational development?

Linking inquiry-based learning to academics' learning about teaching

Huber and Hutchings directly link the need for educational development on the part of academic teachers with the purposes of higher education in our times. Specifically they suggest that "Educators need to engage in pedagogical inquiry so as to meet the challenges of educating students for personal, professional and civic life in the twenty-first century" (Huber / Hutchings 2005, p. X). The argument outlined earlier in this chapter suggests that students are best prepared for active participation in the world through pedagogies that involve them in active or inquiry-based learning. What Huber and Hutchings are suggesting is that academic teachers have a responsibility to learn about how best to support students in becoming critically reflective, curiosity-driven and research-minded thinkers. The challenge for the educational developer, charged with helping academic teachers to learn about teaching, is to involve them in the process of pedagogical inquiry, or put differently, reflection on teaching. The challenge is to help academics to conceive of learning to teach as a *scholarly* activity (the first sense of research-based teaching introduced earlier) aimed at promoting an *inquiry orientation* among students (the second sense of research-based teaching). Why this is a challenge, I will discuss below.

Challenges associated with promoting a critically reflective, or scholarly, approach to teaching

I propose that the challenges relate to possible differences in academics' and educational developers' conceptions of educational development (for differences in conceptions see for example Land 2003, or Mann 2003 for varying ideas on this). "Conceptions" refer to the meaning we attribute to a particular phenomenon. We form conceptions based on our experiences, and subjectively experience or interpret events through the conceptions we develop. Conceptions, then, can be understood as perceptual filters, which serve as a frame of reference, or perspective we hold. Although conceptions are based on deeply held assumptions that are not easily challenged, they *can* change if future events call the assumptions underlying our conceptions into question.

The teaching and learning literature in higher education draws linkages between conceptions and practices: Conceptions of learning have been linked to how students approach their learning (Marton / Saljo 1976), conceptions of teaching to how teachers approach their teaching (Kember / Gow 1994; Trigwell / Prosser 1999), conceptions of research to how academics go about their research (Brew 2006), and conceptions of doctoral supervision to how academics go about supervising students (Lee 2008).

Phenomenographic studies distinguish naïve from increasingly sophisticated conceptions, ordered hierarchically. So, for example, based on interviews with twenty-four academic teachers in chemistry and physics, Trigwell and Prosser (1996) identified five conceptions of learning, each differentiated from the previous one by being more inclusive or representing a higher level of sophistication. The motivation for learning underlying the first two conceptions is seen to lie externally. Learning is understood as being driven by external demands such as a need to pass the examination or receiving approval from significant others. The motivation for the last three conceptions is seen to lie internally. Learning is seen to be driven by internal demands such as wanting to understand the material because it is perceived as interesting and personally valuable. According to the first conception, learning is viewed as accumulating more information. The second considers learning to be a matter of acquiring concepts. The third is also about acquiring concepts but the motivation now shifts to one of satisfying internal demands. The fourth conception views learning as conceptual development and the fifth goes one step further and views it as conceptual change.

What is interesting about these conceptions is that they are *academics'* conceptions of learning. As academics we are, of course, also learners and not just teachers. We continuously learn more about our fields as we engage in research, go to conferences, write articles and as we are being asked difficult questions by students in our classes which at times make us see the problems we are working on in a new light (see Feynman 1986). If we were asked to describe what we mean by learning in the context of our own disciplines, we would probably say something that comes fairly close to the final conception identified by Trigwell and Prosser (1996). In other words, after many years of successful postgraduate study and continued engagement in further inquiry, we tend to hold an inclusive or sophisticated conception of what constitutes learning, particularly in our own academic fields.

When academics join an educational development course, however, one can at times observe an interesting phenomenon. Rather than viewing learning about teaching (or educational development) as a change in personal conceptions, many new teachers believe that learning about teaching involves acquiring information and concepts that they can apply, ideally with predictable results, in the next lecture or seminar.

It follows that one challenge facing those responsible for educational development provision at universities is that many academics new to teaching hold "naïve" conceptions of their own educational development. A problem arises when educational developers aim to help new academic teachers become aware of their own assumptions about effective teaching, for example by inviting them to reflect on a personal incident from their own teaching practice and discuss this with colleagues,[4] rather than fulfil the expectations of these same teachers that educational developers are there to tell them what the research says about what makes teaching more effective.

Their reactions may not be overly different to those of students new to a learning environment that expects them to take greater responsibility for their learning

---

4   I acknowledge here in passing that the developers' conceptions may of course also vary, for example, from a view that learning about teaching means to acquire information about teaching in the form of tips of what to do, to understanding it as a matter of acquiring knowledge about theories of teaching and learning, to viewing it as a matter of critically questioning assumptions, beliefs and values. For the purposes of this chapter I assume that the latter perspective is taken (Kreber / Cranton 2000; Kreber / Castleden 2009) but of course other conceptions are possible.

(Cranton 1992). It should be stressed that academics feel they have little time to learn about teaching. Attending a workshop or seminar often means carving out an entire day, on occasion even a week, for this aspect of their work (which means an entire day or week away from the lab, away from doctoral students who are in the middle of an important experiment, away from the grant proposal or book they need to write with a deadline looming over their heads, or away from actually preparing for the next set of lectures or marking the latest batch of assignments). It is a matter of fact that academics are constantly asked to do more with less time and fewer resources and under increasingly tighter forms of external scrutiny. To an extent, therefore, it is understandable if academics attending a course on learning to teach feel they are being cheated when the course team asks them to reflect on their own practice! This is not what they signed up for. It clashes with their expectations, motivation may decrease and resentment rise.

These reactions by some academics attending educational development courses resemble what many academic teachers themselves might at times observe with their own students. Students often start university with naïve conceptions of learning (and conceptions of the subject matter they are studying) and then develop increasingly more sophisticated conceptions over time. Colleagues who complete our Postgraduate Certificate in University Teaching at Edinburgh University (this typically takes between 16 and 36 months), for example, are very positive about the experience, while those who merely complete contractual requirements rather than the entire programme, and hence participate for only a few days, are often much more critical of our courses.

To be clear then, academics joining educational development programmes hold certain expectations as to what and how they will be taught. These expectations can be attributed, at least to an extent, to their conceptions of educational development, that is their understanding of what it means to learn about teaching. Those responsible for the provision of educational development opportunities also have certain expectations or goals of what they want to achieve, which, in turn, are associated with their conceptions of educational development. At times this can result not just in a clash of expectations but an asymmetry of conceptions between educational developers and participants in educational development programmes (see also Trigwell 2003). One might argue that for academics to be able to engage and benefit from certain forms of educational development provision they need to change their conceptions of what such development and learning involves.

Changing conceptions or changing practices?

There is an assumption in much of the higher education literature on conceptions of teaching and learning that in order to change teaching or learning practices we first need to change conceptions. An alternative interpretation of the data this conclusion is based on is that prolonged engagement with certain practices may actually lead to changed conceptions (see Devlin 2006). The difficulty lies in the fact that meaningful engagement may be hindered by conflicting conceptions. The key question for educational developers then is how we might engage academics in those practices that we have reason to believe will be beneficial for them (and ultimately for the students they teach). In other words, how might one promote critically reflective teaching among academic teachers, who hold entirely different conceptions about what it means to learn about teaching when they decide to take part in an educational development initiative?

Typically academics involved in learning about teaching move from a concern with technical aspects of their own performance, mastery of the subject matter, and organisation of a good lecture or course to a concern with students' learning (e.g., Kugel 1993). Much of the recent literature on educational development, therefore, also places the emphasis on better understanding of student learning. While this focus on student learning rather than teaching (see also Tagg 2003) makes good sense (after all, the purpose of teaching is precisely to promote and bring about learning), an overemphasis on "understanding one's students' learning" can make it difficult to conceive of oneself as a learner about teaching. Rather than being conceived of as an activity that depends critically on teachers' capacity for reflectivity, learning about teaching, whilst often informed by research findings on student learning without being determined by them, is at times narrowly interpreted as an activity of responding to so-called evidence about which strategies will offer predictable results. Thus, instead of being a practice in which we are personally invested through the specific judgements we need to make as individual professionals working in concrete contexts, learning about teaching is at times narrowly construed as an impersonal activity, and in this sense an "a-reflective" or perhaps non-reflexive one. Nicholls argued that "objectivism", observable in situations when we distance or disconnect ourselves from the phenomenon we want to understand, may be the underlying cause of the „fear factor" (Nicholls 2005, p. 85) that real engagement with teaching and learning might entail for many academics. She further suggests that "Isolation and objective consideration of teaching and learning is by far the easier option" and adds "particularly when framed through an individual's discipline base" (Nicholls 2005, p. 85).

Clearly, knowing about learning theories and understanding how students learn is indeed very important in order to be a good teacher, but being a good teacher is not a matter of directly applying these theories to one's practice. The reason, of course, is that teaching practice is contingent, unpredictable, uncertain and complex (Biesta 2007; Squires 1999). Cranton commented in this regard that "The more we come to understand teaching and learning ... the more we realise that it is neither entirely under our control nor subject to established principles" (Cranton 1998, p. 14). Norris (2001) argued that the only way that theory can be expected to enrich practice is not as situational problem-solving strategies but precisely as general models which teachers need to adapt to their specific context. Whether a certain theory applies to a teacher's given situation is a question that only those who know the particulars of the situation can answer. The teacher's personal judgment is therefore called for all the time in the particular situations that arise, which, by definition, deviate from the general rule the theory is based on. The purpose of educational development is then not just the development "technek" but but a critically inspired "phronesis" and "authenticity" (Kreber 2010).

To act authentically in teaching inevitably involves investing one's *self* in one's actions. There is no one who makes the decision for me; I cannot hide behind any 'evidence-based' rules or algorithms although research findings may *inform* my decision. When learning about teaching is limited to acquiring a set of predictable processes and behaviours, we promote "surface" rather than "deep" learning about teaching (Rowland 2001). Such learning ignores the specific contexts that teachers find themselves in. It reduces educational development to a form of „techne" which tends to ignore the ethical dimension of teaching and learning. Biesta, however, reminds us that "The most important question for educational professionals is ... not about the effectiveness of their actions but about the potenzial educational value of what they do, that is, about the educational desirability of the opportunities for learning that follow from their actions" (Biesta, 2007, p. 10). This implies that as teachers we not only need to understand the goals underlying our programs and how the various courses offered within the program fit together, but it also means that we need to have an informed sense of how the learning opportunities we offer will affect students. The questions raised at the beginning of this article, therefore, are fundamental: *what are the aims of higher education and through which educational processes do we hope to achieve them?*

Many academics new to teaching think about learning to teach as a matter of acquiring tips and accumulating information or concepts (ideally based on research results) that can be directly applied to their classroom. These naïve conceptions of what learning about teaching involves are not easily challenged, particularly if one requirement of development programmes is that they should not make any demands on academics' time!

Conclusion

In conclusion, I would like to argue that extensive engagement with academic staff members' educational ideals (Biesta 2009), the goals, values and purposes that drive them as academic teachers, need to be brought to the fore much more in educational development programmes to help them develop a scholarly reflective approach to their teaching. Case studies could be utilised and interpreted on the basis of what research literature has to say but also, and importantly, through the teachers' own ideals and an exploration of where these ideals come from. Academic teachers need to become aware of why they act in certain ways and whether there might be alternatives to the practices they employ. This can then lead to an awareness of the importance of pedagogies that promote an inquiry-orientation and critical reflectivity in students (Barnett 2007; Baxter-Magolda 1999). Conceptions of what it means to learn about teaching, I propose, will change through engagement in these reflective practices, but clearly this requires prolonged engagement and cannot be expected as a result of short workshops.

References

AAC&U (Association of American Colleges and Universities) (2002). Greater Expectations: A new vision for learning as a nation goes to college. Washington, DC.: Association of American Colleges and Universities.

Barnett, R. (1992). Improving higher education: Total quality care. Buckingham: SHRE and Open University Press.

Barnett, R. (2007). A will to learn. Buckingham: SRHE and Open University Press.

Baxter-Magolda, M. (1999). Creating contexts for learning and self-authorship. Constructive- developmental pedagogy. Nashville, TN: Vanderbuilt University Press.

Biesta, G. (2007). Why "what works" won't work: Evidence-based practice and the democratic deficit in educational research. In: Educational Theory, 57(1), pp. 1–22.

Biesta, G. (2009). Values and ideals in teachers' professional judgement. In: Gewirtz, S. et al. (Eds.). Changing teacher professionalism. International trends, challenges and ways forward. Milton Park: Routledge, pp. 184–193.

Boulton, G. / Lucas, C. (2008). What are universities for? Leuven: League of European Research Universities, LERU Office.

Brew, A. (2006). Research and Teaching: Beyond the Divide. Basingstoke: Palgrave Macmillan.

Carr, D. (2000). Professionalism and ethics in teaching. London: Routledge.

Cranton, P. (1992). Working with adult learners. Toronto: Wall and Emerson.

Cranton, P.A. (1998). No one way: teaching and learning in higher education. Toronto: Wall and Emerson.

Dearing, R. (1997). Higher Education in the learning society. The national committee of inquiry into higher education (Dearing Report). URL: www.leeds.ac.uk/educol/ncihe/ (accessed: April 2011).

Devlin, M. (2006). Challenging accepted wisdom about the place of conceptions of teaching in university teaching improvement. In: International Journal of Teaching and Learning in Higher Education, 18(2), pp. 112–119.

DfES (2003). The future of higher education (White Paper). Norwich, UK. Ref No: 031853, Learning and Skills Development Agency.

Feynman, R. (1986). 'Surely You're Joking Mr. Feynman!' Adventures of a Curious Character. Bantam Books: New York.

Healey, M. / Jenkins, A. (2006). Strengthening the teaching-research linkage in undergraduate courses and programmes. In: Kreber, C. (Ed.). Exploring research-based teaching. New Directions in Teaching and Learning. San Francisco: Jossey Bass, pp. 45–55.

Huber, M.T. / Hutchings, P. (2005). The Advancements of Learning: Building the teaching commons. The Carnegie Foundation Report on the Scholarship of Teaching and Learning. The Carnegie Foundation for the Advancement of Teaching, San Francisco: Jossey-Bass.

Kember, D. / Gow, L. (1994). Orientations to teaching and their effect on the quality of student learning. In: Journal of Higher Education, 65(1), pp. 58–74.

Kreber, C. (2006) (Ed.): Exploring research-based teaching. New Directions for Teaching and Learning. San Francisco: Jossey-Bass.

Kreber, C. (2010). Demonstrating Fitness for Purpose in the Context of a Virtues Approach to Academic Development. In: Stefanie, L. (Ed.). The effectiveness of academic development. New York: Routledge, pp. 45–59.

Kreber, C. / Castleden, H. (2009). Reflection on teaching and epistemological structure: Reflective and critically reflective processes in pure/soft and pure/hard fields. In: Higher Education, 57, pp. 509–531.

Kreber, C. / Cranton, P.A. (2000). Exploring the scholarship of teaching. In: Journal of Higher Education, 71(4), pp. 476–495.

Kugel, P. (1993). How professors develop as teachers. In: Studies in Higher Education, 18(3), pp. 315–328.

Land, R. (2003). Orientations to Academic Development. In: MacDonald, R. / Eggins, H. (Eds.): The Scholarship of Academic Development. Buckingham: SHRE and Open University Press, pp. 34–47.

Lee, A. (2008). How are doctoral students supervised? Concepts of doctoral research supervision. In: Studies in Higher Education, 33(3), pp. 267–281.

Mann, S. (2003). Alternative perspectives on professional practice. In: MacDonald, R. / Eggins, H. (Eds.). The Scholarship of Academic Development. Buckingham: SJRE and Open University Press, pp. 80–91.

Marton, F. / Saljo, R. (1976). On Qualitative Differences in Learning 1: Outcome and Process. In: British Journal of educational Psychology, 46, pp. 4–11

Nicholls, G. (2005). The challenge to scholarship. Rethinking learning, teaching and research. New York: Routledge.

Norris, S.P. (2001). The pale of consideration when seeking sources of teaching expertise. In: The American Journal of Education, 108(3), pp. 167–196.

Prosser, M. / Trigwell, K. (1999). Understanding Learning and Teaching: The experience in higher education. Buckingham: Open University Press.

Richlin, L. (2001). Scholarly Teaching and the Scholarship of Teaching. In: Kreber, C. (Ed.). Scholarship Revisited: Perspectives on the Scholarship of Teaching and Learning. San Francisco: Jossey-Bass, pp. 57–68.

Rowland, S. (2001). Surface learning about teaching in higher education: The need for more critical conversations. In: The International Journal for Academic Development, 6(2), pp.162–167.

Rowland, S. (2006). The enquiring university: compliance and contestation in higher education. Maidenhead: SRHE and Open University Press.

Squires, G. (1999). Teaching as a professional discipline. London: Falmer Press.

Tagg, J. (2003). The learning paradigm college. Bolton, MS: Anker Publishing Company.

Trigwell, K. (2003). A relational approach model for academic development. In: Macdonald, R. / Eggins, H. (Eds.). The scholarship of academic development. Buckingham: SRHE and Open University Press, pp. 23–34.

Trigwell, K. / Prosser, M. (1996). Towards an understanding of individual acts of teaching. Different Approaches: Theory and Practice in Higher Education. Proceedings HERDSA Conference 1996. Perth, Western Australia, 8-12 July, URL: www.herdsa.org.au/confs/1996/trigwell1.html (accessed: April 2011).

Trigwell, K. / Prosser, M. (1999). Understanding Learning and Teaching: The experience in higher education. Buckingham: Open University Press.

Ludwig Huber

Fachkulturen und Hochschuldidaktik

Es ist für das professionelle Handeln von Hochschuldidaktikerinnen und Hoch-schuldidaktikern konstitutiv, dass sie in und mit Fächern agieren müssen, in de-nen sie selbst nicht Fachleute sind. Die vielfältigen Besonderheiten der Fächer in Forschungsparadigmen, Lehrstrukturen, Arbeits- und Umgangsformen, auf die sie dabei treffen, treten ihnen in der allgemeinen Wahrnehmung und vor allem in Diskussionen über die jeweiligen Interventionen als „Fachkulturen" entgegen. In diesem Beitrag wird erörtert, welche Bedeutung dieses Konzept für Hochschul-forschung und -didaktik hat, welche theoretischen Probleme und pragmatischen Vorteile sich damit verbinden und welche Anforderungen an Wissenschaftswissen und Handlungskompetenz der Hochschuldidaktiker sich daraus ergeben.

Einleitung

„Bei uns im Fach ist alles anders!" Solch einen Satz oder ähnliche, deutlich oder heimlich ausgesprochen, bekommt häufig zu hören, wer sich aus der Hochschul-didaktik oder auch aus mit Lehre oder Studienreform befassten Fachstellen der zentralen Hochschulverwaltung kommend mit Konzepten oder Vorschlägen ei-nem Fachbereich nähert. „Eure allgemeinen Vorstellungen", so die Implikation, „taugen in unserem speziellen Kontext nicht." Der Gegenstand, die Forschungs-methoden, das Paradigma stellen jeweils spezifische Anforderungen, das Curri-culum, die Lehrformen und -konzepte folgen je eigenen Traditionen, die sozialen Ordnungen und Umgangsformen und auch die Außenbeziehungen gestalten sich jeweils anders usw. Von solchen Aufzählungen ist es nicht mehr weit zur Behaup-tung einer „Fachkultur", die respektiert werden müsse und der sich Fachfremde und ihre Konzepte buchstäblich „fügen" müssten. Wie sollen sich „allgemeine" Hochschuldidaktiker und Hochschuldidaktikerinnen dazu verhalten? Sollen sie an den Grenzübergängen zu den Fachkulturen resignierend stehen bleiben?

Die Frage reicht zu weit, als dass sie im Rahmen dieses kurzen Aufsatzes beantwortet werden könnte. In ihm soll es nur um einen ersten Schritt gehen, den die Hochschuldidaktik vor einem Antwortversuch tun sollte: zu prüfen, was es mit der Rede von den Fachkulturen auf sich hat.

Theoretische Probleme: Was heißt „Kultur", was „Fach"?

So verbreitet die Rede von den Fachkulturen auch seit langem ist, so sehr sich diese als Muster der Beschreibung und Differenzierung der so variantenreichen Erscheinungen des Hochschulwesens anbieten und so beliebt sie als Argument in Disputen über Tradition und Wandel sind, so fragwürdig ist das Konzept inzwischen auf der theoretischen Ebene geworden: Beide Komponenten des Begriffs, Fach und Kultur, finden keine Entsprechung in festen Größen (mehr).

Kultur

Wenn ein Begriff im alltäglichen Sprachgebrauch auch der Gebildeten sich unendlich ausgedehnt und dabei jede Kontur verloren hat, dann ist es Kultur. In den beliebten Redeweisen von Ess-, Fahr-, Leistungs-, Prüfungskultur bedeutet er nur noch so etwas wie Gestaltungsweise. Klar ist nur, dass er nach dem angelsächsischen Vorbild „culture" seinerseits durch Ethnographie und Soziographie geprägt, nichts mehr mit „Hochkultur" zu tun hat, insofern keine Wertung einschließt. Eine halbwegs deutliche Definition, ausgewählt aus circa tausend angebotenen, konnte vor 30 Jahren im Hinblick auf eine (maßgeblich gewordene) Untersuchung einer Subkultur noch so formuliert werden:

> „Die ‚Kultur' einer Gruppe oder Klasse umfaßt die besondere und distinkte Lebensweise dieser Gruppe oder Klasse, die Bedeutungen, Werte und Ideen, wie sie in den Institutionen, in den gesellschaftlichen Beziehungen, in Glaubenssystemen, in Sitten und Bräuchen, im Gebrauch der Objekte und im materiellen Leben verkörpert sind. Kultur ist die besondere Gestalt, in der dieses Material und diese gesellschaftliche Organisation des Lebens Ausdruck findet." (Clarke et al. 1979, S. 41)

Wer darin schon zu viele nicht schon umrissene Voraussetzungen fand, konnte sich auf eine allgemeine „Minimaldefinition" von H.S. Becker zurückziehen: „Kultur bedeutet die in einer Gruppe geteilten und als selbstverständlich genom-

menen Verständnisse von Gebrauch und Bedeutung der Dinge um sie herum"
(Becker 1986, S. 12ff.). Bezogen auf den Hochschulbereich definieren ähnlich
auch Becher und Trowler: „By ‚cultures' we refer to sets of taken-for-granted
values, attitudes and ways of behaving, which are articulated through and re-
inforced by recurrent practices among a group of people in a given context"
(Becher / Trowler 2001, S. 23).

Die immer weiteren Rücknahmen und Infragestellungen des Begriffs dringen her-
über aus den Diskursen über interkulturelle Kommunikation im Allgemeinen bzw.
interkulturelle Erziehung im Besonderen: Im Bereich der Beziehungen zwischen
Nationen oder Ethnien, in dem Stereotypenbildung nicht nur fälschlich, sondern
gefährlich und jede Behauptung einer substantiellen Differenz zwischen Kulturen
zur Basis einer Diskriminierung genutzt werden kann (vgl. Radtke 1991), sind
die Fragen und Skrupel bezüglich „gegebener" kultureller Unterschiede immer
drängender geworden.

Beim Gebrauch von „Kultur" als Begriff ist demnach Skepsis geboten: Wenn er
einerseits eine fast grenzenlose „Gesamtheit" von Phänomenen bezeichnet, deren
Bedeutungen und Beziehungen andererseits in ständigem Fluss gesehen werden,
dann sind Aussagen nur noch über jeweilige Aspekte möglich und nur als „Mo-
mentaufnahmen" zu begreifen.

Das muss Folgen auch für unsere Vorstellungen von der „Enkulturation" der Mitglieder haben: wie kann man dann den Vorgang, in dem sich die (zeitweiligen)
Angehörigen einer Kultur bzw. Subkultur diese im Aufwachsen oder Teilnehmen
an ihr zu eigen machen, und wie weit oder wohin er führt, theoretisch fassen?
Mitleben und Mittun in einer Kultur geht hervor aus bestimmten Wahrnehmungs-,
Denk-, Bewertungs- und Handlungsmustern der Angehörigen und zugleich bringt
es diese immer wieder hervor; in diesem Prozess entwickeln die Individuen (Hand-
lungs-)Dispositionen, kulturelle Präferenzen oder Stile (in unserem Bereich auch
„disciplinary styles" genannt) oder nach dem von mir (vgl. Huber 1991b; 1998;
Portele / Huber 1983) früher als am treffendsten geschätzten Konzept von Bourdieu ihren kultur- oder hier: fachspezifischen Habitus.[1] In allen diesen Konzepten

---

1   Als das System, das generative Prinzip oder die „strukturierende Struktur" solcher Mus-
    ter oder Schemata oder dauerhafter Dispositionen definiert Bourdieu den *Habitus*, der
    seinerseits als „strukturierte Struktur" den historischen und sozialen Lebensbedingungen
    der jeweiligen Gruppe entspricht. Wie der Habitus in den geschichtlich gewordenen kul-
    turellen Einrichtungen und Praktiken institutionalisiert ist, so wird er von den Individuen

ist die Vorstellung impliziert, dass in der Auseinandersetzung mit der jeweiligen Umwelt, hier also dem Fach, in der allmählichen unbewussten Übernahme von implizitem Wissen und auch mimetischem Lernen (vgl. Krais 1996) zwar individuell flexible, aber doch relativ dauerhafte Dispositionen entwickelt werden. Wie weit Fachkulturen noch bestimmt genug sind, um dazu aufzufordern, müsste neu untersucht werden; in den jüngeren Studien zu Fachkulturen scheinen sich jedenfalls die Individuen nicht selten in Absetzung von jenen zu definieren.

Skepsis ist also auch bezüglich der „Einordnung" der Personen geboten: Zugehörigkeit zu einer Kultur, an welchen Merkmalen auch immer sie festgemacht sei, determiniert nicht das individuelle Verhalten. Bei jedem Angehörigen einer Kultur kann zwar als wahrscheinlich erwartet werden, dass er/sie disponiert ist, sich so zu verhalten, wie es nach gegenwärtigen Annahmen in dieser Kultur vorherrschend ist; es muss aber möglich sein, dass er/sie sich in seinem persönlichen Stil davon unterscheidet oder sich individuell von dieser Kultur auch distanziert.

Fach

Auch beim Wort „Fach" harren erhebliche Definitions- bzw. Abgrenzungsprobleme, schon innerhalb des Deutschen, erst recht bei Übersetzungen in und aus den Fremdsprachen. Bei bewusster Verwendung ist Fach von Disziplin zu unterscheiden.[2] Mit „Disziplinen" blicken wir vorzugsweise auf die kognitiven Strukturen, hingegen sehen wir in „Fächern" immer auch soziale Einheiten (mit Ausbildungs-

---

inkorporiert – auch buchstäblich: bis in die Körperhaltungen und -sprachen hinein – und in ihren Handlungen reproduziert oder auch modifiziert. Gerade für eine Untersuchung fachspezifischer Haltungen und Verhaltensweisen hat das Habituskonzept gegenüber dem aus vielen Gründen fragwürdigen behavioristischen Einstellungsbegriff den Vorzug, eine Kompetenz zu bezeichnen, die, häufig mit einer generativen Grammatik (hier des sozialen Handelns) analogisiert, je nach Situationswahrnehmung durchaus verschiedene, auch neue oder widersprüchliche Handlungen erzeugen kann, die „objektiv ihrem Zweck angepaßt (sind), ohne daß bewußt Ziele und Zwecke anvisiert werden", und die individuelle Stile als Varianten eines gruppenspezifischen homologen Systems verinnerlichter Strukturen zulässt (Bourdieu 1979, S. 165; vgl. generell ebd, S. 151ff.; ders. 1982, bes. S. 277ff.; ders. 1987, S. 108ff.; vgl. auch Krais 1996).

2   Allerdings macht Trowler eben diese Simplifizierung der englischsprachigen Literatur zum Vorwurf: „The situation becomes more complex still if one makes a distinction beween *discipline* and *subject*, where subject is understood as the organizational structures and patterns into which disicplines are translated" (Trowler 1998, S. 61; anschließend gründliche Erörterung der Differenzierungen noch innerhalb beider).

ordnungen, Fachlehrern und -verbänden, beruflichen Bezügen, gesellschaftlichem Status und schließlich Fachkulturen). Folgt man den Listen der Verbände und Förderorganisationen (z.b. des deutschen Hochschulverbandes), so scheint es hunderte wenn nicht tausende Fächer zu geben. An Disziplinen im strengen Sinne oder „Disziplinaritäten", die durch einen „theoretischen Entwurf" und ihr Paradigma (vgl. Krüger 1987; Kuhn 1971) bzw. ein bestimmtes „theoretisches Integrationsniveau" konstituiert werden, gibt es, wie Heckhausen (1987, S. 132) vermutet, nur zwanzig oder dreißig.

Die Grenzen zwischen Disziplinen werden nicht durch Gegenstand oder Methode oder das Erkenntnisinteresse allein gezogen, sondern durch die Aspektwahl oder Problemdefinition, in die ihrerseits Erkenntnisinteresse und Antizipation möglicher Methoden zur Lösung eingehen, also in der Tat Paradigmen. Demgegenüber müssen Fächer, die als Organisationseinheiten in Forschung und Lehre fungieren, nicht entlang Disziplinaritäten im Sinne von Heckhausen organisiert sein. Bei Chemie ist dies vielleicht der Fall (vgl. auch Krais 1996); Physik hingegen (als theoretische und Experimentalphysik) oder Biologie (mit Morphologie, Molekularbiologie und Verhaltensforschung) enthalten zwei oder drei Disziplinaritäten, Pädagogik oder Medizin sehr viele verschiedene; hingegen teilen sich die Philologien untereinander und z.T. auch noch mit Geschichte oder Theologie in dieselbe(n) Disziplinarität(en).

Fächer lassen sich nach Verwandtschaften im Hinblick auf die Disziplinen, an denen sie teilhaben, und weitere Traditionen in verschiedenen Weisen gruppieren oder bündeln (z.B. traditionell in Geistes-, Natur-, Sozial-, Technikwissenschaften, näherhin z.b. in Sprach- und Literaturwissenschaften/Philologien vs. Geschichtswissenschaften, in „Life Sciences" o.ä.), oder sie lassen sich in weitere Teilgebiete aufgliedern. Entsprechend der gewählten Ebene oder Perspektive solcher Klassifikationen kann auch von Fachkulturen auf unterschiedlichen Aggregationsebenen gesprochen werden, eventuell mit Hilfe der Unterscheidung von Kultur und Subkultur; immer, so folgt daraus, muss jeweils bezeichnet werden, von welcher Ebene die Rede sein soll.

Welche Abgrenzungen zwischen Fachkulturen man vornimmt, hängt obendrein von den Dimensionen ab, die man analysieren bzw. zum Vergleich heranziehen will. Definiert man sie z.B. im Wesentlichen durch gemeinsame Orientierungen

der Subjekte, wie Multrus (2004) bezüglich Studierenden, erscheinen Fachkulturen als sich durch mehrere Fächer hindurchziehend, die nicht gleichzusetzen
sind mit den vorfindlichen organisatorischen Einteilungen der Fächer und auch
nicht den o.g. traditionellen Gruppierungen, und in diesen zwischen Gebieten,
also Subkulturen, verschieden sich mischend.[3] Das ergibt dann mehr Kulturen an
Zahl als die – in sich keineswegs homogenen – Fächergruppen und weniger als
die Fächer.[4]

In der Summe legen aber die grundsätzlichen Problematisierungen beider Be-
griffsteile, Fach und Kultur, den Schluss nahe, dass man mit dem Begriff der
Fachkultur theoretisch nicht mehr ohne sorgfältige Vorklärungen operieren, empirisch nicht ohne strenge Klauseln eine ihm entsprechende Wirklichkeit zu erfassen versuchen kann.[5] Die praktischen Erfahrungen vieler in der akademischen
Welt sagen allerdings etwas anderes – trotz vieler anzuerkennender Ambiguitäten
und Widersprüchlichkeiten. Daher müssen unsere Überlegungen noch fortgesetzt
werden.

---

3   Im Falle seiner Untersuchung, die sich auf Studierende richtete: „Fachkulturen beschrei-
     ben damit Gruppen von Fachrichtungen, Studiengängen oder Fächern, deren Studieren-
     de vergleichbare Dispositionen und Erfahrungen, Motive und Haltungen ausdrücken"
     (Multrus 2004, S. 374). In diese gehen allerdings sehr stark auch berufliche (professio-
     nelle) Orientierungen ein!
4   Auf der Basis studentischer Orientierungen clustert Multrus (1) die Lehramtsstudiengän-
     ge, (2) die medizinischen Studienfächer zusammen mit der Pharmazie, (3) die universi-
     tären Wirtschaftswissenschaften zusammen mit Jura, und mit etwas Abstand dazu auch
     (4) die universitären klassischen Ingenieurwissenschaften zusammen mit den „harten"
     Naturwissenschaften, (5) die Fachhochschulstudiengänge der Ingenieur- und der Wirt-
     schaftswissenschaften (Multrus 2004, S. 378).
5   Angesichts dessen verwundert es, wenn ein Sammelband mit dem anspruchsvollen Ti-
     tel „Hochschuldidaktik und Fachkulturen" ohne jede Erörterung, ja auch nur Definition
     des Begriffs daherkommt (vgl. Dudeck / Jansen-Schulz 2006). Allzu selbstverständlich
     nehmen ihn auch Szczyrba / Wiemer (2011), so sehr ihren Folgerungen für Perspektiven-
     wechsel und -reflexion auch zuzustimmen ist.

Pragmatischer Gebrauch: Wozu dient das Konzept „Fachkulturen"?

Ungeachtet der theoretischen Skrupel ist die Rede von Fachkulturen nach wie vor sehr beliebt. Sie hat eine lange Tradition in den USA, wo schon in den 1930er-Jahren die ersten Arbeiten, vielleicht in Reaktion auf eine sich stärker differenzierende Studierendenpopulation, dann aber ab den 1960er-Jahren die wichtigsten Untersuchungen zu „student cultures" erschienen, gefolgt von solchen zu campus oder college cultures; die schiere Größe und unendliche Vielfalt des amerikanischen Hochschulsystems hat offenbar komparatistische Studien zur Kultur von Hochschulen und dann auch von Departments geradezu provoziert (vgl. Välimaa 2008 mit näheren Angaben). Als Metapher tauchte der Begriff aber auch bei uns gelegentlich auf. In den letzten drei Jahrzehnten des 20. Jahrhunderts, vielleicht mitstimuliert durch die Wissenschaftskritik der Studentenbewegung im weitesten Sinne, wurden Fachkulturen als Mediatoren gesellschaftlicher Strukturen oder selbst Determinanten von Forschung und Lehre eher aus theoretischer Perspektive in der Wissenschaftsforschung thematisiert, ob nun in der Wissenschaftstheorie (Anschlüsse an Thomas S. Kuhn) oder speziell der Wissenschaftssoziologie (z.B. Bourdieu, Clark, Becher, Arnold u.a.; vgl. Becher / Huber 1990; Välimaa 2008) oder in der Hochschulsozialisationsforschung (für eine Zusammenfassung dazu vgl. Huber 1991a; b).

In jüngster Zeit wird das Thema der Fachkulturen wieder sehr aktuell, und zwar gerade aus dem praktischen Interesse von „change agents", die in ihrem Handeln, von „draußen" kommend, in den Fächern offenbar auf eigene kleine Welten („small worlds", vgl. Clark 1987) stoßen, die sich gut als Fachkulturen begreifen lassen. Allein schon die Titel der Essays oder Studien zeigen, dass fachspezifische Differenzen oder disciplinary styles als virulent erfahren werden in Bezug auf Einstellungen in den Fächern zu neuen Rahmenkonzepten, z.B. zur Modularisierung der Studiengänge (vgl. Trowler 1998), in den präferierten Lehrkonzepten (vgl. Trowler / Cooper 2002; Trowler 2009) bzw. Kriterien „guter" Lehre, in der Wahrnehmung der Beziehungen zwischen Forschung und Lehre (vgl. Schaeper 1997; Brew 2001; 2006), in den Ausprägungen des Scholarship of Teaching and Learning, wo überhaupt vorhanden (vgl. den Sammelband von Huber / Morreale

2002, bes. S. 24–43[6] ; McKinney 2007, S. 101ff.; Roxa et al. 2008, S. 277f.), in den Begriffen von Qualität und Qualitätsmanagement (vgl. Kekäle 2002) oder in Akzentuierungen von Statusunterschieden oder Stellungnahmen zu Leitungsstrukturen in Departments und Hochschulen (vgl. Kekäle 1999; Musselin / Becquet 2008).

Offenbar, so lässt sich aus den Befunden solcher Studien schließen, erscheinen „Fachkulturen", ungeachtet der o.g. grundsätzlichen theoretischen Zweifel, in pragmatischer Absicht als Konzept attraktiv: geeignet, durchaus plausible Beschreibungen von bestimmten Aspekten von Fachwelten zu erstellen. Sie bieten sich an, um Vergleiche anzustellen, Beobachtungen und Erfahrungen in den Fächern diskutierbar zu machen und Strategien ihnen gegenüber zu modifizieren. Das gilt auch schon für den (beträchtlichen) Teil der Hochschulforschung, der das, wie Välimaa (2008) aus seinem Forschungsbericht resümiert, Konzept der Fachkulturen benutzt: es dient als Hilfsmittel vor allem in zwei Funktionen: um die vorgefundene Variation in den empirischen Daten zu beschreiben, zu strukturieren und zu erklären und um komparative Analysen der Kontexte von Lehre und Forschung zu organisieren. Eine große Zahl der Studien richtet sich, wie schon bemerkt, auf Prozesse (intendierter) Veränderungen, die dann auch als kultureller Wandel (cultural change) erfasst werden.

> „Cultural change (...) is one of the terms used for explaining difficulties met, when trying to implement changes (...) showing that institutional cultures tied to institutional traditions are often considered a conservative social force (...) explaining their characteristics or obstacles to change." (Välimaa 2008, p.18, 19).

Allerdings ziehe ich aus jenen Zweifeln den Schluss, dass bei jeder „Anwendung" des Konzepts auf einen gegebenen Fachbereich (Institut, Fakultät) darauf zu achten ist, welche Disziplinen, Fächer, Machtstrukturen, soziale Bezüge und Orientierungen sich in ihm kreuzen und welche Veränderungen in diesen Konstellationen sich gerade vollziehen.

---

6   „one of the things we are finding is that scholars usually begin by following disciplinar models developed for other purposes ..." (Huber / Morreale 2002, S. 31): ein Psychologe betrachtet seinen Kurs wie ein Experiment und das Portfolio wie einen Bericht darüber, der Mathematiker kondensiert ein Portfolio wie einen Forschungsbericht und gibt ihn so ins peer review, der Historiker behandelt das Portfolio wie ein narrative record und ergänzt ihn durch Dokumentation wie ein Archiv. Wahrscheinlich beeinflusst der disciplinary style auch die Art, wie eine Irritation aus der Lehre in ein Problem für eine Untersuchung definiert wird (ebd., S. 31f.).

Beschreibung und Vergleich von Fachkulturen: in welchen Dimensionen?

Reiz und Fragwürdigkeit des Konzepts zeigen sich auch, wenn es um Beschreibung und Vergleich von Fachkulturen geht. Wie nach dem weiten Begriff von (Fach-)Kulturen nicht anders zu erwarten, sind dafür zahlreiche Ausrichtungen möglich und in der Hochschulforschung wahlweise realisiert worden. In der Zusammenfassung des seinerzeitigen Forschungsstandes im Hinblick auf ihre Bedeutung für die Hochschulsozialisation in meinem Handbuchartikel finden sich die folgenden Dimensionen behandelt (vgl. Huber 1991a; 1998): Normative Klimata, Interaktionsstrukturen, Lehrstile und Lernorganisation, Organisation des Lernens, Curricularer Code, Epistemologische Merkmale, Lebensstile und Geschmackspräferenzen, Rekrutierung. Wegen des begrenzten Raumes beschränke ich mich hier auf wenige Beispiele, die für die Beziehung zwischen Hochschuldidaktiker und jeweiliger Fachkultur m.E. besonders wichtig sind.

Epistemologische Strukturen

An den Anfang seien die epistemologischen Strukturen gestellt: Sie erscheinen dem externen Beobachter wie auch dem internen Wissenschaftler auf den ersten Blick als das für Disziplinen und ihre Unterscheidung konstitutive Element, aus dem manche anderen Merkmale ableitbar sein mögen, und legitimer Bezugspunkt, auf den man sich in Diskussionen zwischen und über die Disziplinen berufen kann, im Bewusstsein. Schon klassisch sind in diesem Sinn die Vorschläge, die Disziplinen epistemologisch zu klassifizieren nach Forschungstypen wie „rein-angewandt", „hart–weich" (Biglan 1973a; b) und Matrices aus diesen; damit zusammenhängend nach Präferenz für quantifizierende vs. qualitative Methoden; nach Orientierungen der Theoriebildung auf Abstraktion, Generalisierung, Wiederholbarkeit versus Konkretion, Komplexität, Besonderheit; nach dementsprechend konsens- oder aber dissensorientierte Artikulation in Diskussionen; nach vorherrschenden Formen der Forschungsorganisation wie kooperative Projekte vs. individuelle kontinuierliche Arbeiten usw. Für Becher, der in seinem Epoche machenden Buch „Academic Tribes and Territories" (1989), aber auch schon in vielen Arbeiten vorher (vgl. z.B. Becher 1987a; b) die umfassendsten Beschreibungen disziplinärer Kulturen vorgelegt hat, sind diese epistemologischen Merkmale wichtig nicht nur als Grundzüge der Logik, sondern auch wegen der „Sozio-

logik" des jeweiligen Faches. Seine Tableaus (z.b. Becher 1987a, S. 289; Becher /
Trowler 2001, S. 36) zeigen eindrucksvoll das Bild, das sich so zeichnen lässt.
Sehr viele Elemente auch der Alltagsrede von Wissenschaftlern über die eigene
und vor allem die anderen Disziplinen lassen sich damit leicht verknüpfen (vgl.
Becher 1981).

Dennoch richten sich darauf inzwischen grundsätzliche Kritiken, die ich wegen
ihrer exemplarischen Bedeutung auch für die anderen erwähnten Dimensionen
hier kurz erörtern möchte.

(1) Massive Einwirkungen auf die Hochschulen von außen (Globalisierung und
Wettbewerb, Vermassung der Ausbildung, Verstärkung von Kontrollen durch
Regierungen oder Hochschulleitungen im Namen von Qualitätssicherung oder
Evaluation, Unterwerfung von Forschung und Lehre unter Marktgesetze und Ma-
nagerialism) hätten den Einfluss bzw. Spielraum der Kräfte drinnen, so auch die
Entfaltung der Disziplinen und Fachkulturen, stark zurückgedrängt oder durchkreuzt (Becher selbst in der Neuauflage: Becher / Trowler 2001, S. 1ff.). Die Vorstellung von Disziplinen als festen und klar unterscheidbaren Größen werde den
Entwicklungen des Wissenschaftsbetriebs nicht mehr gerecht. Stellvertretend für
diese Kritik steht Brew (2001): Inzwischen seien die Grenzen der Disziplinen
generell in Fluss geraten oder gar in Auflösung begriffen; moderne Forschung
vollziehe sich nach dem „mode 2", in „a more open structure where varieties of
knowledge and competence are combined and recombined in novel configura-
tions" (von Brew zitiert aus Gibbons et al. 1994, S. 48f.). Das sei auch gut so;
Forschung öffne sich dadurch neuen Fragen und Methoden, wachse durch multi-
und interdisziplinäre Arbeit, für die neue Standards und neue Arten von Expertise
notwendig seien; das Konzept der traditionellen Disziplinen sei überholt und ze-
mentiere nur, unglücklicherweise, die Förderungslinien öffentlicher Stellen in den
falschen Bahnen; Verweise auf Fachkulturen trügen dazu bei.

(2) Eine zweite Kritiklinie, die sich ja auch durch andere Sektionen der Soziologie zieht, verweist – wie auch gegenüber allen strukturalistisch daherkommen-
den Modellen – darauf, dass soziale Wirklichkeit und gesellschaftlicher Wandel
durch die Wechselwirkung von Strukturen und Akteuren (structural and agentic
factors), von das Verhalten beeinflussenden strukturellen Faktoren und deren Interpretation in den deutenden Erzählungen (narratives), Identitätskonstruktionen
und Machtspielen der Akteure konstituiert werde. Schon Becher selbst habe sich
damit auseinandersetzen müssen, dass Akademiker zwar generell die Bedeutung

der Disziplinen sehr hoch ansetzen und über die Eigentümlichkeiten der jeweils anderen gern in solchen Typisierungen, wie von Becher angeboten, reden, aber sich selbst keinesfalls in ein solches Kästchen einsortieren lassen wollen und über ihre Forschung individuell ganz anders denken (Brew 2001). Trowler[7] wirft ihm „epistemologischen Essentialismus" vor: die Behauptung, dass die epistemologischen Strukturen (diese einmal so angenommen) die ganze disziplinäre Kultur, auch in ihren anderen Dimensionen, determiniere, sei nicht haltbar; bestenfalls stellten sie einen unter anderen Faktoren (soziale Herkunft, immanente Traditionen, gesellschaftlicher Kontext und Verflechtungen) dar. Auch meiner Auffassung nach (vgl. Huber 1990) muss man gegenüber Becher und erst recht gegenüber Clark[8] die Sozialformen und zumal die kulturellen Präferenzen und Lebensstile in einer Fachkultur viel weniger mit den epistemologischen Merkmalen als mit der sozialen Rekrutierung und Verortung der Mitglieder, dem unterschiedlichen Status der Disziplinen in den zugehörigen sozialen Feldern (und daraus folgenden materiellen Bezügen) oder institutionsimmanenten Traditionen in Zusammenhang bringen.[9]

Curricularer Code

Bernstein (1977) hat mit der Unterscheidung zweier Codes der „Klassifikation und Rahmung" intentionaler Wissensvermittlung ein heuristisch sehr fruchtbares Instrument zur Analyse von Fächern eingeführt: Einem „Kollektionscode" folgen Curricula, die durch scharfe Differenzierung und hierarchische Strukturierung der Inhalte nach innen und starke Abgrenzung derselben auch nach außen, gegenüber

---

7   Immerhin 2001 noch Mitautor der 2. Aufl. des berühmten Buches von Becher.

8   „Characteristics imported into the academic profession by individual members from their personal background and prior experiences ... [are]... the least important components of academic culture" (Clark 1987, S. 107).

9   Eine Zwischenbemerkung: Aus beiden grundsätzlichen Kritiklinien folgt nicht, dass diese Unterscheidungen der Disziplinen nach ihren epistemologischen Strukturen für die Praxis, hier also für die Interaktion zwischen Hochschuldidaktikern mit Hochschullehrenden in den Fächern nicht bedeutsam sein könnten: In den „Erzählungen" (narratives) der Wissenschaftler, dem geäußerten Selbstverständnis, Identitätsbewusstsein und wissenschaftlichen Ethos sowie im „Streit der Fakultäten", den Prestigekämpfen und Machtspielen zwischen den Fächern, spielen sie nun einmal eine Rolle, sind relevant, wie Trowler (2009, S. 186) es ausdrückt, „not because disciplines themselves are intrinsically important, rather because academics consider them to be important". Das zeigt sich jedenfalls immer dann, wenn ihre Forschung oder auch generell ihre Auffassung von Wissenschaft von deren Gütekriterien oder Ansprüchen thematisiert wird.

anderen Disziplinen und anderen Erkenntnisformen überhaupt gekennzeichnet
sind; ihnen entsprechen soziale Rahmen, die die Hierarchie unter den Mitgliedern betonen und Lernenden wie z.t. auch Lehrenden wenig Raum für Mitgestaltung des Curriculums und Einbringen persönlicher Elemente lassen. Curricula des
„Integrationscode" zeigen nach innen und außen schwächere Grenzziehungen,
weniger ausgeprägte Sequenzierung des Lernens und Hierarchisierung des Personals und mehr Offenheit für aus der Praxis generierte Problemstellungen, für
fremde Perspektiven, z.b. aus anderen Fächern, und für subjektive Sichtweisen.
Der Kollektionscode dominiert recht durchgehend die Lehre in der Natur-, dann
auch Ingenieur- und Rechtswissenschaft sowie Medizin, der Integrationscode fast
notwendig Pädagogik, Soziologie, Psychologie – die Fächer der „Selbstbetroffenheit" (vgl. Schülein 1977) – und situationsabhängig die Geisteswissenschaften: In
Zeiten der Krise öffnen diese wie andere sich zum Integrationscode" hin. Analog
unterscheiden sich die fachspezifischen Wissenschaftssprachen darin, wie weit
jeweils die pragmatische Dimension von Sprache in ihr nicht elaboriert, sondern
ausgeblendet, damit auch abgewertet und in die Alltagssprache abgedrängt wird,
die aber, obgleich inoffiziell, als Metasprache unentbehrlich bleibt.[10] In welchem
Code man verkehrt, ist in höchstem Grade wirksam in der Habitusausprägung.

Hervorzuheben ist dabei, dass die Beschreibungen der Fachkulturen in dieser Dimension nicht an den Forschungsparadigmen ansetzen, sondern an den Lehr- und
Lernstrukturen. Eine gewisse Parallelität zu den Spektren für jene (hart–weich,
rein–angewandt) ist nicht zu verkennen, aber das Material sind Daten des Lehr-
betriebs. Das ist deswegen bedeutsam, weil es guten Grund für die Annahme gibt,
dass, historisch gesehen, wirkungsmächtig für die konstante Präsenz und kontinuierliche Reproduktion der Fachstrukturen nicht so sehr die Forschung ist als vielmehr die Lehre und, nicht zu vergessen: die Prüfungen, der Bereich also, in dem
es für die Hochschulen gesellschaftliche Funktionen und Monopole zu bewahren
gilt. Konservativismus hat hier viele Wurzeln.

Es ist zu vermuten, dass ähnlich wie die epistemologischen Grenzen zwischen
Disziplinen, so auch die zwischen den curricularen Codes der Fächer sich zu ver-
wischen beginnen. Die o.g Veränderungen des Forschungsbetriebs tangieren auch

---

10   Heipcke (1987) analysiert unter Bezug auf Lorenzer eindringlich die Problematik, die
     solche unvollkommene Symbolisierung oder „Desymbolisierung" persönlicher Erfah-
     rungen („Erinnerungen") in verengten Begriffen der offiziellen Sprache als Zumutung
     und „Verdrängung" für die Identitäts- und Habitusentwicklung hat.

die Lehrstrukturen, z.b. im Graduiertenstudium; sie dürften eine gewisse Angleichung jedenfalls der stark forschungsorientierten Fachgebiete (Subkulturen) an diese Trends und untereinander bewirken. Bezüglich Reglementierung der Inhalte und Sequenzierung der Curriculumelemente haben sich vermutlich zufolge der Bologna-Reform und der Modularisierung die Fächer des vormals offeneren Integrationscodes ein Stück weit denen des Kollektionscodes angenähert; andererseits sind, wo immer hochschuldidaktische Innovationen wie Problembased Learning, Forschendes Lernen, Erkundungspraktika, Projektorientierte Studienelemente o.ä. Fuß fassen konnten, auch in den Fächern des Kollektionscodes die Lernsituationen offener, integrativer geworden. Dennoch ist zu vermuten, dass in Diskussionen und Gesprächen bei Stichworten wie „Erfüllung des Stoffpensums", „Sicherung des Grundlagenwissens zu Anfang", „Standardisierung der Prüfungen" die geringere oder größere Nähe zu einem dieser Codes noch virulent werden.

Lehr- und Lernorganisation

Lehr- und Lernorganisation, Lehrstile und Interaktionsstrukturen, um diese Dimension noch kurz zu erwähnen, drücken gewiss vor allem diesen curricularen Code aus. Beobachtbar waren in dieser Perspektive seit langem das nach Fächern recht unterschiedliche Verhältnis der didaktischen Großformen Vorlesung und Übung, Seminar und Tutorium, Labor- und Feldpraktikum, innerhalb ihrer unterschiedlichen Gewichtungen der Arbeitsformen (Vortrag, Diskussion, Gruppen-, Einzelarbeit usw.) und präferierten Lehrstile (z.b. in der Vorlesung strukturierte, audiovisuell gestützte Information, vorherrschend in Naturwissenschaften oder Medizin versus nur verbaler Vortrag, etwa in den Geistes- und Sozialwissenschaften). Diskussionsstile mochten als geschlossener oder offener, konvergenz- oder divergenzorientiert, weniger oder stärker hierarchiebestimmt usw. ausfallen, mit Naturwissenschaften jeweils bei der erst-, Sozialwissenschaften bei der zweitgenannten Alternative. Auch die Anforderungen an das Lernen wurden hie als hierarchisch aufsteigend, schwierig, logisch, fremdbestimmt, regel- und methodengeleitet, dort als zyklisch, interpretierend, mehr selbstbestimmt und diffuser erlebt. Erwiesenermaßen können solchen Unterschieden der Lernumwelten fachspezifisch unterschiedliche Lernstrategien antworten, die mindestens in der Zeit des Studiums bevorzugt, damit aber auch eingeübt werden (vgl. Huber 1991b und die Literaturangaben dort).

Die letzten Sätze standen im Präteritum, da im Zugehen auf einen konkreten Fachbereich nicht einfach vorausgesetzt werden darf, dass solche Beschreibungen dort (noch) gelten. Zum einen haben wie im Feld des curricularen Codes im Allgemeinen, so auch im Speziellen der Lehr-Lern-Organisation die quer zu den Fächern durchgesetzten Umstrukturierungen der Studiengänge – und der Prüfungssysteme [11] – gewiss überall ihre Spuren hinterlassen, alte Unterschiede verwischt und neue geschaffen; wie und in welchem Maße genau, harrt noch der empirischen Untersuchung. Zum anderen aber, und das ist von grundsätzlicherer Bedeutung, haben neuere Studien wiederholt belegt, dass der Einfluss der generellen Fachkultur je nach den konkreten Verhältnissen im Fach „vor Ort" in hohem Maße durch das lokale Klima (das von den jeweiligen organisatorischen Nachbarschaften oder der Politik der betreffenden Hochschule oder der zufälligen Mischung der Personen oder anderem bestimmt sein kann) stark modifiziert oder gar durchkreuzt werden kann und in dieses wiederum zufällig individuelle Akteure, geleitet durch ihre persönlichen Vorstellungen vom Fach, von Forschung und Lehre, aber auch von politischen Orientierungen o.ä. stark bestimmend eingreifen können (vgl. z.B. Kekäle 2002; Musselin / Becquet 2008; Trowler 1998; 2009).

Zwischenbilanz

Zu ähnlichen Differenzierungen, Vorbehalten und Desideraten würde man auch bei der Musterung der vielen weiteren möglichen Beschreibungsdimensionen von Fachkulturen gelangen. Was ist daraus zu folgern?

Das Konzept der Fachkulturen kann als Brille fungieren, die faszinierende Bilder zu sehen erlaubt. Aber weder sie noch die zuvor angesammelten Befunde noch die geläufigen „Erzählungen" aus den Fächern heraus über sich oder über die jeweils anderen entbinden den Hochschuldidaktiker, der in oder mit einem Fach agieren will, noch einmal genau hinzusehen und zu erkunden, was die je aktuelle Situation im lokalen Fach unter den je gegebenen Konstellationen ist.

Da die Fülle der Phänomene, die dann in den Blick zu nehmen wäre, wenn es wirklich um die „Kultur" eines Faches im ganzen gehen sollte, beträchtlich ist, muss der Hochschuldidaktiker oder change agent sich für diese Erkundung wohl

---

11 Mit der Vermehrung der Prüfungen, zumal in der Form von Kenntnisse abfragenden Tests, hat sich das surface level learning, früher vor allem in den Fächern des Kollektionscodes anzutreffen, wohl auch auf die anderen ausgedehnt.

auf einen Ausschnitt zu konzentrieren versuchen, der für sein jeweiliges Vorhaben von Belang ist. Trowler (2009) hat im Blick auf Studienreform dafür plädiert, sich auf die von ihm so genannten teaching and learning regimes zu beziehen, als deren Momente er die in einer Fachkultur geteilten unausgesprochen Wertemuster, subjektiven Theorien (über Lernen, Lehren, Begabung etc.), impliziten Lehrkonzepte, institutionellen Sagas u.ä. betrachtet. Diese Linie sollte man verlängern; dann wären, je nachdem, ob es z.B. um Forschendes Lernen oder um Praxisbezüge oder um Partizipation oder um kompetenzorientierte Prüfungen gehen soll, jeweils andere Momente der Fachkultur zu erkunden.

Fazit: Fachkultur und Kompetenz im Umgang mit ihr

Der Umgang mit verschiedenen Fachkulturen verlangt von in der Hochschuldidaktik tätigen Personen eine Kompetenz, die man in Analogie zur (wohl verstandenen) interkulturellen Kompetenz beschreiben kann. Ein wichtiges Element dafür ist eine nachdenkliche Selbstrelativierung der eigenen Präferenzen bezüglich z.B. Forschung oder Lehre, Beratung oder Selbstverwaltung als auch fachkulturell bestimmter Annahmen (man denke an Gründe, positive und negative Motive für die eigene Fachwahl, Sympathien, Antipathien gegenüber Fachrichtungen und Professionen, mögliche Vorurteile und Phobien gegenüber bestimmten Fächern, beliebte Stereotype über sie; politische und geschmackliche Präferenzen usw.). Das impliziert Bereitschaft und Fähigkeit zu einem Perspektivenwechsel, zum Versuch, sich „das Leben" (die Orientierungen und Bindungen) in einem anderen Kontext vorzustellen und vor allem den fremden Blick von dort aus auf die eigene Fachkultur einzunehmen. Verbunden mit dieser Fähigkeit zum Perspektivenwechsel ist eine Haltung der Offenheit und des Respekts gegenüber anderen Dispositionen, die es erst einmal so gut als möglich zu verstehen gilt, bevor man sich in durchaus nicht ausgeschlossene kritische Auseinandersetzungen mit ihnen begibt. Das impliziert ein Menschenbild: jeden wie sich selbst zwar als durch seinen Kontext – hier also eine Fachkultur – bestimmt zu wissen, aber immer auch als über sie hinaus lern- und entwicklungsfähig zu sehen. Nötig ist auch ein fachübergreifendes Wissen, zum einen wissenschaftstheoretisches Grundwissen, z.B. über Wissenschaft als soziale Konstruktion, die Bedeutung von Paradigmen, das Spektrum der Forschungstypen, Methodologien und ihre Prämissen, methodologierelative Gütekriterien; zum anderen wissenschaftssoziologisches Kontextwissen, z.b. über mögliche unterschiedliche soziale Strukturen (Hierarchien, Arbeitsgruppierungen, Gender), über mögliche unterschiedliche Rekrutierungsmuster, über mögliche unterschiedliche Typen der Forschungsorganisation, der Forschungsfinanzierung, der Affiliationen mit externen Akteuren (Behörden, Unternehmen ...), über Austausch-, insbesondere Publikationsformen und -usancen usw. – nicht im Sinne vollständiger detaillierter Kenntnis, die von niemandem zu verlangen ist, sondern im Sinne eines Vorwissens, dass es große Unterschiede dieser Art gibt und welche Rolle sie spielen können. Das impliziert eine elementare „Fremdsprachen"-Kenntnis und die Flexibilität, um umzukodieren und übersetzen zu können. So ist das Gespräch als Dialog im wahrsten Sinne zu führen, nicht zur strikten Durchsetzung der eigenen, sondern zur Thematisierung der Annahmen, die auf beiden Seiten den Positionen und Praktiken zugrunde liegen.

Literatur

Becher, T. (1981). Towards a Definition of Disciplinary Cultures. In: Studies in Higher Education, 6(2), S. 109–22.

Becher, T. (1987a). Disciplinary Discourse. In: Studies in Higher Education, 12(3), S. 261–274.

Becher, T. (1987b). The Cultural View. In: Clark, B.R. (Hrsg.). Perspectives on Higher Education. Berkeley: University of California Press, S. 164–198.

Becher, T. (1989). Academic Tribes and Territories – intellectual enquiry and the cultures of the disciplines. Milton Keynes: Open University Press.

Becher, T. / Huber, L. (Hrsg.) (1990). Disciplinary Cultures. In: European Journal of Education, 25(3), S. 235–261; S. 333–346.

Becher, T. / Trowler, P.R. (2001). Academic Tribes and Territories. Intellectual Inquiry and the Culture of Disciplines. Buckingham, 2. Aufl.

Becker, H.S. (1986). Doing Things Together. Evanston, JL: Northwestern University Press.

Bernstein, B. (1977). Über Klassifikation und Rahmung pädagogisch vermittelten Wissens. In: Bernstein, B. (Hrsg.). Beiträge zu einer Theorie des pädagogischen Prozesses. Frankfurt: Suhrkamp, S. 125–161.

Biglan, A. (1973a). The Characteristics of Subject Matter in Different Academic Areas. In: Journal of Applied Psychology, 57, S. 195–203.

Biglan, A. (1973b). Relationships between Subject Matter Characteristics and the Structure and Output of University Departments. In: Journal of Applied Psychology, 57, S. 204–213.

Bourdieu, P. (1979). Entwurf einer Theorie der Praxis. Frankfurt: Suhrkamp.

Bourdieu P. (1982). Die feinen Unterschiede. Kritik der gesellschaftlichen Urteilskraft. Frankfurt: Suhrkamp.

Bourdieu, P. (1987). Sozialer Sinn. Kritik der theoretischen Vernunft. Frankfurt: Suhrkamp.

Brew, A. (2001). The Nature of Research: Inquiry in Academic Contexts. London: Routledge.

Brew, A. (2006). Research and Teaching: beyond the divide. Basingstoke: Palgrave Macmillan.

Clark, B.R. (1987). The Academic Life. Small Worlds, Different Worlds. Princeton: Carnegie Foundation for the Advancement of Teaching.

Clarke, J. et al. (1979). Jugendkultur als Widerstand. Milieus, Rituale, Provokationen. Frankfurt: Syndikat.

Dudeck, A. / Jansen-Schulz, B. (Hrsg.) (2006). Hochschuldidaktik und Fachkulturen. Gender als didaktisches Prinzip. Bielefeld: UniversitätsVerlagWebler.

Gibbons, M. et al. (1994). The New Production of Knowledge. The Dynamics of Science and Research in Contemporary Societies. London.

Heckhausen, H. (1987). Interdisziplinäre Forschung zwischen Intra-, Multi- und Chimären-Disziplinarität. In: Kocka, J. (Hrsg.). Interdisziplinarität. Frankfurt: Suhrkamp, S. 129–145.

Heipcke, K. (1987). Wissenschaftssprache und Lernen: Symbolisierung und Desymbolisierung als wissenschaftsdidaktisches Problem. In: Buttgereit, M. (Hrsg.). Lebensverlauf und Biografie. Kassel: Wissenschaftliches Zentrum für Berufs- und Hochschulforschung der Gesamthochschule Kassel.

Huber, L. (1990). Disciplinary Cultures and Social Reproduction. In: European Journal of Education, 25(3), S. 241–261.

Huber, L. (1991a). Sozialisation in der Hochschule. In: Hurrelmann, K. / Ulich, D. (Hrsg.). Neues Handbuch der Sozialisationsforschung. Weinheim: Beltz, S. 417–441.

Huber, L. (1991b). Fachkulturen. Über die Mühen der Verständigung zwischen den Disziplinen. In: Neue Sammlung, 31(1), S. 3–24.

Huber, L. (1998). Festigung oder Verflüssigung. Nachdenken über fachspezifischen Habitus heute. In: Olbertz, J.H. (Hrsg.). Zwischen den Fächern – über den Dingen? Universalisierung vs. Spezialisierung akademischer Bildung. Opladen: Leske + Budrich, S. 83–109.

Huber, M.T. / Morreale, S.P. (Hrsg.) (2002). Disciplinary Styles in the Scholarship of Teaching and Learning: Exploring Common Ground. Washington, DC: AAHE.

Kekäle, J. (1999). ‚Preferred' Patterns of Academic Leadership in Different Disciplinary (Sub)cultures. In: Higher Education, 37, S. 217–238.

Kekäle, J. (2002). Conceptions of Quality in Four Different Disciplines. In: Tertiary Education and Management, 8, S. 65–80.

Krais, B. (1996). The Academic Disciplines: Social Field and Culture. In: Comparative Social Research. Supplement, 2, S. 93–111.

Krüger, L. (1987). Einheit der Welt – Vielheit der Wissenschaft. In: Kocka, J. (Hrsg.). Interdisziplinarität. Frankfurt: Suhrkamp, S. 106–125.

Kuhn, T.S. (1971). The Structure of Scientific Revolution. Chicago, JL: University of Chicago Press, 2. Aufl.

McKinney, K. (2007). Enhancing learning through the Scholarship of Teaching and Learning. The challenge and joys of juggling. Bolton, MA.: Anker.

Multrus, F. (2004). Fachkulturen. Begriffsbestimmung, Herleitung und Analysen. Eine empirische Untersuchung über Studierende deutscher Hochschulen. Konstanz: Universität (Diss.). URL: www.ub.uni-konstanz.de/kops/volltexte/ 2004/1326/pdf/Diss-neu.pdf (Stand: Mai 2011).

Musselin, C. / Becquet, V. (2008). Academic work and academic identities: a comparison of four disciplines. In: Välimaa, J. / Ylijoki, O.-H. (Hrsg.). Cultural Perspectives on Higher Education. New York: Springer, S. 91–107.

Portele, G. / Huber, L. (1983). Persönlichkeitsentwicklung in der Hochschule. In: Huber, L. (Hrsg.). Ausbildung und Sozialisation in der Hochschule. Stuttgart: Klett, S. 92–113.

Radtke, F.-O. (1991). Multikulturalismus und Erziehung. Ein erziehungswissenschaftlicher Versuch über die Behauptung: Wir leben in einer multikulturellen Gesellschaft. In: Brähler, R. / Dudek, P. (Hrsg.). Fremde – Heimat. Frankfurt: Verlag für interkulturelle Kommunikation, S. 185–208.

Roxa, T. / Olsson, T. / Martensson, K. (2008). Appropriate Use of Theory in the Scholarship of Teaching and Learning as a Strategy for Institutional Development. In: Arts and Humanities in Higher Education, 7, S. 276–295.

Schaeper, H. (1997). Lehrkulturen, Lehrhabitus und die Struktur der Universität. Eine empirische Untersuchung fach- und geschlechtsspezifischer Lehrkulturen. Weinheim: Deutscher Studienverlag.

Schülein, J.A. (1977). Selbstbetroffenheit. Über Aneignung und Vermittlung sozialwissenschaftlicher Kompetenz. Frankfurt: Suhrkamp.

Szczyrba, B. / Wiemer, B. (2011). Lehrinnovation durch doppelten Perspektivenwechsel – Fachkulturell tradierte Lehrpraktiken und Hochschuldidaktik im Kontakt. In: Jahncke, I. / Wildt, J. (Hrsg.). Fachbezogene und übergreifende Hochschuldidaktik, S. 101–110.

Tremp, P. (2009). Hochschuldidaktische Forschungen – Orientierende Referenzpunkte für didaktische Professionalität. In: Schneider, R. / Szczyrba, B. / Welbers, U. / Wildt, J. (Hrsg.). Wandel der Lehr- und Lernkulturen. Bielefeld: Bertelsmann, S. 206–219.

Trowler, P. (1998). Academics Responding to Change: New Higher Education Frameworks and Academic Cultures. Buckingham: Society for Research into Higher Education and Open University Press.

Trowler, P. (2009). Beyond epistemological essentialsm: academic tribes in the twenty-first century. In: Kreber, C. (Hrsg.). Teaching and Learning Within and Beyond Disciplinary Boundaries. Cambridge: Cambridge University Press, S. 181–195.

Trowler, P. / Cooper, A. (2002). Teaching and Learning Regimes: Implicit Theories and Recurrent Practice in the Enhancement of Teaching and Learning through Educational Development Programmes. In: Higher Education Research and Development, 21(3), S. 221–240.

Välimaa, J. (1998). Culture and Identity in higher education research. In: Higher Education, 36(2), S. 119–138.

Gabi Reinmann

Förderung von Lehrkompetenz in der wissenschaftlichen Weiterbildung: Ausgangslage, Anforderungen und erste Ideen

Hochschuldidaktische Weiterbildung dient dazu, Lehrende an Hochschulen in ihren didaktischen Aufgaben zu unterstützen. Dabei hat man allerdings vor allem, oft auch ausschließlich, didaktische Aufgaben in der grundständigen Lehre im Blick. Wissenschaftliche Weiterbildung dagegen ist für Hochschullehrende in der Regel nur eine Option und in der hochschuldidaktischen Weiterbildung meist kein eigenes Thema. Dass genau dies womöglich ein Versäumnis ist, wird deutlich, wenn man sich die Relevanz der wissenschaftlichen Weiterbildung und der dort notwendigen Lehrkompetenz vor Augen hält. Der Beitrag vertritt die These, dass Lehrende in der wissenschaftlichen Weiterbildung vor besonderen Herausforderungen stehen, die man auch mit dafür zugeschnittenen Maßnahmen der Lehrkompetenzentwicklung und -unterstützung angehen sollte. Hierzu wird zunächst die Bedeutung der Lehrkompetenz in der wissenschaftlichen Weiterbildung als wissenschaftliches Konstrukt wie auch als kontextspezifische Aufgabe genauer dargelegt. Anschließend werden Argumente und Ansatzpunkte zusammengetragen, die dafür sprechen, zur Förderung von Lehrkompetenz in der wissenschaftlichen Weiterbildung eigene Konzepte zu erarbeiten statt bestehende hochschuldidaktische Konzepte einfach zu übernehmen. Da dieses Thema in der hochschuldidaktischen Literatur relativ unterbelichtet ist, kann der Beitrag keine konkreten Lösungsansätze aufzeigen. Vielmehr soll eine Art Rahmen geschaffen werden, in dem solche Lösungsansätze erarbeitet werden können: Dazu gehören erstens eine Idee von wissenschaftlicher Weiterbildung, zweitens Überlegungen zur Professionalisierung von Lehrenden in und für diesen speziellen Kontext und drittens Impulse für geeignete didaktische Szenarien. Der Beitrag tastet sich in dieser Weise an das Thema Lehrkompetenzförderung für die wissenschaftliche Weiterbildung heran, um die Diskussion zu strukturieren.

Gründe für die Relevanz des Themas

Sich mit der Lehrkompetenz derer zu beschäftigen, die wissenschaftliche Weiterbildung anbieten, mag zunächst einmal aus mindestens zwei Gründen wenig
Relevanz haben. Als erstes könnte man die kritische Frage stellen, ob die wissenschaftliche Weiterbildung im Vergleich zur grundständigen Lehre an unseren
Hochschulen überhaupt eine so große Bedeutung hat, dass man sich speziell um
die dort Lehrenden Gedanken machen sollte. Als zweites könnte man auf die Idee
kommen, dass diejenigen, die wissenschaftliche Weiterbildung anbieten, dazu
ohne zusätzliche Unterstützung in der Lage sein sollten. Beide Gründe aber geraten schnell ins Wanken, wenn man sich damit etwas genauer auseinandersetzt.

Was die *Rolle der wissenschaftlichen Weiterbildung* an unseren Hochschulen
betrifft,[1] so ist diese hinsichtlich ihrer Quantität im Vergleich zur grundständigen Lehre in der Tat aktuell noch unterrepräsentiert (z.B. Hanft 2009; Brämer /
Heufers 2010). Es ist jedoch gleichzeitig zu beobachten, dass das *Interesse* an
der wissenschaftlichen Weiterbildung sowohl praktisch als auch wissenschaftlich
im Kontext der Hochschulforschung wächst. Ein auf der Hand liegendes Argument für diese Zunahme an Interesse ist die demografische Entwicklung. Empirische Studien prognostizieren bereits eine Abnahme der Studierendenzahlen
in grundständigen Studiengängen in einigen Jahren (Hanft / Knust 2007). Dies
macht es für Hochschulen möglich und notwendig, sich neue Zielgruppen zu er-
schließen, vor allem Personen, die bereits im Beruf stehen und sich wissenschaftlich weiterbilden wollen oder müssen. Eine wissenschaftliche Weiterbildung wird
für zunehmend mehr Menschen auch deswegen relevant, weil die technische und
wissenschaftliche Entwicklung unserer Gesellschaft zu immer komplexeren Be-
rufsfeldern führt (vgl. Graeßner et al. 2010). Schließlich gilt die wissenschaftliche
Weiterbildung als eine eigene Stufe der Qualifizierung im Rahmen des Bologna-
Prozesses, die jedoch in Deutschland noch vergleichsweise unterentwickelt ist
(vgl. Faulstich et al. 2008).

Die Hoffnung, *Lehrende in der wissenschaftlichen Weiterbildung* würden bereits
eine hohe Lehrkompetenz mitbringen, klingt auf der einen Seite berechtigt: Sollte
man nicht davon ausgehen können, dass nur diejenigen in der wissenschaftlichen
Weiterbildung lehren, die das auch können? Oder ist es nicht sogar so, dass man
von Fachleuten in der wissenschaftlichen Weiterbildung grundsätzlich erwarten
kann, dass sie das, was sie wissen und können, aus ihrer Expertise heraus auch zu

1   Ich beziehe mich im Folgenden vorrangig auf die Hochschulen in Deutschland.

vermitteln in der Lage sind? Ich würde beide Fragen mit einem Nein beantworten: Angesichts der an vielen Hochschulen (noch) angespannten Betreuungslage und ausgeschöpften Lehrkapazitäten ist es keineswegs so, dass man in der wissenschaftlichen Weiterbildung (vor allem nicht in allen Disziplinen und Lehrgebieten) quasi aus dem Vollen schöpfen und sich ohne Weiteres der besten Forscher und Hochschullehrer bedienen kann. Aus einer fachlichen Expertise ergibt sich zudem nicht automatisch eine hohe Lehrkompetenz (vgl. Grammes 2010), die insbesondere die speziellen Anforderungen in der wissenschaftlichen Weiterbildung berücksichtigt. Diese nämlich unterscheiden sich sehr wohl von denen, die man in der grundständigen Lehre stellen muss (vgl. Schiefner 2010). Darüber hinaus sind in der wissenschaftlichen Weiterbildung häufig auch Experten aus außeruniversitären Kontexten eingebunden, die insgesamt über wenig didaktisches Wissen und Können und/oder über geringe Lehrerfahrung verfügen (Faulstich et al. 2008).

Bisher haben sich weder die Hochschulforschung noch die hochschuldidaktische Forschung um Fragen der Lehrkompetenz von Lehrenden in der wissenschaftlichen Weiterbildung intensiver gekümmert: Während die Hochschulforschung zwar die wissenschaftliche Weiterbildung als Gegenstand kennt und untersucht, dabei aber vor allem deren Organisation und weniger die Didaktik im Blick hat (z.B. Wilkesmann 2010), konzentriert sich die hochschuldidaktische Forschung fast ausschließlich auf die grundständige Lehre (z.B. Battaglia 2010). Didaktische Fragen und speziell die Lehrkompetenz in der wissenschaftlichen Weiterbildung fallen damit in eine Lücke, was ein weiterer Grund für die Relevanz des Themas ist.

Die Bedeutung von Lehrkompetenz in der wissenschaftlichen Weiterbildung

Lehrkompetenz als theoretisches Konstrukt

Kompetenzen gelten gemeinhin als Bündel von Kenntnissen, Fähigkeiten, Fertigkeiten und Einstellungen.[2] Vor diesem Hintergrund umfasst Lehrkompetenz – unabhängig von der wissenschaftlichen Weiterbildung – (a) pädagogische und didaktische Kenntnisse, Fähigkeiten und Fertigkeiten zur Planung, Entwicklung und Umsetzung von Lehre bzw. Unterricht in Schule, Hochschule oder Weiter-

---

2   An der Stelle wird darauf verzichtet, die Diskussion um den Kompetenzbegriff nachzuzeichnen; siehe hierzu z.B. Reinmann (im Druck).

bildung, (b) Inhaltswissen zum Gegenstand des Unterrichts und (c) persönliche Überzeugungen zum Lernen sowie zu Möglichkeiten und Grenzen des Lehrens. Auf welchem Abstraktionsniveau man die Lehrkompetenz ausarbeitet und welche Akzente man dabei setzt, hängt in hohem Maße davon ab, unter welcher *Perspektive* man dieses Konstrukt betrachtet (vgl. Reinmann / Vohle 2010): aus einer beruflichen Perspektive (Lehren als Gestaltungsprofession), aus einer Perspektive der Arbeitstätigkeit (Lehren als Wissensarbeit) oder aus einer genuin didaktischen Perspektive (Lehren als Lernförderung).

- *Lehren als Gestaltungsprofession*: Vor allem in der Lehrerbildung wird die Lehrkompetenz auch als Lehrexpertise bezeichnet. Damit bringt man zum Ausdruck, dass erfolgreiche Tätigkeiten von professionellen Lehrpersonen auf einem Wissen und Können beruhen, das diese in der Ausbildung systematisch erworben und durch praktische Erfahrung weiter entwickelt haben (Bromme 2008, S. 159). Lehrkompetenz wird hier vorrangig aus der Sicht des Lehrens als Beruf bzw. als Profession definiert. In Bildungskontexten wie der Schule, aber auch der Hochschule und Weiterbildung, ist Lehren eine höchst komplexe Aufgabe, die Planungs- und Entwurfsprozesse, eine situative Umsetzung und (im besten Fall) eine abschließende Bewertung des eigenen Handelns im Hinblick auf die gesetzten Ziele umfasst. Man kann diese Aufgabe als *Designproblem* verstehen (Staub 2004). Die Tätigkeit des Unterrichtens wird so gesehen zur Gestaltungsarbeit und der Lehrberuf zu einer Gestaltungs- oder Designprofession (vgl. Simon 1999).

- *Lehren als Wissensarbeit*: Im Zusammenhang mit Fragen der Wissensgesellschaft werden die wachsenden Anteile vor allem wissenschaftlichen Wissens an Arbeitstätigkeiten unter dem Konzept der Wissensarbeit zu fassen versucht (z.B. Willke 2001; Schauer / Wolff 2009). Wissensarbeit ist *kein* Synonym für „Kopfarbeit" in Abgrenzung zur Handarbeit. Vielmehr bezeichnet Wissensarbeit Tätigkeiten, die komplex und wenig planbar sind, immer wieder neue Anforderungen stellen, einen hohen Grad an Informiertheit, Koordination und Kooperation, aber auch Schaffung neuen Wissens und Kreativität erfordern. Lehrtätigkeiten lassen sich in das Konzept der Wissensarbeit relativ gut einordnen (Reinmann 2008): Wer lehrt, hantiert mit purem Wissen, bereitet Informationen auf und gibt diese sowie sein eigenes Wissen weiter, kommuniziert und verändert es und trägt damit zum unabgeschlossenen Charakter des Wissens bei. Als Designprozess ist Lehren kreativ, gleichzeitig aber auch voller Überraschungen und Unwägbarkeiten. Zudem stützt sich das Lehren potenziell auf wissenschaftliche Erkenntnisse zum Unterricht.

- *Lehren als Lernförderung*: Unter einer genuin didaktischen Perspektive interessiert Lehren vor allem in seinem Zweck und seiner Funktion als Lernförderung. Da Lehren kein Selbstzweck, sondern darauf ausgerichtet ist, dass andere infolge des Lehrens etwas lernen, kommen an der Stelle zahlreiche Formen und Qualitäten des Lernens ins Spiel, die im Unterricht angestrebt werden können (vgl. z.B. Terhart 2009; Reinmann 2011). Lernen kann sich darauf reduzieren, sich zu informieren. Lernen kann anspruchsvoller gemeint sein und darin bestehen, sich Wissen anzueignen, das man versteht und anwenden kann. Lernen kann bedeuten, Kompetenz zu entwickeln, um „echte" Probleme zu lösen. Lernen kann schließlich zum Ziel haben, zum Experten in einer Domäne zu werden. Lehren hat je nach Lernziel und -qualität einen unterschiedlichen Stellenwert und Charakter.

Aus den drei Perspektiven auf das Lehren lässt sich folgern: (a) Lehrkompetenz umfasst eine Expertise, die neben systematischem bzw. wissenschaftlichem Wissen viel Erfahrung verlangt und in ihrer Ausrichtung auf Gestaltungsaufgaben einen ganzheitlichen Charakter hat; (b) Lehrkompetenz umfasst Aktivitäten mit Bezug zum Konstrukt der Wissensarbeit, in denen nicht nur Wissen vermittelt, sondern auch neues Wissen durch Lehrende *und* Lernende (und deren Interaktion) geschaffen werden kann; (c) Lehrkompetenz umfasst konkretes didaktisches Handeln, das man nur verstehen und sinnvoll konzipieren kann, wenn man den engen Bezug zu den vielfältigen Formen und Qualitäten des Lernens im Blick hat.

Lehrkompetenz als kontextspezifische Aufgabe

Man kann Lehrkompetenz als theoretisches Konstrukt unter verschiedenen Perspektiven allgemein betrachten. Als praktische Aufgabe ist zusätzlich ein kontextspezifischer Blick und damit die Frage notwendig, an welchem Bildungsort gelehrt und gelernt wird. Geht es um die wissenschaftliche Weiterbildung, so kann man diesen Bildungsort z.B. bezogen auf die Lehrenden, den Gegenstand und die Lernenden (vgl. auch Schiefner 2010) näher spezifizieren:

- Die *Lehrenden* in der wissenschaftlichen Weiterbildung sind zu einem großen Teil, aber keineswegs ausschließlich, Hochschullehrer. Zu einem anderen Teil sind die Lehrenden Experten aus der außeruniversitären Forschung und Wirtschaft. Letztere haben mitunter wenig bis keine Lehrerfahrung und können auf keine entsprechenden Routinen zurückgreifen.

Hochschullehrer dagegen verfügen oft nur über Erfahrung in der grundständigen Lehre und versuchen, die dortigen Routinen in der wissenschaftlichen Weiterbildung zu nutzen. Ihre Motivation, sich in der wissenschaftlichen Weiterbildung didaktisch zu engagieren, ist zudem eher als gering
anzusehen (vgl. Kuhlenkamp 2005).

- Der *Gegenstand* in der wissenschaftlichen Weiterbildung ist in manchen
  Aspekten dem Gegenstand in der grundständigen Hochschullehre ähnlich:
  Es geht in beiden Fällen um Wissenschaft bzw. um theoretische und empirische Erkenntnisse und Erkenntnisprozesse in einer Domäne. Allerdings
  zeichnet sich der Gegenstand der wissenschaftlichen Weiterbildung dadurch aus, dass er sich stärker und direkter auf Fragen und Herausforderungen in der außeruniversitären Praxis beziehen muss. Das hat Einfluss
  auf die Auswahl und Anordnung von Inhalten ebenso wie auf deren Aufbereitung (vgl. Dick 2010).
- Die *Lernenden* in der wissenschaftlichen Weiterbildung schließlich bilden
  den größten Unterschied zur grundständigen Hochschullehre. Sie bringen
  besondere Voraussetzungen und Ziele mit: Teilnehmer wissenschaftlicher
  Weiterbildungsangebote verfügen zum einen über Berufserfahrung und
  Berufswissen; außerdem erwarten oder erhoffen sie sich vom Lernan-
  gebot eine unmittelbare Unterstützung für ihre berufliche Tätigkeit (vgl.
  Grammes 2010). Zum anderen liegt ihr eigenes Hochschulstudium in der
  Regel zeitlich mehr oder weniger lang zurück, sodass eine gewisse Dis-
  tanz zum wissenschaftlichen Denken und Handeln vorhanden sein kann.

Aus den drei Besonderheiten der wissenschaftlichen Weiterbildung als Kontext
für die Ausbildung und Umsetzung von Lehrkompetenz lässt sich schließen: Die
wissenschaftliche Weiterbildung hat mit der grundständigen Hochschullehre zwar
einiges gemeinsam. Die Unterschiede aber sind deutlich: (a) Die Lehrenden bringen infolge ihrer Heterogenität unterschiedliche kognitive und motivationale Voraussetzungen für die Lehre in der wissenschaftlichen Weiterbildung mit und benötigen in der Folge auch eine jeweils andere Unterstützung; (b) der Gegenstand
der wissenschaftlichen Weiterbildung bewegt sich zwischen verschiedenen Re-
ferenzsystemen mit eigenen Wissensformen, stellt daher besondere Anforderungen an die Aufbereitung und Vermittlung, was wiederum besondere didaktische
Fähigkeiten und Fertigkeiten einfordert; (c) die Lernenden sind für die Hochschulen eine vergleichsweise neue Zielgruppe, auf die sich die Organisation und
didaktische Ausgestaltung wissenschaftlicher Weiterbildungsangebote erst noch
einstellen müssen.

Förderung von Lehrkompetenz in der wissenschaftlichen Weiterbildung

Wer Lehrkompetenz in der wissenschaftlichen Weiterbildung fördern will, muss zunächst einmal eine Vorstellung davon haben, was diese bedeuten kann. Die vorangegangenen Überlegungen zu dieser Frage lassen sich wie folgt zusammenfassen: (a) Lehrkompetenz in der wissenschaftlichen Weiterbildung kann man als eine *eigenständige Expertise* verstehen, für deren Aufbau Lehrende sowohl spezielles Wissen benötigen als auch spezielle Erfahrungen sammeln (können) müssen; (b) Lehrkompetenz in der wissenschaftlichen Weiterbildung kann man über die Wissensvermittlung hinaus mit Möglichkeiten der Schaffung neuen Wissens in Verbindung bringen: Speziell in der Interaktion mit Lernenden und Wissenden aus der Praxis kann *Lehren als Wissensarbeit* auch Rückwirkungen auf die Forschung haben; (c) infolge der unterschiedlichen Ausgangslagen an Wissen und Erfahrung seitens der Lehrenden in der wissenschaftlichen Weiterbildung muss man wohl davon ausgehen, dass das *konkrete didaktische* Handeln in der geforderten Vielfalt einer besonderen individualisierten Förderung bedarf. Mit diesem (ersten) Verständnis von Lehrkompetenz in der wissenschaftlichen Weiterbildung sollen im Folgenden noch einmal ein paar Argumente für *eigene* Förderkonzepte zusammengetragen und erste Ansatzpunkte für die Entwicklung solcher Konzepte erläutert werden.

Argumente für eigene Konzepte der Lehrkompetenzförderung

Gut begründete oder gar empirische Konzepte zur Förderung der Lehrkompetenz in der wissenschaftlichen Weiterbildung gibt es bis dato kaum. In der Folge stellt sich trotz der skizzierten Unterschiede zwischen den Anforderungen an die grundständige Hochschullehre einerseits und die Lehre in der wissenschaftlichen Weiterbildung andererseits die Frage, ob man nicht doch auch klassische hochschuldidaktische Maßnahmen heranziehen könnte, um die Lehre in der wissenschaftlichen Weiterbildung zu professionalisieren. Ein solcher (Aus-)Weg aber erscheint mir aus mindestens zwei Gründen nicht optimal:

- Zum einen kämpfen klassische hochschuldidaktische Fördermaßnahmen selbst mit zahlreichen Problemen, die man folglich in die wissenschaftliche Weiterbildung mit transportieren würde (z.B. Pötschke 2004). Allem voran werden Lehrangebote zum Lehren Lernen speziell von Hochschullehrern (versus Nachwuchswissenschaftlern) eher schlecht angenommen.

Das kann daran liegen, dass das Bewusstsein für die Notwendigkeit, die Lehrkompetenz zu verbessern, gering ausgeprägt ist. Zudem gibt es immer wieder „Statusgruppenprobleme", speziell wenn wissenschaftliche Mitarbeiter in der hochschuldidaktischen Weiterbildung tätig sind. Schließlich ist der chronische Mangel an Zeit anzuführen, welcher der Verbesserung der eigenen Lehrkompetenz entgegensteht. Ob diese Probleme auch bei Lehrenden aus außeruniversitären Kontexten auftreten, kann an dieser Stelle nicht gesagt werden.

- Zum anderen berücksichtigen klassische hochschuldidaktische Fördermaßnahmen die skizzierten Besonderheiten der wissenschaftlichen Weiterbildung nicht, die sich aus dem Gegenstand, den Merkmalen und Erwartungen der Lernenden sowie der heterogenen Gruppe der Lehrenden ergeben (vgl. Dick 2010). Angebote für Lehrende außerhalb der Hochschule gibt es in der Regel gar nicht, obschon gerade diese aufgrund mangelnder Lehrerfahrung ganz besonders Unterstützung bräuchten. Aufgrund der vergleichsweise geringen Bedeutung der wissenschaftlichen Weiterbildung an deutschen Universitäten mangelt es auch an Beispielen geeigneter Inhalte und Methoden, auf die man für didaktische Angebote zur Lehrkompetenzförderung zurückgreifen könnte.

Wenn also ein einfacher Transfer hochschuldidaktischer Erkenntnisse aus Wissenschaft und Praxis auf die Förderung von Lehrkompetenz in der wissenschaftlichen Weiterbildung nicht sinnvoll erscheint, gilt es, *eigene* Konzepte zu erarbeiten bzw. dafür ein eigenes Forschungs- und Praxisfeld zu etablieren. Man kann zumindest die These wagen, dass sich dies in zweifacher Hinsicht lohnt: Ein erster Mehrwert ergibt sich schlichtweg daraus, dass die Bedeutung wissenschaftlicher Weiterbildung steigt. Ein zweiter Mehrwert besteht darin, dass positive Rückwirkungen auf die Lehrkompetenzförderung in der grundständigen Hochschullehre möglich sind, insbesondere mit Blick auf die im Bologna-Prozess geforderten berufsvorbereitenden Anteile im Studium. Zwar kann man genau diesen berufsvorbereitenden Anteilen durchaus kritisch gegenüberstehen (vgl. Reinmann 2009). Wie sinnvoll und fruchtbar die Berücksichtigung möglicher beruflicher Anforderungen für die Hochschulbildung ist, entscheiden allerdings das Verständnis und die Ausgestaltung des Praxisbezugs im Studium.

Ansatzpunkte für eigene Konzepte der Lehrkompetenzförderung

Das bisher eher geringe Interesse an der wissenschaftlichen Weiterbildung an Hochschulen hat dazu geführt, dass wir von einer konsensfähigen Definition, letztlich auch von einer tragfähigen *Idee von wissenschaftlicher Weiterbildung,* noch weit entfernt sind (vgl. Hanft / Teichler 2007). Dieser konzeptionelle Mangel hat auch Auswirkungen darauf, wie man sich die Förderung von Lehrkompetenz in der wissenschaftlichen Weiterbildung vorstellt. Ein erster Ansatzpunkt für eigene Konzepte in der Lehrkompetenzförderung besteht daher aus meiner Sicht darin, die wissenschaftliche Weiterbildung als eigenen Bildungskontext mit ihren besonderen Anforderungen sowohl in der Hochschulforschung als auch in der didaktischen Forschung explizit aufzunehmen und dort deutlich zu positionieren.

Da Lehrende in der wissenschaftlichen Weiterbildung als eigene Zielgruppe noch gar nicht richtig ins Bewusstsein getreten sind, findet man Vorschläge zu deren *Professionalisierung* nur spärlich (z.b. Jütte 2008). Während es zahlreiche Konzepte zur Koordination und institutionellen Einbettung der wissenschaftlichen Weiterbildung gibt (vgl. Wilkesmann 2010), ist völlig unklar, wie man die Förderung der Lehrenden in diesem Bereich als Experten in ihrer jeweiligen Domäne organisieren soll. Ein zweiter Ansatzpunkt für eigene Konzepte in der Lehrkompetenzförderung könnte damit die Frage nach dem Zugang zu und der konkreten Organisation von Angeboten zur Kompetenzentwicklung für Lehrende in der wissenschaftlichen Weiterbildung sein.

Die genannten Defizite führen in der Folge dazu, dass weitgehend unklar ist, welche *didaktischen Szenarien* sowohl dem Gegenstand als auch den Lernenden in der wissenschaftlichen Weiterbildung gerecht werden (z.b. Schiefner 2010). Welche Inhalte und welche Methoden sich eignen, um Lehrende auf die wissenschaftliche Weiterbildung vorzubereiten, ist offen und bedarf eigener theoretischer und empirischer Studien. Ein dritter Ansatzpunkt für eigene Konzepte in der Lehrkompetenzförderung läuft folglich darauf hinaus, bezogen auf die angestrebten Lernformen und -qualitäten geeignete Taxonomien und Heuristiken für die Lehre in der wissenschaftlichen Weiterbildung zu erarbeiten, die dann als Gegenstand in Fördermaßnahmen zum „Lehren Lernen" einfließen.

Mögliche Beiträge für eine eigene Lehrkompetenzförderung

Zur Idee der wissenschaftlichen Weiterbildung

Betrachtet man Universitäten im gesellschaftlichen Kontext, so ist die Annahme naheliegend, dass die wissenschaftliche Weiterbildung „zwischen" dem akademischen und dem praktischen Feld liegt. Die Universität bildet die Grenze für die Wissenschaft, die man *über* die wissenschaftliche Weiterbildung für gesellschaftliche Ansprüche, genauer: für berufspraktische Ansprüche, stellenweise öffnen will. Diese häufig anzutreffende Sichtweise führt meiner Einschätzung nach zu einer Auffassung von wissenschaftlicher Weiterbildung, bei der wissenschaftliche Erkenntnis als *Ergebnis* in die Gesellschaft bzw. Berufspraxis „transportiert" wird, um dort als Problemlösung genutzt zu werden. Genauso gut aber könnte man die wissenschaftliche Weiterbildung als zur Universität gehörig sehen, sodass man ein erweitertes akademisches Feld – eine Art epistemisches Feld – hätte. Diese Sichtweise würde zu einer anderen Auffassung von wissenschaftlicher Weiterbildung führen, bei der wissenschaftliche Erkenntnis als *Prozess* für Interessierte aus der Gesellschaft erfahrbar wird, um als Problemlösestrategie in der Berufspraxis genutzt zu werden. Die Gegenüberstellung dieser beiden Sichtweisen findet sich auf abstrakterer Ebene auch bei generellen Überlegungen zum Wesen der Wissenschaft. Man kann Wissenschaft als Aussagesystem auffassen ebenso wie als Tätigkeit (vgl. Posner 1988, S. 32). Man kann bei der Betrachtung von Wissenschaft den Blick auf die Institution richten, aber auch auf die Art der Wissensbildung (vgl. Mittelstraß 2010, S. 3). Geht es um den Stellenwert der Wissenschaft für Fragen der *Bildung*, findet sich in der Regel ein klares Bekenntnis für die prozessorientierte Sicht: „Nicht der Fundus überlieferbaren Wissens macht das Fundamentale der Bildung durch Wissenschaft aus, sondern das Suchen und Finden, Problematisieren und Einsehen, ‚Staunen' und Erfinden" (vgl. Huber 1993, S. 166). Versteht man wissenschaftliche Weiterbildung als eine Form der wissenschaftlichen Bildung, ist einem Verständnis von Wissenschaft als Erkenntnisprozess und Problemlösestrategie Vorrang einzuräumen. Diese Idee von wissenschaftlicher Weiterbildung muss sich dann auch in Konzepten der Professionalisierung der Lehrenden ebenso wie in didaktischen Szenarien für die Lehrkompetenzförderung wiederfinden.

Zur Professionalisierung der Lehrenden in der wissenschaftlichen Weiterbildung

Eine Idee von wissenschaftlicher Weiterbildung, die diese in die Universitäten so integriert, dass das akademische zu einem epistemischen Feld wird, bringt eine weitere Chance bzw. Herausforderung mit sich: Die seit Humboldt beschworene „Gemeinschaft von Lehrenden und Lernenden" ließe sich nun auch auf die *Lernenden* ausweiten, die *nicht* zur Gruppe der traditionell Studierenden gehören, sondern Teilnehmer der wissenschaftlichen Weiterbildung an der Universität sind. Genauso ließe sich diese Gemeinschaft um die *Lehrenden* erweitern, die nicht aus der Hochschule, sondern aus anderen Feldern kommen. Das mag auf der einen Seite „verklärt" klingen, zumal da bereits in der grundständigen Lehre infolge der Massenuniversität, aber auch im Zuge des Bologna-Prozesses gerade die Idee einer hierarchiearmen Zusammenarbeit von Lehrenden und Lernende in weite Ferne gerückt zu sein scheint. Auf der anderen Seite aber ist genau dieses Bild einer lernenden, an der Sache und Erkenntnis orientierten Gemeinschaft als Ideal für Bildungsprozesse an der Universität bzw. für eine Bildung durch Wissenschaft nach wie vor von Bedeutung (vgl. z.B. Sesink 2003) und für alle Beteiligten mit Rechten und Pflichten verbunden:

Gehören die *Teilnehmer* der wissenschaftlichen Weiterbildung zur universitären Gemeinschaft der Lehrenden und der Lernenden, müssen sie das Recht haben, ihre Sichtweise in diese Gemeinschaft einzubringen. Gleichzeitig wäre damit aber auch die Plicht verbunden, Wissenschaft nicht als bloßen Lieferanten für neue Problemlösungen zu betrachten, sondern diese als Prozess und Problemlösestrategie zu verstehen, zu erlernen und zu praktizieren. Die Lernenden müssen sich auf das epistemische Feld entsprechend einlassen.

Für die *Lehrenden* in der wissenschaftlichen Weiterbildung heißt das: Sie müssen Teilnehmer der wissenschaftlichen Weiterbildung als Partner im Prozess der „Bildung durch Wissenschaft" begreifen, die eigene Forderungen stellen, aber auch ihr Wissen und Können ebenso wie ihre Fragen und Ziele potenziell einbringen und damit neue Wissensprozesse (einschließlich Impulse für die Forschung) anstoßen können. Lehrende in der wissenschaftlichen Weiterbildung brauchen also eine ganz bestimmte *Haltung* in der Zusammenarbeit mit Teilnehmern der wissenschaftlichen Weiterbildung, und diese erachte ich als Basis für deren Professionalisierung. Der Weg zu dieser Haltung aber dürfte unterschiedlich sein, je nachdem ob es sich (a) um Hochschullehrer handelt, die selbst Forschung an der Universität betreiben, (b) um außeruniversitär Forschende oder (c) um Experten aus der Praxis, die selbst nicht forschen. Dies wiederum führt mich zu der Annahme, dass die Förderung der Lehrkompetenz in der wissenschaftlichen Weiterbildung auf ganz *verschiedene* Ausgangsvoraussetzungen der Lehrenden abgestimmt sein muss, um erfolgreich sein zu können.

Zur Entwicklung didaktischer Szenarien für die wissenschaftliche Weiterbildung

Will man konkrete didaktische Szenarien für die Förderung der Kompetenzen von Lehrenden in der wissenschaftlichen Weiterbildung erarbeiten, lassen sich meiner Einschätzung nach drei Ausgangspunkte dafür aus dem bisher Zusammengetragenen heranziehen: das Verständnis von Lehrkompetenz in der wissenschaftlichen Weiterbildung, die Merkmale der Lehrenden in der wissenschaftlichen Weiterbildung und die für die wissenschaftliche Weiterbildung geeignete bzw. angestrebte Didaktik.

Didaktische Szenarien zur Förderung von Lehrkompetenz müssen zunächst einmal berücksichtigen, was man unter Lehrkompetenz überhaut verstehen kann. In diesem Beitrag wurde vorgeschlagen, als Basis ein Verständnis von *Lehrkompetenz* heranzuziehen, das pädagogische und didaktische Kenntnisse, Fähigkeiten und Fertigkeiten zur Lehrplanung, -entwicklung und -umsetzung, Inhaltswissen zum Lehrgegenstand sowie persönliche Überzeugungen in sich vereint. Letzteres lässt sich nach dem vorangegangenen Abschnitt als eine Haltung konkretisieren, der zufolge Wissenschaft vor allem als Erkenntnisprozess bildende Kraft hat und Lehrende und Lernende als Gemeinschaft daran arbeiten, Wissen weiterzugeben und weiterzuentwickeln. Die Besonderheiten in der wissenschaftlichen Weiterbildung, so der weitergehende Vorschlag, legen nahe, Lehrkompetenz zum einen als Expertise für Gestaltungsaufgaben zu verstehen, die neben Wissen viel Erfahrung verlangt. Zum anderen lässt sich Lehrkompetenz als eine Form der Wissensarbeit sehen, bei der Wissen bezogen auf vielfältige Lernziele und -qualitäten nicht nur vermittelt wird, sondern auch neu geschaffen werden kann

Des Weiteren müssen sich didaktische Szenarien zur Förderung von Lehrkompetenz auf die *Merkmale der Lehrenden* einstellen, die in der wissenschaftlichen Weiterbildung eine Gruppe bilden, die sowohl kognitiv als auch motivational aufgrund ihrer Herkunft und Sozialisation äußerst heterogen ist. Infolge dieser Heterogenität erscheint es unwahrscheinlich, einheitliche „Schulungskonzepte" anbieten zu können, um das Ziel zu erreichen, neben didaktischem Wissen und Können im Allgemeinen die für eine wissenschaftliche Weiterbildung angemessene Haltung im Besonderen zu vermitteln bzw. deren Aufbau anzuregen und zu begleiten. Individualisierte Formen der Lehrkompetenzförderung aber laufen auf Coaching-Verfahren (vgl. z.B. Greif 2008) sowie auf Verfahren hinaus, die den Lehrenden ein situiertes Lernen und die Möglichkeit eröffnen, ihre bisherigen Erfahrungen einzubringen (vgl. Ludwig Huber in diesem Band). Da die wissenschaftliche Weiterbildung für die Lehrenden in der Regel eine nebenberufliche bzw. zusätzliche Tätigkeit ist, sind zeitliche und örtliche Beschränkungen dieser Zielgruppen ebenfalls ein wichtiger Faktor, den man bei der Gestaltung didaktischer Szenarien im Blick haben muss. Der geschickte Einsatz digitaler Medien liegt hier entsprechend besonders auf der Hand (vgl. Reinmann / Vohle 2010).

Schließlich spielt für die Entwicklung didaktischer Szenarien zur Lehrkompetenzförderung natürlich eine herausragende Rolle, wie man sich die *Didaktik der wissenschaftlichen Weiterbildung* an sich vorstellen soll (vgl. Mandy Schiefner in diesem Band). Diese wurde bisher nur indirekt über drei Aspekte thematisiert: (a) über die „Idee wissenschaftlicher Weiterbildung", die für die Didaktik zumindest einen Rahmen liefert; (b) über den Gegenstand wissenschaftlicher Weiterbildung, der den Erkenntnis- und Verwendungszweck einschließt und logischerweise mit der Idee wissenschaftlicher Weiterbildung eng verbunden ist; und (c) über die Lernenden, die mit ganz bestimmten Voraussetzungen in eine Weiterbildung kommen, und einen wesentlichen Grund dafür bilden, warum man den Gegenstand der wissenschaftlichen Weiterbildung anders konzipieren muss als den für die grundständige Lehre. Konkrete Vorstellungen und Modelle für spezifische Formen der Inhaltsaufbereitung und der Gestaltung von Methoden, die zusammen mit der Organisation der Lernprozesse die Didaktik der wissenschaftlichen Weiterbildung bilden, sind der Gestaltung didaktischer Szenarien für die Lehrkompetenzförderung gewissermaßen vorgelagert. Daher wurden diese auch als Ansatzpunkt für eigene Konzepte der Lehrkompetenzförderung genannt.

Gründe für das Herantasten an das Thema

Der vorliegende Beitrag ist Ausdruck eines Herantastens an Antworten auf die Frage, wie man die Lehrkompetenz derjenigen fördern kann, die in der wissenschaftlichen Weiterbildung tätig sind. Dagegen konnte und wollte ich (noch) keine konkreten Vorschläge dafür liefern, wie solche Förderangebote im Einzelnen beschaffen sein könnten oder sollten. Es war mir vielmehr wichtig, in einem ersten Schritt deutlich zu machen, dass es sich lohnt, die Lehrkompetenz in der wissenschaftlichen Weiterbildung als eigenes Feld in der Hochschulforschung und didaktischen Forschung zu bearbeiten. In einem zweiten Schritt habe ich versucht, einen Beitrag dazu zu leisten, die (semantische) Bedeutung von Lehrkompetenz in der wissenschaftlichen Weiterbildung zu reflektieren, weil ich hier eine Lücke in der wissenschaftlichen Literatur sehe, die sich auf alle weiteren Aktivitäten auf diesem Gebiet auswirkt. Bezogen auf die mich eigentlich interessierende Frage der Förderung von Lehrkompetenz habe ich in einem dritten Schritt allenfalls den Weg für mögliche Antworten skizziert: Ich habe versucht zu begründen, warum ich eigene Konzepte überhaupt für notwendig halte, und wo man anfangen könnte, wenn man diese Konzepte entwickeln und dann natürlich auch erproben will. Erst in einem letzten Schritt habe ich mich bemüht, erste inhaltliche Ideen zu formulieren, die man als Beiträge zu einer für die wissenschaftliche Weiterbildung spezifischen Lehrkompetenzförderung bezeichnen kann. Auch diese blieben eher allgemeiner Natur.

Man mag ein solches Vorgehen als umständlich und am Ende als wenig befriedigend empfinden – zumal wenn man sich konkrete Empfehlungen dafür erwartet hat, wie man denn nun Lehrende in der wissenschaftlichen Weiterbildung dabei helfen kann, das Lehren zu lernen. Was also bringt ein solches „Herantasten" in der Form, dass man das Thema eingrenzt, nach einer Verortung in der wissenschaftlichen Community sucht, theoretische Anker und empirische Erkenntnisse nach ihrer Eignung für die weitere Arbeit abklopft etc.? Es bringt kurzfristig womöglich Verwirrung, weil einem bei diesem Vorgehen Ziel und Inhalt eines Themas mitunter zu entgleiten drohen. Es liefert mittel- und langfristig aber eine tragfähige Legitimationsgrundlage und einen „Suchraum" für Problemlösungen. Letztlich schützt es auch vor einem schnelllebigen Aktionismus, der irgendwelche Moden, vielleicht auch ökonomische Ansprüche an die wissenschaftliche Weiterbildung bedient, und dann Gefahr läuft, an den Zielen von Wissenschaft und Bildung vorbeizugehen.

Literatur

Battaglia, S. (2010). Quo vadis, hochschuldidaktische (Hochschul)Forschung? In: Journal Hochschuldidaktik, 1, S. 28–32.

Brämer, M. / Heufers, P. (2010). Soziale Öffnung der Universität? Wissenschaftliche Weiterbildung zwischen Anspruch und Wirklichkeit. In: Berufs- und Wirtschaftspädagogik online, 19. URL: www.bwpat.de/content/ausgabe/19/bra emerheufers (Stand: April 2011).

Bromme, R. (2008). Lehrerexpertise. In: Schneider, W. / Hasselhorn, M. (Hrsg.). Handbuch der Pädagogischen Psychologie. Göttingen: Hogrefe, S. 159–167.

Dick, M. (2010). Ungenutzte Potenziale: Weiterbildung an Hochschulen als Transformation zwischen Wissenschaft und Praxis. In: Zeitschrift für Soziologie der Erziehung und Sozialisation, 1, S. 13–27.

Faulstich, P. / Graeßner, G. / Schäfer, E. (2008). Weiterbildung an Hochschulen – Daten zu Entwicklungen im Kontext des Bologna-Prozesses. In: Report, 1, S. 9–18.

Graeßner, G. / Bade-Becker, U. / Gorys, B. (2010). Weiterbildung an Hochschulen. In: Tippelt, R. / Hippel, A. von (Hrsg.). Handbuch Erwachsenenbildung/ Weiterbildung. Wiesbaden: VS Verlag für Sozialwissenschaften, S. 543–555.

Grammes, T. (2010). Vermittlungswissenschaft. Zur Verwendung sozialwissenschaftlichen Wissens am Beispiel einer Weiterbildung. In: Journal of Social Science Education, 8(2), S. 146–164.

Greif, S. (2008). Coaching und ergebnisorientierte Selbstreflexion. Göttingen: Hogrefe.

Hanft, A. (2009). Hochschulweiterbildung im internationalen Wettbewerb – Wie positionieren sich deutsche Hochschulen? In: Knust, M. / Hanft, A. (Hrsg.). Weiterbildung im Elfenbeinturm!? Münster: Waxmann, S. 17–26.

Hanft, A. / Knust, M. (2007). Zusammenfassender Vergleich der Ergebnisse der einzelnen Länderstudien. In: Hanft, A. / Knust, M. (Hrsg.). Weiterbildung und lebenslanges Lernen in Hochschulen. Eine internationale Vergleichsstudie zu Strukturen, Organisation und Angebotsformen. Münster: Waxmann, S. 37–86.

Hanft, A. / Teichler, U. (2007). Wissenschaftliche Weiterbildung im Umbruch – Zur Funktion und Organisation der Weiterbildung an Hochschulen im internationalen Vergleich. In: Hanft, A. / Knust, M. (Hrsg.). Weiterbildung und lebenslanges Lernen in Hochschulen. Eine internationale Vergleichsstudie zu Strukturen, Organisation und Angebotsformen. Münster: Waxmann, S. 23–36.

Huber, L. (1993). Bildung durch Wissenschaft – Wissenschaft durch Bildung: hochschuldidaktische Anmerkungen zu einem großen Thema. In: Bauersfeld, H. (Hrsg.). Bildung und Aufklärung: Studien zur Rationalität des Lehrens und Lernens. Münster: Waxmann, S. 163–175.

Jütte, W. (2008). Wissenschaftliche Weiterbildung im Feld erwachsenenpädagogischer Professionalität. Zwischen individueller Kompetenzentwicklung und kooperativem Innovationstransfer. In: Magazin erwachsenenbildung.at, 4, URL: www.erwachsenenbildung.at/magazin/08-4/meb08-4.pdf (Stand: April 2011).

Kuhlenkamp, D. (2005). Universitätsinterne Bedingungen für die Weiterbildung. In: Jütte, W. / Weber, K. (Hrsg.). Kontexte wissenschaftlicher Weiterbildung. Entstehung und Dynamik von Weiterbildung im universitären Raum. Münster: Waxmann, S. 81–92.

Mittelstraß, J. (2010). Wissenschaftskultur – Zur Vernunft wissenschaftlicher Institutionen (Festrede am 26. Februar 2010 anlässlich der Übergabe des Präsidentenamtes der Deutschen Akademie der Naturforscher Leopoldina – Nationale Akademie der Wissenschaften). URL: www.leopoldina.org/fileadmin/user_upload/ Rede_Mittelstrass.pdf (Stand: April 2011).

Posner, H. (1988). Ist Bildung durch Wissenschaft heute noch ein realistisches Ziel? In: Edding, F. (Hrsg.). Bildung durch Wissenschaft in neben- und nachberuflichen Studien. Berlin: Max Planck Institut für Bildungsforschung, S. 20–37.

Pötschke, M. (2004). Akzeptanz hochschuldidaktischer Weiterbildung. Ergebnisse einer empirischen Studie an der Universität Bremen. In: Das Hochschulwesen, 3, S. 94–99.

Reinmann, G. (2008). Lehren als Wissensarbeit? Persönliches Wissensmanagement mit Weblogs. In: Information, Wissenschaft & Praxis, 59(1), S. 49–57.

Reinmann, G. (2009). Wie praktisch ist die Universität? Vom situierten zum forschenden Lernen mit digitalen Medien. In: Huber, L. / Hellmer, J. / Schneider, F. (Hrsg.). Forschendes Lernen im Studium. Aktuelle Konzepte und Erfahrungen. Bielefeld: UniversitätsVerlagWebler, S. 36–52.

Reinmann, G. (2011). Studientext Didaktisches Design. München: Universität der Bundeswehr München. URL: lernen-unibw.de/sites/default/files/studientext_dd_sep10.pdf (Stand: April 2011).

Reinmann, G. (im Druck). Kompetenz – Qualität – Assessment. Hintergrundfolie für das technologiebasierte Lernen. In: Mühlhäuser, M. / Sesink, W. / Kaminski, A. (Hrsg.). Interdisziplinäre Zugänge zu technologiegestütztem Lernen. Münster: Waxmann.

Reinmann, G. / Vohle, F. (2010). Lehren lernen mit Web 2.0. In: Siepmann, F. / Müller, P. (Hrsg.). Jahrbuch E-Learning und Wissensmanagement 2011. Bildung in Zeiten von Web 2.0. Albstedt: Siepmann Media, S. 18–23.

Schauer, H. / Wolff, F. (2009). Kriterien guter Wissensarbeit. ICB- Research Report. URL: www.icb.uni-due.de/fileadmin/ICB/research/research_reports/ICB Report30.pdf (Stand: April 2011).

Schiefner, M. (2010). Didaktik universitärer Weiterbildung – Begründung eines neuen Handlungsfeldes für die Hochschuldidaktik. In: Strate, U. / Kalis, O.-O. (Hrsg.). Wissenschaftliche Weiterbildung: Zehn Jahre nach Bologna – alter Wein in neuen Schläuchen oder Paradigmenwechsel. Berlin: Deutsche Gesellschaft für Wissenschaftliche Weiterbildung, S. 143–150.

Sesink, W. (2003). Bildung durch Wissenschaft – Wissenschaft durch Bildung. In: Lengnink, K. / Prediger, S. / Siebel, F. (Hrsg.). Mathematik für Menschen. Festschrift für Rudolf Wille (Manuskript).

Simon, H. (1999). The science of artifical. Cambridge, MA: Massachusetts Institute of Technology.

Staub, F.C. (2004). Fachspezifisch-Pädagogisches Coaching: Ein Beispiel zur Entwicklung von Lehrerfortbildung und Unterrichtskompetenz als Kooperation. In: Zeitschrift für Erziehungswissenschaft, 7(3), S. 113–141.

Terhart, E. (2009). Didaktik. Eine Einführung. Stuttgart: Reclam.

Wilkesmann, U. (2010). Die vier Dilemmata der wissenschaftlichen Weiterbildung. In: Zeitschrift für Soziologie der Erziehung und Sozialisation, 1, S. 28–42.

Willke, H. (2001). Systemisches Wissensmanagement. Stuttgart: Lucius und Lucius.

DISKURSRAUM

Eine Binsenwahrheit kann herausfordern: Dass Hochschuldidaktik vom und im Diskurs lebt, ist ebenso wenig überraschend wie als Erkenntnis neu. Und doch kann man im Diskurs außer Atem geraten, weil man dabei – so die Etymologie – hin und her und auseinander läuft. Die Bedeutungsgeschichte führt zur zerstreuenden Bewegung, zu den Zickzack- und Schlangenlinien zurück. Ein *discursus* kann so auch einen Streifzug oder gar das Zappeln der Fische bezeichnen. Und so haften dem Diskurs von seinem Ursprung her eine gewisse Unruhe und die Fahrigkeit unterschiedlicher Richtungsnahmen an. Wer in einem Diskursraum unterwegs ist, tut dies offenbar nicht ganz beschaulich, sondern leicht umtriebig und in einiger Spannung. Es braucht also die richtige Raumkonstellation, das wohl gefügte Hin und Her der Argumente, damit ein Gespräch zu mehr als einem bloßen Miteinander-Reden wird. Und es wird das richtige Zeitgefühl unabdingbar sein, um einen Diskurs zu initiieren und in Gang zu halten. Insofern gibt es die Arbeit am Diskurs – und die Kunst seines Gelingens.

Für die Hochschuldidaktik wird dadurch die Ausgangslage nicht einfacher. Sie ist immer schon der Diskurs über Lehren und Lernen, aber sie muss diesen Diskurs immer aufs Neue schaffen und unterhalten. Um beim Wort zu bleiben: Als Unterhalterin hat sie für den Spaßfaktor zu sorgen und gleichzeitig Wartungsarbeiten zu verrichten. Auch das scheint im Diskurs mit einbegriffen. Angesichts so vieler und unterschiedlicher Erwartungen wird er für die Hochschuldidaktik auch zum Ort der Identitätsfindung. So, wie sie sich diskursiv ins Lehren und Lernen einmischt (es vielleicht gar *auf*mischt?), so werden ihre Existenz und ihre Existenzberechtigung sich begründen. Im Diskurs ist Hochschuldidaktik Zuträgerin im besten Sinne akademischer Dienstleistungen, sie ist aber zugleich auch zuständig für die Unterwanderung der Lehrgebräuchlichkeiten durch die Hartnäckigkeit der richtigen Fragen im angemessenen Moment. Genau das meint die (etymologische) Unruhe des Diskurses – das flink gewandte Zur-Stelle-Sein, wenn Lehren und Lernen sich verheddern oder in fragwürdiger Sicherheit wiegen.

Dadurch zeichnen sich Reflexionen über das Lehren und Lernen als hochschuldidaktische aus. Dass sie nämlich den Blick für die handfeste Problemlage mit dem Anspruch der systematisierenden Analyse zusammenbringen, wozu es Fingerspitzengefühl ebenso braucht wie die Bestimmtheit der unerwarteten Querbezüge. Wahrscheinlich ist es eine der größten Herausforderungen der Hochschuldidaktik überhaupt, mit Bedürfnissen von Dozierenden umzugehen, die hier und dort nach einem Schnellverband verlangen, das umfassende und reich durchdachte Gesundheitsförderungsprogramm jedoch nicht anzugehen wagen. Genau das aber macht den hochschuldidaktischen Diskurs aus. Es gibt darin nur selten die Möglichkeit, das System des Lehrens und Lernens (wenn ein solches denn überhaupt verfügbar wäre) in seiner Ganzheit darzustellen. Meist dreht sich das hochschuldidaktische Geschäft um einzelne Problemlagen und konkrete Handlungsoptionen – und das ist gut so. Doch funktioniert diese Nachfrageorientierung langfristig nur, wenn das für sie generierte Dienstleistungsangebot in einen Diskurskontext eingelassen ist, der den Umgang mit Einzelfragen auf die Zusammenhänge einer systematisierenden Reflexion rückverweist.

Da Hochschuldidaktik nur in begrenztem Maße als eine eigenständige Wissenschaftsdisziplin wahrgenommen (und gelebt) wird, sind ihre Diskurse – auch jene ihrer Dienstleistungen – kaum an standardisierte Formen gebunden. Sie sind oftmals verzettelt und meist ungenügend dokumentiert. Selbstverständlich ist dies eine Mangelerscheinung. Zugleich ist die Ungebundenheit der Formen aber auch das Kapital der Hochschuldidaktik. Wenn die Diskurse, in denen sich die Vielheit von Aspekten des Lehrens und Lernens niederschlägt, kaum vereinbar und unübersichtlich sind, dann ist es die Aufgabe der Hochschuldidaktik, gemeinsame Spuren und Leitlinien aufzuspüren und verfügbar zu machen. Das eigentliche Aktionsfeld der Hochschuldidaktik in den Diskursräumen der Hochschullehre geht dann über den Rat und die Tat an der nachgefragten Dienstleistung hinaus. Hochschuldidaktik hat die verschiedenen Diskurse zu pflegen und miteinander in ein Netzwerk der Reflexion zu verknüpfen. Sie hat die Dozierenden untereinander, die Forschenden mit den Lehrenden, die Studiengangsverantwortlichen mit den Hütern der Bolognaimplementation, aber auch die Lehre mit der Expertise des Lehrens und Lernens ins reflexive Gespräch zu bringen. Und sie wird sich darum bemühen, zwischen Forschen und Lehren wissenstheoretisch das Verhältnis von allgemeiner Didaktik und Fachdidaktik zu klären, um dem disziplinären Zugang zur wissenschaftlichen Erkenntnis gerecht zu werden. Schließlich wird sie die Anschlussfähigkeit der praktischen Hochschuldidaktik an den Fachdiskurs ihrer Referenzdisziplinen aufrechterhalten, damit ihre eigene Professionalisierung den Gesetzmäßigkeiten der akademischen Qualifizierung nicht entgegen läuft.

Koni Osterwalder[1] im Gespräch

Hochschuldidaktik im Diskurs- und Handlungsraum

Hochschuldidaktik bewegt sich zwischen Reflexion und Rezepten. Sie ist mit sich selbst und mit Dozierenden im Gespräch – und will die Handlungskompetenz der Lehrenden ebenso wie jene der Lernenden erweitern. Vom Diskurs zum Handeln ist aber gelegentlich eher ein Spagat als ein trittfester Umsetzungsschritt nötig, der die Differenzen zwischen allgemein- und fachdidaktischen Denk- und Handlungsmustern zu überbrücken vermag. Im folgenden Beitrag geht es um Hochschuldidaktik im Diskurs- und Handlungsraum der „Lehrentwicklung und -technologie (LET)" am Beispiel der Eidgenössischen Technischen Hochschule (ETH) Zürich.

Hochschuldidaktik zielt darauf ab, Diskursräume zu schaffen. Es ist aber nicht immer ganz einfach, einen Diskursraum zu eröffnen, der hält, was das Schlagwort verspricht. Wie wichtig ist Ihnen das Konzept „Diskursraum"?

Um den Diskursraum in seiner Bedeutung angemessen zu verstehen und zu nutzen, sollte man ihm vielleicht den Handlungsraum gegenüberstellen. Ich persönlich denke als hochschuldidaktischer Quereinsteiger stark von der Handlung her. Im Austausch mit hochschuldidaktischen Institutionen lerne ich, Hochschuldidaktik als Diskurs wahrzunehmen. Um in der Hochschuldidaktik etwas erreichen zu können, braucht es ein Gleichgewicht zwischen Diskurs- und Handlungsraum. Dies bedeutet aber auch, dass es Zeiten der Reflexion, des Diskurses gibt, denen dann aber auch wieder Zeiten folgen, in welchen das Handeln im Vordergrund steht. Im Diskurs allein ereignet sich wenig, aber ebenso bewirkt Handeln allein kaum etwas. Handeln und Diskurs müssen sich gegenseitig antreiben.

---

1   Das Gespräch führte Balthasar Eugster.

.

**Wie gestalten Sie konkret diese Balance innerhalb Ihrer hochschuldidakti-
schen Organisation? Schaffen Sie explizit Raum und Zeit für den Diskurs?
Oder versuchen Sie, die Grenzziehungen zwischen Diskurs- und Handlungsraum nach außen möglichst wenig sichtbar zu machen?**

Mein Bewusstsein wächst, aktiv entsprechende Räume zu schaffen. So versuchen
wir in unserem Team, Orte zu finden, an welchen wir als Organisation lernen. Innerhalb unseres Bereichs gelingt dies dank der Gestaltungsmöglichkeiten relativ
gut. Ebenfalls gelingt es mit benachbarten Institutionen. Es gelingt aber noch zu
wenig mit den Entscheidungsträgern in unserer Gesamtinstitution: Der Diskurs
über Lehren und Lernen innerhalb der ETH Zürich ist noch nicht genügend intensiv. Es müsste dabei sowohl um einen grundsätzlichen Austausch wie auch um
die Herbeiführung konkreter Entscheidungen zur Weiterentwicklung der Lehre
gehen.

**Wie viel Diskurs hat im Rahmen konkreter hochschuldidaktischer Weiter-
bildungsangebote Platz? Und wie gelingt es in der hochschuldidaktischen
Weiterbildung, den Diskurs in den Handlungsraum der Dozierenden hin-
überzuführen?**

Dies ist eine der Schlüsselfragen. Wenn sich Weiterbildungs- und Beratungsan-
gebote nur am Handlungsraum ausrichten würden, wäre ihre Nachhaltigkeit wohl
nur sehr gering. Es braucht einen Diskurs, in dem sich die Teilnehmenden fundie-
ren, reflektieren und sich daraus weiterentwickeln können. Ist dieser nicht vorhanden, greifen Handlungen zu kurz und werden, weil sie nicht adäquat eingebettet
sind, auch angreifbar. Aber eben: bloßer Diskurs führt auch nicht zu angemesse-
nem Handeln.

**An die Hochschuldidaktik wird immer wieder das Bedürfnis nach rezept-
artigen Handlungsanweisungen und Hilfestellungen herangetragen. Ist das
Befolgen von solchen didaktischen Rezepten eigentlich schon Handeln im
Sinne des von Ihnen geforderten Handlungsraumes?**

Rezepte haben vor allem für Neueinsteiger eine wichtige Bedeutung, indem sie
zu einer sicheren Position in der Lehre beitragen. Wenn man als Frischling neu
mit Lehraufgaben konfrontiert wird, braucht es Orientierungspunkte. Anhand von
Rezepten oder sehr konkreten Hilfestellungen ist es einfacher, sich selber als fä-

hig wahrzunehmen und sich zuzutrauen, eine bestimmte Situation erfolgreich zu meistern. Insofern kann man Rezepte sehr wohl dem eigentlichen hochschuldidaktischen Handeln zuordnen. Aber diese Funktion von Rezepten hat enge Grenzen. Irgendwann muss man sich mit weiterführenden Fragen auseinandersetzen. Lehrende müssen sich dabei etwa klar werden, wie sie auftreten wollen, in welche Beziehungen sie mit den anderen Beteiligten in der Lehre treten möchten. Solche Fragen benötigen einen vertieften Diskurs, also auch einen eigenen Diskursraum.

Mit dem Stichwort „Diskursraum" klingt auch die Nähe hochschuldidaktischer Fragen zum Fachdiskurs der einzelnen wissenschaftlichen Disziplinen an. Und damit stellt sich auch die Frage, in welchem Verhältnis die allgemeine Hochschuldidaktik zu den Fachdidaktiken steht.

Ich glaube, dass wir diesbezüglich vor einer großen Entwicklung stehen. Es ist zu hoffen, dass auch in der Hochschuldidaktik eine fachdidaktische Sicht einfließt. An einer universitären Hochschule wie der ETH Zürich gibt es in den Disziplinen – im Unterschied zu früher – sehr viel mehr fachdidaktisches Wissen. Und so stellt sich beinahe automatisch die Frage, wie eine zentrale hochschuldidaktische Einrichtung zu diesem Knowhow in den Disziplinen positioniert ist. Es ist unabdingbar, dass eine starke fachliche Sichtweise in den hochschuldidaktischen Diskurs einfließt. Das heißt aber auch, dass die allgemeine Hochschuldidaktik irgendwann an eine Grenze stößt. Dann nämlich, wenn in der Beratung Problemstellungen mit einer ausgeprägten Fachsituierung auftreten. Im Alltag sind wir aber meist noch nicht an diesem Punkt. Ich kann also sehr wohl auch Dozierende aus einer Disziplin beraten, zu welcher ich nur einen eingeschränkten Fachbezug habe. Fruchtbar wird eine Konstellation, die aus einer Mischung von fachdidaktischer Expertise (durchaus mit einem Flair für allgemeine didaktische Überlegungen) und einer stärker lernpsychologisch beziehungsweise erziehungswissenschaftlich ausgerichteten Fachkompetenz besteht.

Ein gutes Mischverhältnis setzt eine genügende Differenzierung zwischen fachdidaktischen und allgemeindidaktischen Aspekten voraus. Kann man diese Unterscheidung überhaupt angemessen vornehmen?

Es scheint mir diesbezüglich eine gewisse Entwicklung beobachtbar zu sein. Früher war es eher so, dass die allgemeine Didaktik Methoden und Techniken zur Verfügung gestellt hat, die von der Fachdidaktik angewendet wurden. Im Vergleich dazu stehen heute die Fachkonzepte und ihre Entwicklung stärker im Vordergrund – und damit auch die Frage, wie man Konzeptwechsel initiiert. Eine so verstandene Fachdidaktik ist wirklich nahe am Fach. Es geht dann nicht mehr so sehr darum, wie man didaktische Methoden – zum Beispiel den guten Unterrichtseinstieg – in ein Fach überträgt. In der aktuellen Fachdidaktik geht man von sehr spezifischen fachlichen Fragen aus, in der Biologie zum Beispiel von der Frage, wie sich Pflanzen ernähren. Dazu versucht man dann, entsprechende Modellierungen vorzunehmen. Natürlich ist es in der konkreten Lehrpraxis auch wichtig, einen guten Unterrichtseinstieg zu realisieren. Aber der Kern der didaktischen Aufgabe hat mit dem fachlichen Verständnisproblem zu tun, also beispielsweise mit der Herausforderung, dass man eine Zelle von Auge nicht sehen kann, aber auf dieser Grundlage Wachstum erklären muss.

Wie nehmen Dozierende in hochschuldidaktischen Weiterbildungen diese Unterschiede wahr – Insbesondere, wenn in einem Kurs Teilnehmende aus den unterschiedlichsten Fachgebieten zusammenkommen?

Wenn es in fachlich durchmischten Kursen gelingt, einen Diskurs aus dem Vergleich unterschiedlicher Fachkulturen aufzubauen, dann führt dies zu einer wirksamen Selbstreflexion und wird als solche auch bewusst wahrgenommen. Dies kann auch eine gewisse Loslösung aus der eigenen Fachverhaftung bewirken. Daher wäre es wünschenswert, wenn Dozierende sowohl fachlich durchmischte wie auch fachspezifische Weiterbildungsangebote nachfragen und besuchen würden. Es braucht die spezifische Reflexion, wie ein bestimmtes Fach unterricht wird. Es braucht aber auch die Spiegelung durch andere Blickrichtungen.

Wenn es um das richtige Mischungsverhältnis geht: Sollten dann die hochschuldidaktischen Einrichtungen eher zentral für alle Fächer gemeinsam oder eher fachspezifisch, etwa als Zentren für fachgleiche Institute mehrer Hochschulen, organisiert sein?

Ich frage mich vor allem, welches die Rollenteilung der verschiedenen Bereiche ist, die an Hochschulen didaktisch tätig sind. Es braucht sicherlich eine Art zentrale Sicht. Welches genau die Position einer zentralen Einrichtung ist, muss aber sorgfältig geklärt werden. Auf jeden Fall muss eine solche zentrale Einheit für die

Gesamtinstitution die entsprechende Expertise zur Verfügung stellen, die nicht mehr fachlich angebunden sein darf. Es geht dann um die Sicht einer Hochschule als ganzer, zum Beispiel auch bei Qualitäts- und Strategiefragen.

Jemand, der in der Lehre neu beginnt, braucht zunächst Unterstützung, die eher allgemeiner Art ist. Nachher wächst diese Person wohl zusehends in spezifischere fachdidaktische Problemstellungen hinein und sucht dann auch stärker den Austausch mit erfahrenen Personen aus seinem Fach – und benötigt dann auch andere Angebotsstrukturen. Übernimmt diese Lehrperson später Verantwortung auf Ebene Studiengang oder Fach, ist sie wiederum auf zentrale Einheiten angewiesen.

Von Lehrenden fordern wir ein gehöriges Maß an Reflexion der Hochschullehre. Vor dem Hintergrund des Zusammenspiels von allgemeiner Didaktik und Fachdidaktik muss man vielleicht auch kritisch nachfragen, ob es dazu in den Disziplinen genügend Reflexion auf das fachliche Tun und somit auf die Forschung gibt. Bietet die Fachdidaktik auch die Chance, die Reflexion auf Lehre und die Reflexion auf Forschung näher zusammenzuführen?

Ich blicke diesbezüglich mit Spannung auf die fachdidaktische Vertiefung mit pädagogischem Fokus, die im Rahmen der didaktischen Ausbildung als Gefäß eingerichtet wurde. Darin werden unter anderem aktuelle wie auch historische Forschungen vor dem Hintergrund reflektiert, wie mit neuen Konzepten beziehungsweise mit Konzeptwechseln oder gar mit auftretenden Widersprüchen umgegangen wird. Und vor allem kann dann auch untersucht werden, was aus solchen Reflexionen für die Lehre abgeleitet werden kann. Forschende mit viel eigener Erfahrung haben diesen Reflexionshintergrund oft relativ gut internalisiert. Novizen müssen solche Reflexionsprozesse aber noch sehr bewusst durchschreiten, um die Bedeutung des Forschungshintergrunds für die Lehre nutzen zu können.

Inwieweit sollte in hochschuldidaktischen Aus- und Weiterbildungen eine fachwissenschaftliche Reflexion auf lehr-lern-theoretische Fragestellungen integriert werden – zum Beispiele aufgrund der Lektüre einschlägiger Papers?

Solange das Handeln in der Lehrpraxis das Ziel ist, kann es durchaus sinnvoll sein, in hochschuldidaktischen Angeboten ausgewählte Texte aus der Lehr-Lern-Forschung zu behandeln. Problematisch könnte es sein, wenn Dozierende an sich selber den Anspruch hätten, so an diese Texte herangehen zu müssen, wie dies

Expertinnen und Experten aus der Lehr-Lern-Forschung tun würden. Die Handlungspraxis muss den Kontext und die Zielgröße für eine solche Auseinandersetzung bilden.

So möchte ich auch nicht um jeden Preis eine Verwissenschaftlichung der Hochschuldidaktik anstreben. Ich bin mir nicht so sicher, ob und wie eine Verwissenschaftlichung wirklich der Sache dienen kann. Und genau dieser Nutzen, also die Verbesserung der Lehre an den Hochschulen, ist das Kriterium, an welchem sich die Hochschuldidaktik ausrichten muss. Natürlich braucht es für die Anerkennung und das „Standing" der Hochschuldidaktik eine Professionalisierung. Der Nutzen liegt aber nicht unbedingt in der Akademisierung, sondern in der Beharrlichkeit als Disziplin, die sich wissenschaftlich mit Lehren und Lernen auseinandersetzt, aber immer auch belegt, wie sie die wissenschaftlichen Erkenntnisse nutzbar machen kann. Dabei spielen auch die wissenschaftlichen Laien eine sehr wichtige Rolle, die ihr Wissen und ihre Erfahrung zur Verfügung stellen. Diese Ausgangs- und Problemlage zeigt sich noch viel deutlicher in der E-Learning-Community, die sehr heterogen zusammengesetzt ist. In einer solchen Gemeinschaft ist sehr genau darauf zu achten, dass der Dialog nicht beliebig wird.

A propos „E-Learning": Welches Potenzial liegt im Nebeneinander von allgemeinen hochschuldidaktischen Diskursen und dem Diskurs rund um die neuen Lehr- und Lerntechnologien?

Das Potenzial liegt im unbelasteten, kreativen und spielerischen Umgang mit den neuen Technologien. Und es liegt auch in der damit verbundenen Lust, Innovationen anzudenken. Es ist schade, wenn dieser Dynamik die Relevanz abgesprochen wird. Andererseits hängen die grundlegenden Fragen zur Lehre nicht davon ab, ob man mehr oder weniger Technologien einsetzt. Ich stelle mich auf den Standpunkt, dass die angesprochene Zweiteilung ein Zeitphänomen ist. Die Durchdringung der Lehre mit neuen Technologien nimmt zu und hält damit Einzug in die normale didaktische Handlungspraxis.

Geri Thomann[1] im Gespräch

Hochschuldidaktik ist immer auch Personal- und Organisationsentwicklung

Das Zentrum für Hochschuldidaktik und Erwachsenenbildung (ZHE) der Pädagogischen Hochschule Zürich (PHZH) setzt auf eine Doppelstrategie: Ein großer Teil der Ressourcen ist für die Beratung, Begleitung und Weiterbildung von externen Bildungsorganisationen und ihren Dozierenden vorgesehen. Diese Aufträge stehen im Dialog mit den internen Aufgaben: d.h. mit den externen und internen Auftraggebern findet ein Austausch über die Ziele und Strategien der Angebote statt. Damit ist Hochschuldidaktik immer auch Personal- und Organisationsentwicklung.

Welches ist aus Ihrer Sicht der wichtigste Referenzpunkt für einen hochschuldidaktischen Austausch?

Für mich ist ein etwas ungewöhnlicher Referenzpunkt zentral: nämlich die innerorganisationale Situierung der Hochschuldidaktik und damit die Frage nach dem Wert, der hochschuldidaktischen Ressourcen – seien es externe oder interne – in einer Hochschule zugesprochen wird. Das steht auch im Zusammenhang mit der Situierung der Lehre insgesamt innerhalb einer Hochschule. Die Hochschule misst beim Zurverfügungstellen von Ressourcen damit auch der Qualität von Lehre, der Personalqualifizierung und dem „Output" ein Gewicht zu. Das ist für mich zentral. Es geht mir nicht nur um einen Austausch über Hochschuldidaktik, sondern um einen Austausch über die Situierung der Hochschuldidaktik innerhalb der Hochschule. Eigentlich geht es somit um Hochschulentwicklung, welche das Lernen von Studierenden, deren Output und damit die Lehre als wichtigen Faktor für hohe Qualität von beruflichem Handeln oder von Forschung ins Zentrum rückt. Was mir spontan weniger schnell in den Sinn kommt, ist die Hochschuldidaktik als „Sicherheitsproduktion" für Dozierende – natürlich stellt sich schon die Frage: Wie bieten wir Sicherheit? Wie führt man in die Dozierendentätigkeit ein? Wie kann man Lehrende bei Schwierigkeiten unterstützen? Solche Fragen sind für mich auch wichtig, aber sie sind nicht der zentralste Referenzpunkt.

---

1   Das Gespräch führte Markus Weil.

Gibt es Beispiele für Austausch und für Diskursräume in dieser Hochschulentwicklung?

Wir (ZHE) unterscheiden uns etwas von den anderen Playern im Zürcher Raum, indem wir vor allem externe Dienstleistungen anbieten. Über 80 Prozent unserer Ressourcen verwenden wir für das Beraten, Begleiten und Schulen von diversen Fachhochschulen und weiteren Bildungsorganisationen im Tertiärbereich der Deutschschweiz und ihren Dozierenden. Knapp 20 Prozent setzen wir intern (PH Zürich) ein. Dies benötigt eine Doppelstrategie. Externe kontaktieren uns und präsentieren eine Frage oder ein Problem, da muss man sich zuerst einmal in die Situation der anfragenden Hochschule hineinversetzen. Das Ergebnis ist offen. Es kann in eine Weiterbildung, eine Beratung von Dozierenden, eine Führungsberatung, oder aber in eine Curriculumsentwicklung münden. Vielleicht schickt uns die Hochschule ihre Dozierenden in eine Weiterbildung oder wir werden dort aktiv. Man muss sich in die innerorganisationale Denkweise hineinversetzen und dann entsprechende Maßnahmen entwickeln. Dies benötigt eine Form von Anschlussfähigkeit, welche zu einem professionellen Diskurs in einer Kundenbeziehung führt. Die einzelne Hochschule entwickelt im Kontakt mit uns (oder anderen Anbietern) ihr Konzept. Intern ist das zum Teil ähnlich, zum Teil völlig anders: Ich muss da innerorganisational Abklärungen treffen und wissen, ob die Maßnahmen von der Führung getragen werden. Wir müssen auch intern Werbung machen, Kontakte ermöglichen. Die interne Rolle ist jedoch eine heiklere, da die Hochschuldidaktik als Qualifikationsinstrument oder als verlängerter Arm der Führung verstanden werden kann – was durchaus verständlich ist.

Wir versuchen, die externen und internen „Märkte" in einen Austausch zu bringen: PH-Dozierende treffen in Weiterbildungen auf Hochschuldozierende aller Gattungen. Wir bieten auch ein sogenanntes Quartalsforum an, anlässlich dessen sich Externe und Interne zum Austausch zu ungewöhnlichen Themen treffen. Dieser Aspekt des doppelten Adressatenkreises ist für uns zentral. Den Austausch mit den verschiedenen Auftraggebern erachte ich als ebenso wichtig, wie den Austausch zwischen diesen.

Hier zeigen sich also einige Besonderheiten, wie sie sich an Ihrem Zentrum der PHZH ausmachen lassen. Gibt es aus Ihrer Sicht Schnittstellen zu anderen Bereichen wie Berufsbildung, Weiterbildung, Lehrerbildung? Welche dieser Schnittpunkte sind für Sie als Leiter einer hochschuldidaktischen Einrichtung besonders wichtig?

Mit der Berufsbildung stehe ich in regem Kontakt, wobei sie nicht zur Hochschuldidaktik im engeren Sinne gehört, die Weiterbildung von Berufsfachschulen ist jedoch Teil unseres Zentrums. Bei den erwähnten Foren kommen interessanterweise oftmals Lehrpersonen aus Berufsfachschulen als Gäste hinzu. Es gibt dort offensichtlich eine Analogie zu Fachhochschuldozierenden. In diesem Zusammenhang interessant ist die Diskussion, welche zum Beispiel durch die Konferenz der Fachhochschulen (KFH) um die Qualität der Lehre bei den Fachhochschulen lanciert wurde (Stichwort: Didaktische Minimalanforderungen). Fachhochschuldozierende und Berufsfachschullehrpersonen kennen beide das Phänomen, dass sich Fachpersonen aus der Berufswelt für die Ausbildungstätigkeit didaktisch weiterbilden sollen. Selbstverständlich sind da auch beträchtliche Unterschiede, z.B. dass man in der Berufsbildung mehr mit Jugendlichen zu tun hat und in Fachhochschulen die Studierenden mehr Allgemeinbildung mitbringen.

Auch zu Themen aus der nachqualifizierenden oder funktionserweiternden Weiterbildung kann ich Analogien sehen, da es sich beim hochschuldidaktischen Angebot teilweise ebenfalls um Weiterbildung von Dozierenden an Fachhochschulen handelt. Fragen der theoriegeleiteten Praxisorientierung sowie Fragen der Äquivalenzanerkennung von Vorleistungen kennzeichnen einige der Parallelen. Die Hochschuldidaktik an Pädagogischen Hochschulen dünkt mich ein Sonderfall, weil dauernd die Gefahr besteht, im Sinne des „Doppeldeckerprinzips" der Spiegelung der Volksschuldidaktik zu erliegen. Hier müssen wir neue Konzepte entwickeln

Sie haben die Stichworte Personalentwicklung und Organisationsentwicklung genannt. Das sind Begriffe, die wir eher aus der Ökonomie kennen. Sehen Sie denn auch Schnittpunkte der Hochschuldidaktik zu Bereichen, die nicht primär bildungsspezifisch sind?

Ich verbinde die Hochschuldidaktik stark mit beidem, weil ich finde, dass Weiterbildung nur im Rahmen einer Strategie positioniert sein kann. Zentrale Fragen sind hierbei, wie sie in einer Organisation positioniert ist, wie Kompetenzentwicklung stattfinden soll, was die Qualität des Handelns des „Lehr-Personals" ist. Hochschuldidaktische Weiterbildung ist in diesem Sinne immer auch Personalentwicklung. Hier ist nicht einfach eine Alibidienstleistung oder pure Sicherheitsproduktion für Dozierende auf freiwilliger Basis gemeint. Es stellen sich elementare Fragen: Welches sind die Standards in der Lehre? Wie definiert der Auftraggeber Lehre? Wie versteht eine Hochschule „Lernen"? Wie pflegt sie so was wie eine Lernkultur, wie baut sie diese auf? Wenn wir als Hochschuldidaktiker hier Unterstützung bei der Beantwortung von solchen Fragen bieten könnten, ist das eine spannende Sache – zwischen Bildungsverständnis und Organisationsentwicklung.

Bleiben wir beim Thema Austausch und Referenzpunkte: Wie beurteilen Sie diesbezüglich die Zürcher Hochschuldidaktikszene?

Auf dem Zürcher Platz gibt es mit den vielen Hochschulen und dem sonstigen Tertiärbereich eine Ballung von Kompetenz. Ich denke, es wäre eine Chance, diese Kompetenz mal zu bündeln, beispielsweise bei einem gemeinsamen Auftritt. Spannend finde ich bei den Fachhochschulen, dass sie sich in Sachen Hochschuldidaktik interne Kompetenzen aufbauen, jedoch auch externe zur Unterstützung organisieren. Dieser Umstand ist für uns sehr interessant, es geht da nicht um Konkurrenz. Aus meiner Sicht steigt nämlich die Sensibilisierung in puncto Hochschuldidaktik bei den Fachhochschulen. Ich könnte mir vorstellen, dass eine professionelle Zukunft so aussieht, dass neben hochschulinternen (fach-)didaktischen Stellen gleichzeitig ein gutes externes Angebot wichtig ist, welches das interne ergänzen oder sogar organisieren kann. Gemeinsam entscheidet man, wer da was übernimmt. So kann nicht nur hochschuldidaktisches Know-how intern aufgebaut, sondern auch eine interne Kulturbildung gewährleistet werden und eine Art „Kulturdistanz" im Dialog mit externen Anbietern aufrechterhalten werden.

Wie sollte es mit der Hochschuldidaktik in Zukunft weitergehen? Welche Rolle spielt ein möglicher „Diskursraum" dabei?

Ich denke, die Kombination aus interner und externer Expertise wäre ein Zukunftsmodell. Wichtig ist, dass es auch in der hochschuldidaktischen Community eine Diskussion gibt. Diese hochschuldidaktische Community könnte dann proaktiv Entwicklungen in die Wege leiten. Da wäre zum Beispiel die Diskussion um Standards. Wir haben diese Diskussion jetzt ZHE-intern mit fünf kommentierten Leitsätzen lanciert – geknüpft an die Frage, was ein guter Dozent/eine gute Dozentin ist. Wir möchten unsere Angebote an diesen Leitsätzen messen und gleichzeitig Hochschulen dazu anregen, Diskussionen über die Qualität von Lehre zu führen. Solche Anregungen dürfen ruhig von der Hochschuldidaktik-Community kommen.

Sie haben ein Buch geschrieben zum Thema „Produktives Scheitern". Wie sieht das mit dem Scheitern einer hochschuldidaktischen Community aus?

Das produktive Scheitern ist für mich unter anderem auch ein möglicher didaktischer Zugang. Wenn etwas nicht gelingt, ist es immer interessant, wenn das Misslingen nicht dekonstruiert, sondern Aufmerksamkeit durch einen Akkomodationsprozess oder einen inneren Konflikt geschaffen wird. Für Beratung und Organisationsentwicklung motiviert ein solcher Zugang. Das ist aber nur möglich, wenn das vorliegende Problem nicht mit Scham besetzt ist. Dozierende scheitern ja eigentlich ununterbrochen – an ihren oder anderen Ansprüchen, an sich verändernden Realitäten etc. Wenn Phänomene des alltäglichen Scheiterns beleuchtet werden können, kann ich mir vorstellen, dass die hochschuldidaktische Community Szenarien und Vorgehensweisen entwickelt, mittels welcher solche Misslingenserfahrungen analysiert werden können. Dies kann sich entlastend auswirken und zu neuen Perspektiven führen.

Nochmals zurück zum Anfangsthema. Würden Sie sagen Hochschuldidaktik hat eine Funktion über eine Dienstleistung hinaus?

Ich denke, ein hochschuldidaktisches Weiterbildungsangebot kann und soll durchaus als Dienstleistung wahrgenommen werden können. Da muss man vorerst nicht von Kulturbildung reden, sonst tönt das unglaublich überrissen. Wenn jemand einen Kompetenzerweiterung im Kontext von Hochschullehre beansprucht, sollte der Support oder der Zugang dazu schnell und unkompliziert ein sowie als hilfreich erlebt werden können.

Gerade das jedoch ist auch ein Kulturelement. In diesem Sinne ist jeder Kontakt zu einem internen oder externen Kunden kulturbildend. Es kommt da darauf an, ob die interne hochschuldidaktische Kultur der gängigen internen Organisationskultur entspricht – da sind wir wieder bei der Frage nach der internen Situierung. Die Art dieser Kontakte würde ich in einem hochschuldidaktischen Diskurs gerne mal gemeinsam anschauen: Wer sind die Kunden? Sind es die Studierenden oder die Dozierenden? Sind die Auftraggeber gleichzeitig die Kunden? Oder existiert da ein Dreieck Auftraggeber – „Klient" – Berater. Was bedeutet Support? Und so weiter. Der Diskurs müsste innerorganisational erfolgen, aber auch in der Community der Hochschuldidaktik. Da könnte ich mir auch große Unterschiede vorstellen – zum Beispiel bei der Frage nach Autonomie und Abhängigkeit von internen Fachstellen. Diesen Diskurs fände ich intern und organisationsübergreifend sehr interessant und bereichernd für eine Hochschuldidaktik, welche sich auch als Hochschulentwicklung versteht.

Michel Comte

Die universitäre Didaktik als Diskurspartnerin und -fazilitatorin: Stärkung durch konsequentere Forschungsbasierung? Impressionen „von der Baustelle", zwei Thesen und ein Plädoyer

Ansprüche an hochschuldidaktische Einrichtungen können vielfältig sein. Ausgehend vom Beispiel der Universität Luzern wird mit der Diskursfunktion ein prominenter Aspekt thematisiert. Herausforderungen, die sich bei der Erfüllung dieser Funktion stellen, führen zur Frage nach der Bedeutung der Erforschung universitärer Lehre. Es wird argumentiert, dass der systematischen Erforschung der Lehre an der Universität mehr Bedeutung zugemessen werden sollte.

„Gute Lehre" und ein Wunschzettel zu Händen der Hochschuldidaktik

Lehre ist neben Forschung eine der beiden zentralen Aufgaben einer Universität. Zwar gibt es ohne Forschung keine universitäre Lehre, ohne Lehre gibt es aber auch keine neuen Wissenschaftlerinnen und Wissenschaftler. „Gute Lehre" sollte demnach ein Kernanliegen einer Universität sein.

An der Universität Luzern initiierte die Lehrkommission im Jahr 2007 einen Prozess zur Weiterentwicklung der Lehr-/Lernkultur mit dem Ziel, „gute Lehre" zu definieren und entsprechende Leitsätze zu Händen der Lehrenden zu entwickeln. Dieser Prozess ist „dialogisch" organisiert, da der Einbezug möglichst aller Stakeholder der Lehre an der Universität realisiert werden sollte. Neben dem Einbezug der Fakultäten, der Fachschaften und des Mittelbaus war klar, dass „die Hochschuldidaktik" den Prozess begleiten solle. In verschiedenen Phasen des Prozesses waren hochschuldidaktische Expertinnen und Experten aus dem In- und Ausland eingeladen, um eine ausgewogene fachliche Beratung zu gewährleisten. Ein erster Diskursraum zur Lehre war damit geöffnet.

Als Resultat der Befragungen im Rahmen des Prozesses „gute Lehre" wurden Erwartungen an die hochschuldidaktische Weiterbildung und „die Hochschuldidaktik" im Allgemeinen sichtbar: Neben den Dimensionen Personalentwicklung (Lehrende dabei unterstützen, sich möglichst eigenständig weiterentwickeln zu können) und Qualitätssicherung (Mindeststandards für die Lehre setzen) trat der damit verknüpfte Wunsch hervor, einen universitätsweiten Diskurs über Lehre und Lehr-/Lernkultur zu etablieren, an dem sich im Idealfall alle Stakeholder aktiv beteiligen.

Diskurs: Ziel und Probleme

Was kann mit der damit angesprochenen Diskursfunktion der Hochschuldidaktik gemeint sein? Die Thematisierung von Lehre, die an der Universität „naturgemäß" zwischen ihren Angehörigen stattfindet, soll erleichtert, kanalisiert, verstetigt, „sicht- und nutzbar" gemacht, unter Umständen systematisiert werden. Dies zu leisten, ist ein Auftrag an die Hochschuldidaktik.

Lehrende tatsächlich zu einer Beteiligung in einem universitätsweiten Rahmen zu motivieren, ist schwierig. Diskutiert wird an der Universität über Lehre sehr wohl; vor allem in Fakultätsversammlungen, was sehr wichtig und begrüßenswert ist – indes geschieht dies aus Sicht der Gesamtuniversität fast immer in fragmentierten Gruppen und selten mit Begleitung von hochschuldidaktischen Expertinnen oder Experten. Der gesamtuniversitäre Diskurs wird nicht gesucht, oder zumindest wird der von „der Hochschuldidaktik" gebotene Rahmen von den Lehrenden selten als relevanter Ort wahrgenommen. Gründe für das geringe Interesse können leicht gefunden werden:
- Die Zeitressourcen jener, die sich gesamtuniversitär austauschen sollen, sind äußerst knapp.
- Im Zweifelsfall wird verfügbare Zeit für die Behandlung fachspezifischer Themen verwendet, die meist als interessanter und bedeutungsvoller gesehen werden als Fragen rund um die Lehre.
- Die Identifikation von Fakultätsmitgliedern mit der Gesamtuniversität ist keine Selbstverständlichkeit.

Allerdings muss auch selbstkritisch gefragt werden:
- Werden (z.b. für Kolloquien) relevante Themen ausgesucht?
- Werden die richtigen Termine gewählt?
- Ist die Kommunikation adressatengerecht?

Meist zeigt der Nachwuchs (die Assistierenden) mehr Interesse an Lehrthemen, da er in der Regel innovationsfreudiger und zeitlich noch etwas weniger belastet ist. Ein Grund hierfür mag aber auch sein, dass für jüngere Wissenschaftlerinnen und Wissenschaftler inzwischen der Druck zunimmt, Nachweis über die Lehrbefähigung führen zu können (vgl. Hochschuldidaktik UZH 2011, S. 38). So finden sie sich öfter in formellen Weiterbildungs- und verwandten Formaten wieder als „gestandene" Dozierende.

Mutmaßliches „Handicap" der Hochschuldidaktik im universitären Rahmen

Ich möchte hier aber noch einen anderen Gedanken verfolgen: Was, wenn ein Grund für die schwierige Erreichbarkeit der Lehrenden der wäre, dass die Expertise „der Hochschuldidaktik" im Allgemeinen seitens der Lehrenden als wenig relevant wahrgenommen würde? Diese Annahme halte ich aufgrund verschiedener Beobachtungen, die hier nicht ausgeführt werden können, für nicht unwahrscheinlich. Als Grund für das „Imageproblem" kann folgende Mutmaßung gelten: Die Hochschuldidaktik ist heute zu weit weg vom Selbstverständnis der Wissenschaftlerinnen und Wissenschaftler. Die wissenschaftliche Basis der deutschsprachigen Hochschuldidaktik besteht noch immer in großem Maß aus Referenzen auf pädagogische und lernpsychologische Untersuchungen, die sich mit *schulischen* Verhältnissen befassen (ein Umstand, der, nebenbei bemerkt, eine These über die Gründe für die unbefriedigende Umsetzung der Bologna-Reform begründen könnte). Forschungsergebnisse, die explizit für den universitären Kontext gelten, stammen meist aus dem angelsächsischen Raum. Eigene Forschung betreiben in Deutschland, Österreich und der Schweiz nur sehr wenige Universitäten. Hochschuldidaktik-Zentren sind im deutschsprachigen Raum in der Regel Servicezenten, die zwar wissenschaftsbasiert operieren, aber selbst meist keine

Forschungskapazität (und keinen entsprechenden Auftrag) aufweisen[1] – dies ist
im Handlungsraum Universität vermutlich ein Hemmnis, da die Hochschuldidaktik ihre Anregungs- und Übersetzungsfunktionen nicht mit einer „Lehre aus Forschung" erfüllen kann.[2]

Meiner Ansicht nach besteht aufgrund der hier behaupteten mangelnden For-
schungsbasiertheit die „Gefahr", dass die Hochschuldidaktik seitens der Wissenschaftlerinnen und Wissenschaftler als reine Verwaltung, oder vielleicht noch als
„Third Space" (vgl. Zellweger Moser / Bachmann 2010) wahrgenommen wird.
Aber aufgrund dieser zugeschriebenen Differenz erhält die Hochschuldidaktik
wenig Interesse seitens ihrer eigentlichen Zielgruppe (vgl. Baecker 2010). Dies
gilt wohlgemerkt nicht für alle hochschuldidaktischen Stellen. Und dass diese
„Forschungslücke" besteht, ist nicht deren „Schuld"; die mangelnde Forschungsbasierung resultiert daraus, dass die institutionellen Rahmenbedingungen diesen
Spielraum meist nicht vorsehen.

Mögliche Abhilfe: über die Dienstleistungsstelle hinaus

Kann es die Aufgabe eines hochschuldidaktischen Zentrums sein, Forschung zu
betreiben? Diese Frage kann wohl nicht generell beantwortet werden. Ziel soll es
sein, die Diskursfunktion besser erfüllen zu können – das war unser Ausgangspunkt.
Um den durch die Hochschuldidaktik vermittelten Diskurs zwischen Lehrenden
herzustellen, scheint es also wichtig zu sein, die Akzeptanz der Hochschuldidaktik bei dieser Zielgruppe zu verbessern. Diskurs kann nur dann stattfinden, wenn
jene, die sich daran beteiligen sollen, dort relevante Kommunikation vermuten
und die Partner als gleichwertig wahrnehmen. Dies wird nicht dadurch erreicht,
dass etwa vermehrt hochschuldidaktischer Fachjargon Einzug hält, sondern durch
Bezug auf eine solide empirische Basis. Die *systematische* Selbstbeobachtung der

---

1   Ausnahmen sind, da mit Professuren verbunden, z.B. das vielzitierte Hochschuldidak-
     tische Zentrum (HDZ) der Technischen Universität Dortmund, das Zentrum für Hoch-
     schul- und Weiterbildung (ZHW) der Universität Hamburg, das Zentrum für Hochschul-
     didaktik an der Université de Fribourg.
2   Einiges an Forschung zu Lehre und Lernen findet unter dem Titel „Hochschulforschung"
     außerhalb der Universitäten statt. Vgl. dazu z.B. eine Zusammenstellung auf dem Deut-
     schen Bildungsserver: (www.bildungsserver.de/zeigen_e.html?seite=1205. Stand: April
     2011).

Universitäten im Bereich der Lehre könnte verbessert werden. Daher erscheint es als wünschenswert, dass hochschuldidaktische Einrichtungen, wenn nicht selbst, so doch in nächster Nähe, Zugriff auf Forschungskapazität haben.

Ausblick: Was könnte getan werden?

In einem ersten Schritt könnten die Universitäten bereits vorliegende bzw. regelmäßig anfallende Daten auszuwerten versuchen: Fragen nach Zusammenhängen zwischen der Motivation Studierender und Lernprozessen lassen sich möglicherweise anhand von Lernportfolios untersuchen, solche nach dem Zusammenspiel von Lehren und Lernen anhand von Ergebnissen aus evaluativen Feedbackprozessen. Solche Aktivitäten ersetzen aber keine zielgerichtete Forschung, da die Daten nicht systematisch, nicht nach einem theoretisch fundierten Konzept und mit einer Forschungsfrage im Blick, erhoben werden. Deren Qualität lässt daher in der Regel keine Vergleiche und Verallgemeinerungen zu. Die systematische Aufarbeitung solcher Daten und die Untersuchung von Effekten ganzer Lehr-/Lernarrangements erfordern zudem mehr zeitliche und personelle Ressourcen, als den meisten betreffenden universitären Stellen zur Verfügung stehen.

Ein zweiter Schritt zur Forschungsförderung könnte daher in der Etablierung eines Forschungsverbundes (z.B. zwischen den Didaktikzentren der Schweizer Hochschulen) bestehen. Eine solche Initiative könnte vom Staatssekretariat für Bildung und Forschung (SBF) unterstützt werden, ähnlich einem Engagement wie es das Deutsche Bundesministerium für Bildung und Forschung (BMBF) unter dem Titel „Hochschulforschung als Beitrag zur Professionalisierung der Hochschullehre" im Rahmen eines Programms zur Förderung empirischer Bildungsforschung übernimmt (vgl. BMBF 2011). Das letzte, entfernt damit verwandte Programm des Schweizerischen Nationalfonds (SNF) „Wirksamkeit unserer Bildungssysteme" (NFP 33) ist im Jahr 1999 abgeschlossen worden. In einem kleineren Rahmen wurde in den Jahren 2008–2011 die Doktorierendenschule „Rethinking Education in the Knowledge Society", die viel Gewicht auf den Bereich E-Learning legt, vom SNF gefördert.

Ob die hier vermuteten Zusammenhänge tatsächlich zutreffen und ob eine verstärkte Forschungskapazität am Gehalt und der Außenwahrnehmung hochschuldidaktischer Expertise etwas ändern würde – dies wäre empirisch zu untersuchen.

Literatur

Baecker, D. (2010). Forschung, Lehre und Verwaltung. In: Horst, J.-C. (Hrsg.). Was passiert? Stellungnahmen zur Lage der Universitäten. Zürich: Diaphanes, S. 311–332.

BMBF (Bundesministerium für Bildung und Forschung) (2011). Hochschulforschung als Beitrag zur Professionalisierung der Hochschullehre – Zukunftswerkstatt Hochschullehre. URL: www.empirische-bildungsforschung-bmbf. de/zeigen.html?seite=6352 (Stand: April 2011).

Hochschuldidaktik UZH (2011). Einstieg in die Hochschullehre. Zürich: UZH.

Zellweger Moser, F. / Bachmann, G. (Hrsg.) (2010). Zwischen Administration und Akademie – Neue Rollen in der Hochschullehre. In: Zeitschrift für Hochschulentwicklung, 5(4), S. 1–8.

Santina Battaglia

Das „International Consortium for Educational Development (ICED)" als weltweiter Diskursraum der Hochschuldidaktik

Als weltweiter Dachverband der nationalen Hochschuldidaktik-Verbände bietet das „International Consortium for Educational Development (ICED)"[1] vielfältige Möglichkeiten zum Diskurs, sowohl fachlich-wissenschaftlich als auch strategisch-politisch. Der vom ICED geförderte Diskurs wird im Wesentlichen durch Meetings, Workshops, Beratungen, Konferenzen und eine Zeitschrift geführt. Für die deutschsprachige Hochschuldidaktik stellt sich die Frage, wie sie sich noch besser in diese international geprägten Aktionsfelder einbringen kann.

Ein gemeinnütziger Verein als Bottom-up-Vehikel zur Förderung der Hochschuldidaktik

Das ICED wurde 1993 in Oxford (UK) gegründet, um das „educational or academic development in higher education" weltweit voran zu treiben. Es geht also um das, was im deutschen Sprachraum dem Begriff „Hochschuldidaktik" entspricht, so wie er – Forschung, Weiterbildung und Organisationsentwicklung umfassend – in den 1970er-Jahren geprägt wurde. Dies bedeutet vor allem, durch den Austausch über gute Praxis, Erfahrungen, Probleme und Lösungen etc. die Mitgliedsorganisationen dabei zu unterstützen, ihre Hochschuldidaktik auf international aktuellem Niveau in einer lokal adäquaten Weise zu entwickeln. Es bedeutet aber auch, Hochschuldidaktiker und Hochschuldidaktikerinnen in Ländern, in denen noch keine nationalen Dachorganisationen existieren, dabei zu helfen, eine solche aufzubauen. Zudem ist das ICED ständig bestrebt, die Zahl seiner Mitgliedsorganisationen zu erhöhen und sich mit anderen nationalen und internationalen Organisationen in diesem Feld zu vernetzen.

---

1 Informationen über Ziele, Geschichte, Mitgliedsorganisationen, Council Meetings, Konferenzen, die Zeitschrift „IJAD" und weitere Aktivitäten des ICED finden sich auf der Website des Consortiums. Die URL lautet: www.osds.uwa.edu.au/iced.

Die unter Kollegen und Kolleginnen immer beliebter werdende Frage „Was bringt uns eine Mitgliedschaft im ICED?", ist also vom Standpunkt hochschuldidaktisch bereits einigermaßen „entwickelter" Länder aus nicht so ganz passend. Die richtige Frage wäre: „Wie kann auch meine Organisation dazu beitragen, die internationale Bewegung zur Verbesserung des Lehrens und Lernens an Hochschulen insgesamt weiter voran zu bringen?" – und selbstverständlich ist dabei auch immer ein Nutzen für jedes Land, auch das eigene, vorhanden. Eine interessante Frage, die man an dieser Stelle stellen könnte, ist natürlich, inwiefern wir uns im deutschsprachigen Raum tatsächlich eher zur entwickelten oder zur un(ter)-entwickelten Hochschuldidaktik zählen können. Vielleicht gibt dieser kurze Text Anregungen zur Beantwortung.

Council Meetings als Basis der gemeinsamen Arbeit und zur Unterstützung von Hochschuldidaktik-Bewegungen

Das ICED verfolgt verschiedene Aktivitäten, um seine Ziele zu erreichen. In diesem Zusammenhang ist zunächst das jährliche Council Meeting zu nennen. An diesem nehmen die Vorsitzenden bzw. Repräsentierenden der Mitgliedsgesellschaften teil, außerdem die fünf „ICED-Officers", die ehrenamtlich oder als Honorarkräfte für die hauseigene Zeitschrift „International Journal of Academic Development (IJAD)", für die Finanzen und für die Administration des Konsortiums zuständig sind. Nach dem Tätigkeitsbericht der Präsidentin oder des Präsidenten, dem Finanzbericht der Schatzmeisterin und dem Bericht der IJAD-Herausgeberinnen ist in der Regel die Planung der nächten ICED-Konferenz ein zentrales Thema der Meetings. Das Council Meeting weist also alle Eigenschaften einer ganz normalen Mitgliederversammlung eines ganz normalen Vereins auf. Es ist jedoch auch der Ort, an dem Strategien erörtert werden, wie im Entstehen begriffene Hochschuldidaktik-Verbände unterstützt werden können. Eine dieser Strategien ist z.B. das Angebot an sogenannte „emerging networks", Austragungsort des Council Meetings zu werden. Mit seinem übersichtlichen Format von bisher nie mehr als 20 bis 30 Personen ist es zum einen ohne großen Aufwand zu organisieren und eignet sich zum anderen, sofern es geschickt genutzt wird, die Aufmerksamkeit der lokalen Öffentlichkeit auf das Thema Hochschuldidaktik und die damit verbundenen Aktivitäten im Land und im internationalen Kontext zu lenken. Die Meetings werden deshalb seit 1997 fast immer auch mit Workshops und Beratungen durch international renommierte Expertinnen und Experten kombiniert, die sich nicht nur an Lehrende oder Kolleginnen und Kollegen vor Ort, sondern je nach Bedarf gezielt auch an lokale Hochschulleitungen und/oder Hochschulpolitiker richten können, um mit diesen den hochschuldidaktischen Diskurs zu eröffnen, zu führen und zu fördern.

Konferenzen und Fachzeitschrift als Medien des fachlichen und wissenschaftlichen Diskurses

Die großen weltweiten Konferenzen sind für das ICED vor allem der Ort des fachlichen, d.h. wissenschaftlichen, aber auch praxisbezogenen Diskurses. In der Regel sind sie thematisch breit ausgeschrieben, um möglichst viele unterschiedliche Ansätze und Ausprägungen des hochschuldidaktischen Arbeitsfeldes zu erfassen. Man kann sich durch den Besuch der Tagungen in wissenschaftlichen Erkenntnissen und praktischen Erfahrungen updaten, z.B. um zu vermeiden, das Rad überall immer neu zu erfinden und bereits begangene Fehler noch einmal zu machen. Der internationale Austausch sensibilisiert auch für die historischen und strukturellen Kontexte der Hochschuldidaktik in verschiedenen Ländern, wodurch bildungspolitische Themen im eigenen Land dann adäquater thematisiert werden können.

ICED-Konferenzen werden alle zwei Jahre mit Unterstützung eines konferenzerfahrenen Beirats von einer gastgebenden Mitgliedsorganisation durchgeführt, die sich auf einem Council Meeting erfolgreich als Austragungsort beworben hat. Bisher gab es Konferenzen in Finnland, den USA, Deutschland, Australien, Kanada, Großbritannien, wiederum in den USA und zuletzt in Spanien. Während an der ersten ICED-Konferenz, „Preparing University Teachers", die 1996 in Finnland stattfand, 75 Personen teilnahmen, waren die Folgekonferenzen in der Regel deutlich größer. Die ICED-Konferenz „Enhancing Strategies for Global Quality Learning in Higher Education" 2010 in Barcelona z.B. wurde von 410 Teilnehmenden aus 33 Nationen besucht. Für die nächste Konferenz 2012 in Bangkok, Thailand, zeichnet sich schon ab, dass sie wieder ganz anders sein wird als alle anderen zuvor. Das ist die Regel in diesem höchst diversen weltweiten Kontext, in dem immer wieder verblüfft, wie ähnlich die Fragestellungen sind, mit denen sich die Kolleginnen und Kollegen befassen.

Die renommierte, gereviewte Zeitschrift des ICED, das „Journal for Academic Development" (IJAD), bietet eine weitere Möglichkeit, sich in der internationalen

Community wissenschaftlich zu äußeren. Sie zeigt in vielen interessanten Aufsätzen den allgemeinen Erkenntnisstand. Dass Beiträge aus dem deutschsprachigen Raum im IJAD sehr unterrepräsentiert sind, ist wohl darauf zurückzuführen, dass die Hochschuldidaktik, insbesondere in Deutschland, in den letzten Jahrzehnten als wissenschaftliches Tätigkeitsfeld demontiert und durch Serviceeinrichtungen ersetzt wurde. Eine Erkenntnis, die man aus dem internationalen Diskurs gewinnen kann, ist, dass Deutschland sich damit ins Abseits manövriert hat. Diese Selbstbeschneidung wirkt im internationalen Kontext abwegig.

Das Konsortium als wachsende, sich professionalisierende Lobby

Am zweiten Council Meeting, 1995 in Großbritannien, nahmen bereits zehn Verbände teil: Australasia, (mit einem transnationalen Verband), Dänemark, Deutschland, Finnland, Kanada, die Niederlande, Norwegen, Südafrika, England und die USA. Fortan fanden jährlich Council Meetings statt. Beim dritten Council Meeting 1996 in Finnland kamen Belgien, Schweden und die Schweiz hinzu. Nachdem 1998 in den USA Singapur erstmalig vertreten war, folgten 1999 in den Niederlanden Frankreich und Indien sowie, als damals noch im Entstehen begriffene Netzwerke, Kroatien und Spanien. So wächst das Konsortium von Jahr zu Jahr, nicht jede Mitgliedsorganisation ist jedoch durchgängig vertreten.

Im Sommer 2011 war ein flämischer Verband, der sich nach längerem informellem Bestehen formal neugegründet hat, Gastgeberin des Council Meetings an der Universität Leuven, Belgien. Das ICED ist in diesem Jahr 18 Jahre alt und damit sozusagen volljährig geworden. Passend dazu stehen im Mittelpunkt der Aufmerksamkeit zurzeit Professionalisierungsbestrebungen für das ständig wachsende Konsortium selbst, das von der Struktur her bisher eher ein informelles Netzwerk war. Wir sind also sozusagen Zeitzeugen eines internationalen Institutionalisierungsprozesses der Hochschuldidaktik, der sowohl auf der Ebene nationaler Hochschuldidaktik-Verbände, als auch auf der der Entwicklung des Dachverbands stattfindet.

2013 wird das ICED sein zwanzigjähriges Bestehen mit einem Council Meeting in Japan feiern, um den dort gerade im Aufbau begriffenen Dachverband zu unterstützen. In allen Teilen der Welt bilden sich ständig neue Netzwerke bzw. Verbände, und mittlerweile ist nur Südamerika als Kontinent insgesamt noch gar nicht im ICED vertreten. Aus dem deutschsprachigen Raum fehlt Österreich in dem zurzeit 22 Mitgliedsorganisationen zählenden Konsortium.

Die Deutsche Gesellschaft für Hochschuldidaktik dghd (vormals AHD) hat das ICED mit gegründet, sie hat die gemeinsame Arbeit durchgängig unterstützt und hat gleichzeitig auch vielfach von der Mitgliedschaft profitiert. Als Vorsitzende der dghd konnte ich z.b. die in diesem Kontext gewonnenen Erkenntnisse für innerdeutsche Argumentationen nutzen und die Beiträge von ICED-Kolleginnen und -Kollegen auf mehreren dghd-Tagungen brachten den Diskurs im deutschsprachigen Raum voran. Mit dem ICED kann die Hochschuldidaktik als weltweit vernetzte, gut organisierte und ernst zu nehmende Diskurspartnerin in Erscheinung treten. Diese (einzige) weltweite Vertretung vermag die Hochschuldidaktik auf vielfältige Weise zu stärken.

ICED-Europa-Komitee als Diskursraum über den Bologna-Prozess

Die Hochschuldidaktik in einzelnen Ländern bleibt niemals unbeeinflusst von den Entwicklungen in anderen Ländern, aber nicht immer gedeihen diese Einflüsse auf optimale Weise. Deutlich wird das am Beispiel der Begeisterung deutscher Hochschulpolitiker und -politikerinnen für die britische Higher Education Academy (HEA) mit ihren Subject Centers, bei der die Erfahrungen und d.h. vor allem die Probleme, die durch diese Konstruktion entstanden sind, unberücksichtigt bleiben. Die hochschuldidaktischen Kolleginnen und Kollegen dort sind nämlich gar nicht begeistert und wundern sich über die deutsche Neigung zu einer eher uninformierten Nachahmung. Aber auch global passiert Ähnliches. So erleben z.B. Australien, Kanada etc. zurzeit Bologna-induzierte bzw. Bologna-förmige Diskurse in ihren Ländern und sind an einem Austausch mit in dieser Hinsicht erfahrenen Europäerinnen und Europäern zu diesem Thema interessiert.

Der Bologna-Prozess mit seinem europaweiten Anspruch auf einen „europäischen Hochschulraum" ist aber nur der offensichtlichste von vielen guten Gründen, die hochschuldidaktische Zusammenarbeit innerhalb Europas zu intensivieren. Für meine Amtszeit als Vizepräsidentin des ICED habe ich mir daher vorgenommen, einen Diskursraum für speziell europäische Belange zu schaffen, und auf dem diesjährigen Council Meeting ein ständiges „Europe Committee" initiiert. Mit 13 Mitgliedsorganisationen von 22 ist der überwiegende Teil des Konsortiums traditionell und bis heute europäisch. Dazu gehören die Netzwerke von Dänemark (DUN), Finnland (PEDA-forum), Norwegen (PEDNETT) und Schweden (SwED-Net), Belgien (CgHO), Kroatien (UNIVERSITAS), Estland (ENED), Irland (AISHE), die Niederlande (EHON), Spanien (RED-U) und England (SEDA) sowie das „Swiss Faculty Development Network (SFDN)" und die „Deutsche Gesellschaft für Hochschuldidaktik (dghd)". Das ICED-Europa-Komitee ist nun dabei sich zu formieren. Es bleibt abzuwarten, wohin uns unsere Diskurse führen werden.

Christian Schirlo

Die Medizin als Dialogpartner der Hochschuldidaktik

Reformbewegungen der universitären Ausbildung von Ärztinnen und Ärzten, Neugestaltung von Curricula und neue Qualitätsstandards können einen Ausgangspunkt für den Dialog zwischen Hochschuldidaktik und universitärer Medizin darstellen. Dieser Dialog soll im Folgenden am Beispiel eines gemeinsamen Kursangebots im Bereich Humanmedizin aufgegriffen werden.

Ausgangssituation für den Dialog aus Sicht der Medizin

Ausgehend von den Reformbewegungen der universitären Ausbildung angehender Ärztinnen und Ärzte im angloamerikanischen Sprachraum Ende der 1960er-Jahre und maßgeblich in der Schweiz durch die internationale Pilotakkreditierung der Medizinischen Fakultäten, die Formulierung eines neuen Bundesgesetzes der universitären Medizinalberufe (MedBG) sowie die Erarbeitung eines Lernzielkataloges angestoßen, wurden die medizinischen Studiengänge in der Schweiz beginnend im Jahr 2000 einer grundlegenden Reform unterzogen. Prägend für die Neugestaltung der Curricula waren und sind dabei einerseits internationale Qualitätsstandards – hier können durchaus exemplarisch die für eine globale Anwendung formulierten Standards zur Qualitätsverbesserung der „World Federation for Medical Education", WFME (WFME Office 2003, S. 1ff.), angeführt werden – sowie andererseits national und lokal geprägte Leitziele der curricularen Reformen der Medizinischen Fakultäten. Zusammenfassend betrachtet, lassen sich die Grundpfeiler der Reformbewegungen der universitären medizinischen Ausbildung gemäß einer Übersichtsarbeit von Lloyd-Jones (Lloyd-Jones 2005, S. 71ff.) skizzieren, wobei der Autor hier vor allem auf die Reformen des Medizinstudiums in England fokussiert. Es werden die Reduktion der auf eine Vermittlung von Faktenwissen ausgerichteten Module genannt; dies im Verbund mit einer Verbesserung der praktischen Ausbildung im Sinne einer Stärkung des berufsspezifischen, praxisorientierten Spektrums des Medizinstudiums. Ein weiterer Grundpfeiler ist die vermehrte Integration von Lerninhalten, besonders auch bezüglich der Verzahnung von vorklinischen und klinischen Lerninhalten; hier wird auch häufig von der vertikalen Integration der Lerninhalte gesprochen. Abschließend wird die Förderung des selbständigen und auch problemorientierten Lernens der Studierenden genannt.

Die Rolle des „Faculty Developments"

Bereits für die Qualitätsentwicklung in einem bestehenden Curriculum ist die didaktische Aus- und Weiterbildung der Dozierenden oder im weiteren Sinne das sogenannte „Faculty Development" oder die Personal- und Organisationsentwicklung von großer Bedeutung (vgl. Thomann in diesem Band). Wilkerson und Irby sehen in einer ihrer grundlegenden Publikationen zu „Faculty Development" die Strategien zur Verbesserung der Lehre in hohem Maße beeinflusst durch lernpsychologische Theorien und Forschungsdaten zur Hochschullehre (Wilkerson / Irby 1998, S. 387ff.). Die Autoren sprechen auch von neuen Lehraufgaben, die sich nur mit einem umfassenden „Faculty Development" realisieren lassen, wobei dieses sich abstützt auf eine professionelle und eine instruktive individuelle Entwicklungskomponente sowie im weiteren auch auf die Entwicklung von Führungskompetenzen und einer spezifischen Entwicklung der jeweiligen Organisation.

Betrachtet man die für die schweizerischen Medizinischen Fakultäten oben genannten Grundpfeiler der Reformen der medizinischen Studiengänge und deren Implikationen für die didaktische Aus- und Weiterbildung, so wird evident, dass die Planung und Implementierung solch tiefgreifender curricularer Innovationen nur im Verbund mit erweiterten Maßnahmen des „Faculty Development" möglich ist. Bland et al. identifizieren denn auch in ihrer umfangreichen Übersichtsarbeit mit dem Titel „Curricular change in medical schools: how to succeed" trotz großer Heterogenität der untersuchten Literatur einen konsistente Gruppe von Kennzeichen, welche eine erfolgreiche und nachhaltige Reform von Studiengängen kennzeichnen. Zu diesen Kennzeichen gehören eine umfassende Personalentwicklung, die eine didaktische Aus- und Weiterbildung umfasst, explizit neue Dozierende einbezieht und zudem eine Belohnungs- oder Anerkennungsstruktur vorsieht (Bland et al. 2000, S. 575ff.).

Neben diesen Überlegungen zur Konzeption eines umfassenden und insbesondere im Kontext der schweizerischen Reformen der Medizinausbildung begleitenden und unterstützenden „Faculty Development" spielten und spielen für den Dialog zwischen Hochschuldidaktik und Medizin vor allem auch Diskussionen im Allgemeinen zur akademischen Aufwertung der universitären Lehre – die in der Medizin auch wesentliche Schnittstellen mit der ärztlichen Weiterbildung hat – sowie im Spezifischen die Unterstützung in der akademischen Karriereplanung von Universitätsdozierenden eine entscheidende Rolle; dies ganz im Sinne eines umfassenden „Faculty Development".

Bevor auf eine exemplarische Implementierung eines im Dialog geplanten Programmes eingegangen wird, ist möglicherweise auch ein Blick auf weitere Rahmenbedingungen von didaktischen Angeboten in der Medizin lohnenswert. Ein Positionspapier der deutschsprachigen Gesellschaft für Medizinische Ausbildung (GMA) aus dem Jahr 2006 fasst dies so zusammen:

> „(...) als Folge von öffentlichem Druck, Empfehlungen des Wissenschaftsrats, Änderungen der Rahmenbedingungen (z.B. Habilitationsordnungen) und Vorleistungen in bestimmten Bereichen (Bsp. Bundesland Baden-Württemberg) didaktische Qualifizierungsmaßnahmen beginnen an Wert zu gewinnen. Sie sind auf dem Weg, zur Voraussetzung für eine erfolgreiche Hochschullaufbahn zu werden." (Lammderding-Köppel et al. 2006, S. 6)

Dialog am Beispiel eines gemeinsamen Kursangebots im Bereich Humanmedizin[1]

Die im vorhergehenden Kapitel genannten Überlegungen und Diskussionen einbeziehend, wurde im Dialog zwischen Hochschuldidaktik und universitärer Medizin ein Basisangebot für eine didaktische Aus- und Weiterbildung an der Universität Zürich konzipiert. Leitgedanken bei der Entwicklung war, dass universitäre Lehre zum Ziel hat, nachhaltige studentische Lernprozesse und also den Erwerb ausgewählter Kompetenzen zu unterstützen. Dabei wurde von der Annahme ausgegangen, dass der Aufbau der dafür notwendigen Lehrexpertise vielfältig erfolgen kann: Durch eigene Lehrpraxis und ihre Reflexion, die Auseinandersetzung mit Modellen und Konzepten, den anregenden Austausch mit Fachkolleginnen und Fachkollegen, die gezielte Einübung von Lehrinstrumenten und weitere. Der

---

1   „Basiskurs Didaktik Humanmedizin"

vorgestellte Basiskurs Didaktik bietet hier erste Möglichkeiten und ist damit als Einstieg in hochschuldidaktische Aus- und Weiterbildung konzipiert. Er richtet sich vor allem an Habilitierende, bezieht aber auch grundsätzlich alle weiteren interessierten Dozierenden ein. Kursinhalte umfassen Ausführungen zur Bedeutung der Lehre an der Universität, eine Einführung in die Rahmenbedingungen für die Lehre im Medizinstudium mit der Einführung von Bologna und dem eidgenössischen MedBG, die Reflexion eigener Vorstellungen und Werte bezüglich des Lehrens und der Weiterentwicklung des eigenen Unterrichts, Überlegungen zur Konzeption des Lehrens vom Lernen her, eine Übersicht über Formen von Leistungsnachweisen als Kompetenznachweise sowie die Evaluierung der eigenen Lehre. Damit werden insbesondere die folgenden Lernziele definiert, welche die Teilnehmenden am Ende des zweitägigen Kurses erreichen sollen:

1. Die Teilnehmenden können zentrale Qualitätskriterien der Lehre nennen und wissen um die Bedeutung der Lehre in der akademischen Medizin.
2. Sie wissen in Grundzügen, wie das aktuelle Medizinstudium konzipiert ist.
3. Sie kennen Möglichkeiten der Unterstützung studentischer Lernprozesse.
4. Sie wissen, wie sie ihren eigenen Unterricht mittels hochschuldidaktisch geeigneter Methoden reflektieren und die Ergebnisse zur gezielten Weiterentwicklung der eigenen Fähigkeiten nutzen können.
5. Sie lernen andere Habilitierende/Dozierende der Medizinischen Fakultät kennen und können dies im Sinne einer Netzwerkgestaltung nutzen.

Im Laufe der mehrjährigen Durchführung dieses Kursangebotes wurden basierend auf den Daten der regelmäßigen Evaluationen stetig Anpassungen von Programm und Lerninhalten umgesetzt, so dass ein möglichst lernendenzentriertes Angebot realisiert werden konnte; neben vielen positiven Rückmeldungen ist sicher als Erfolg zu verbuchen, dass sich das Kursangebot im Rahmen der Organisationsentwicklung der Medizinischen Fakultät der Universität Zürich fest etabliert hat und – trotz obligatorischer Ausrichtung für die Habilitierenden – für die Dozierenden eine Relevanz erhalten hat.

Reflexion zum Dialog hinsichtlich des gemeinsamen Kursangebots

Am Beispiel des skizzierten gemeinsamen Kursangebots sollen im Folgenden einige wesentliche Aspekte – wertend durchaus auch als Erfolgsfaktoren zu bezeichnen – des Dialogs zwischen Medizin und Hochschuldidaktik reflektiert werden. In der Retrospektive erscheint wesentlich, dass erst durch den Dialog und die Abstimmung von hochschuldidaktischen Überlegungen mit fachdidaktischen und insbesondere auf die klinischen Notwendigkeiten angepasste Konzepten ein akzeptiertes und für die Dozierenden als relevant empfundenes Kursangebot in einem fortlaufenden Prozess über mehrere Durchführungen realisiert werden konnte. Eine aktuelle Arbeit von Steinert et al. fasst dies bereits im Titel durchaus treffend zusammen: „Faculty development: if you build it, they will come." (Steinert et al. 2010, S. 900ff.). In der Tat identifizieren Steinert et al. als Faktoren für eine regelmäßige Teilnahmen von Dozierenden an „Faculty Development"-Angeboten die Ausrichtung im Hinblick auf spezifische Lernziele in einem für die Dozierenden relevant erscheinenden Kursprogramm; dies in Verbindung mit der Wertschätzung von Lehraktivitäten, der Möglichkeit der Verbesserung eigener Kompetenzen und der Netzwerkbildung mit Kolleginnen und Kollegen.

Der Austausch zwischen Hochschuldidaktik und Medizin respektive medizinischer Fachdidaktik gewinnt im Lichte der grundlegenden curricularen Reformen in der Medizin und der damit verbundenen umfangreichen Entwicklung der Medizindidaktik seit Ende der 1960er-Jahre insofern an Bedeutung, als dass in aktuellen Publikationen vermehrt plädiert wird für eine erneute Erweiterung der Medizindidaktik im Sinne der Integration von fachdidaktischen Bereichen anderer Disziplinen und im Sinne eines Einbezugs von allgemeiner Didaktik und assoziierter pädagogischer Forschung. Exemplarisch sei hier die Arbeit von O'Sullivan und Irby genannt (O'Sullivan / Irby 2011). Die Autoren berichten in dieser Arbeit über die Bereicherung der Forschung im Gebiet der Personalentwicklung durch den Einbezug von Forschungskonzepten und Forschungsdaten aus der Lehrerbildung, der Qualitätssicherung, dem Bereich des lebenslangen Lernens sowie aus dem Bereich des arbeitsplatzbasierten Lernens.

Zusammenfassend kann gesagt werden, dass insbesondere vor dem spezifischen Hintergrund der bildungs- und gesundheitspolitischen Entwicklungen der letzten Jahre und der damit verbundenen Implikationen für die Erneuerung der medizinischen Studiengänge sowohl in der Schweiz als auch international der Dialog zwischen Medizin und Hochschuldidaktik als notwendig und sinnvoll erscheint. Dies nicht nur im näher beleuchteten Bereich des „Faculty Development", sondern in vielen weiteren Bereichen und Handlungsfeldern der universitären Medizinausbildung einschließlich der Schnittstelle zur ärztlichen Weiterbildung.

Literatur

Bland, C.J. / Starnaman, S. / Wersal, L. / Moorehead-Rosenberg, L. / Zonia, S. / Henry, R. (2000). Curricular change in medical schools: how to succeed. In: Academic Medicine, 75(6), S. 575–594.

Lammerding-Köppel, M. / Fabry, G. / Hofer, M. / Ochsendorf, F. / Schirlo, C. (2006). Hochschuldidaktische Qualifizierung in der Medizin: I. Bestandsaufnahme. Ein Positionspapier des GMA-Ausschusses Personal- und Organisationsentwicklung für die medizinische Lehre der Gesellschaft für Medizinische Ausbildung sowie des Kompetenzzentrums für Hochschuldidaktik in Medizin Baden-Württemberg. In: GMS Zeitschrift für Medizinische Ausbildung, 23(4), S. 1–11.

Lloyd-Jones, G. (2005). Beyond ‚tomorrow's doctors': a review of basic medical education in the UK. In: Annals of tropical paediatrics, 25(2), S. 71–78.

MedBG (2006). Bundesgesetz vom 23. Juni 2006 über die universitären Medizinalberufe (Medizinalberufegesetz).

O'Sullivan, P.S. / Irby, D.M. (2011). Reframing Research on Faculty Development. In: Academic Medicine, 1.

Steinert, Y. / Macdonald, M.E. / Boillat, M. / Elizov, M. / Meterissian, S. / Razack, S. / Ouellet, M.N. / McLeod, P. J. (2010). Faculty development: if you build it, they will come. In: Medical Education, 44(9), S. 900–907.

WFME Office (2003). Basic Medical Education WFME Global Standards for Quality Improvement, University of Copenhagen, ULR: www3.sund.ku.dk/Acti vities/WFME%20Standard%20Documents%20and%20translations/WFME% 20Standard.pdf (Stand: Mai 2011).

Wilkerson, L. / Irby, D.M. (1998). Strategies for improving teaching practices: a comprehensive approach to faculty development. In: Academic Medicine, 73(4), S. 387–396.

Lucien Criblez[1]

Hochschuldidaktik – mehr als Methodik?!

In der Vorstellung der meisten Dozierenden an Hochschulen ist Hochschuldidak-
tik entweder überflüssig, weil das Durchführen von Seminaren oder andern Ver-
anstaltungsformaten so schwer ja nicht sein kann – und man über entsprechende
Erfahrungen als Studierender oder aus der Mittelbauzeit verfügt. Oder Hoch-
schuldidaktik wird als Möglichkeit angesehen, sich mit Methoden und Technik
vertraut zu machen, um Veranstaltungen abwechslungsreich, wirksamer, publi-
kumsorientiert, unter sinnvoller Verwendung von Informations- und Kommunika-
tionsmedien oder ganz einfach rhetorisch gut durchführen zu können. Zugespitzt
formuliert: Hochschuldidaktik wird, wenn sie denn nicht als überflüssig erachtet
wird, als Methodentraining angesehen.

Alltagssprachliche und wissenschaftliche Sicht
auf Hochschuldidaktik

Dass es unter dem Titel „Hochschuldidaktik" um Fragen der Didaktik an Hochschulen geht, ist einfach nachvollziehbar. Was Hochschulen sind, ist zumindest
im deutschen Sprachraum einigermaßen abschließend definiert, obwohl sich diese
Hochschulen stark unterscheiden. Aber schon die Frage, ob in Universitäten und
Fachhochschulen dieselbe Didaktik Geltung hat, ist nicht mehr selbstverständlich
und einfach mit „Ja" zu beantworten, jedenfalls nicht unabhängig von der Frage,
was unter Didaktik eigentlich zu verstehen ist. Ewald Terhart definiert – um nur
ein Beispiel unter vielen ähnlichen zu nennen:

---

[1]   Was legitimiert einen Erziehungswissenschaftler, der sich in Forschung und Lehre mit
       Historischer Bildungsforschung und Bildungspolitikanalysen beschäftigt, einen Beitrag
       zur Didaktik, spezifischer: zur Hochschuldidaktik zu verfassen? Nichts – außer dass ein
       Blick von außen vielleicht blinde Flecken beleuchten kann. Die folgenden Überlegungen
       sind aber auch Diskussionen mit Peter Tremp bei der Vorbereitung und mit allen an der
       Veranstaltung „Nach Bologna" im Frühjahrssemester 2011 an der Universität Zürich Be-
       teiligten geschuldet.

„Die Didaktik (…) beschäftigt sich auf wissenschaftlicher Basis und in einem
umfassenden Sinne mit allen Fragen des Lehrens und Lernens. (…) Neben diesem sehr weiten Begriff von Didaktik gibt es ein engeres Verständnis: Der Begriff
‚Didaktik' wird dann für Fragen der Begründung, Auswahl und Anordnung von
Inhalten des Lehrens und Lernens verwendet. Demgegenüber werden Fragen
der Gestaltung des konkreten Lehr-Lern-Prozesses unter der Bezeichnung
‚Methodik' zusammengefasst." (Terhart 2010, S. 73)

Zwischen alltagssprachlichem Gebrauch bzw. dem, was von der Hochschuldidaktik erwartet wird oder auch empirisch von ihr an verschiedenen Hochschulen
als Angebot ausgebracht wird, und dem, was in wissenschaftlicher Sicht unter
Didaktik verstanden werden soll, ergibt sich offensichtlich eine nicht unwesentli-
che Differenz. Auch wenn man das engere Begriffsverständnis Terharts zugrunde
legt, zeigt sich die Diskrepanz: Hochschuldidaktik kann sehr viel mehr sein als
Hochschulmethodik.

Ein konfliktträchtiges Unterfangen?

Lässt man also das enge Verständnis von Hochschuldidaktik als Hochschulmethodik hinter sich, öffnen sich Felder, die bisher an Hochschulen kaum oder nur
sehr partiell bearbeitet bzw. an die einzelnen Disziplinen und Studienfächer dele-
giert worden sind. Neben dem „Wie soll gelernt werden?" stellen sich insbesondere Fragen nach dem „Was soll gelernt werden?", also nach den Inhalten, aber
auch nach dem „Wozu soll etwas gelehrt und gelernt werden?" Es drängen sich
aber auch zum Beispiel Fragen nach den Interaktionsprozessen zwischen den beteiligten Akteuren auf (vgl. unter anderen Heursen 2004). Geht man noch einen
Schritt weiter und nimmt die institutionellen Kontexte des Lehrens und Lernens
an Hochschulen mit in den Blick, lassen sich unter Hochschuldidaktik auch ganz
grundlegende Fragen bearbeiten wie: „Wer soll studieren? Welche Vorbildung ist
dazu notwendig oder wünschbar? Soll sich die Zulassung auf formale Abschlüsse
(Matur, Abitur) oder auf überprüfbare Kompetenzen ausrichten? Was soll ein Studium leisten? Soll es eher in eine wissenschaftliche Disziplin sozialisieren, Bildung in einem weiten Sinne ermöglichen – oder doch eher auf dem Arbeitsmarkt
verwertbare Qualifikationen vermitteln?"

Hochschuldidaktik tendiert dann eher dazu, ihre zu bearbeitenden Themen auszu-
weiten statt sich auf Methodenfragen zu konzentrieren. Sie versucht nicht mehr
einfach Methodenwissen und -fähigkeiten, also eigentliche „Skills" zu vermitteln,

sondern Bildungs- und Ausbildungsprozesse und deren Rahmenbedingungen an Hochschulen grundsätzlicher zu thematisieren und zu reflektieren. Damit droht sie, insbesondere wenn es um inhaltliche Fragen geht, in die Autonomiebereiche der Fächer und Disziplinen einzugreifen – ohne Konflikte dürfte denn eine solche Weiterentwicklung der Hochschuldidaktik kaum möglich sein.

Kooperation über die methodischen Fragen hinaus: am Beispiel der hochschuldidaktischen Veranstaltungsreihe „Nach Bologna – Grundfragen universitärer Bildung nach der großen Reform"

Eine solche hochschuldidaktische Veranstaltung, die weit über methodische Fragen hinausführt, wurde im Frühjahrsemester 2011 an der Universität Zürich unter dem Titel „Nach Bologna – Grundfragen universitärer Bildung nach der großen Reform" in Kooperation zwischen der Hochschuldidaktik und dem Institut für Erziehungswissenschaft durchgeführt. Die Veranstaltungsform war einfach und traditionell: Gastreferate mit anschließender Diskussion und Vorbereitungssitzungen, in denen entsprechende Texte diskutiert wurden, lösten sich ab. Für die Hochschuldidaktik eher unkonventionell war dagegen der Inhalt, weil damit das erwähnte engere Verständnis von Hochschuldidaktik gesprengt wurde. „Nach Bologna" thematisierte ausgewählte Grundfragen von Bildung an Hochschulen. Was heißt eigentlich Studieren nach der großen Reform?

Der Titel war bewusst zweideutig gewählt und weist auf zwei wichtige Ausgangspunkte hin: Einerseits hat die Bologna-Reform das Studieren an Hochschulen wesentlich verändert. Bildung an (Schweizer) Hochschulen bedeutet nach der Bologna-Reform etwas anderes als vor der Reform. Andererseits ist die Bologna-Reform in der Schweiz zwar im vorgegebenen Zeitrahmen bis 2010 strukturell weitgehend implementiert worden (vgl. CRUS 2008; SUK 2003 / 2008), aber inzwischen sind Folgeprobleme im Sinne von „unanticipated consequences of purposive social action" (Merton 1936) deutlich geworden. Zudem sind zwar Effekte in Richtung der anvisierten Ziele, insbesondere die Steigerung der Mobilität (vgl. BfS 2010), erzielt worden, aber es sind auch neue Mobilitätshindernisse aufgebaut worden oder Disparitäten zwischen den Hochschulen sichtbar geworden, die Mobilität erschweren. Die Schweizer Hochschulen sind also auf dem „nach Bologna" ein gutes Stück vorangekommen, haben die Ziele, die in den zweijährlichen Folgetreffen bestätigt und erweitert worden sind,[2] noch nicht erreicht.

Im Rahmen der Veranstaltung wurden verschiedene Grundfragen diskutiert und sechs Gastreferate sorgten für die notwendigen Anregungen von außen. Im Folgenden soll nur eine dieser Grundfragen kurz thematisiert werden – die Frage nach Notwendigkeit und Modi der funktionalen Differenzierung – um zu zeigen, wie eng sie letztlich doch mit der Hochschuldidaktik verbunden ist.

Die Tradition der Humboldt'schen Universitätskonzeption (vgl. u.a. Ash 1999) ist in den deutschsprachigen Ländern bis zur Bologna-Reform wesentlich von der Einheit von Lehre und Forschung in einer Volluniversität ausgegangen, die bis heute Professorenuniversität in dem Sinne geblieben ist, dass wesentliche Funktionsweisen dieser Universität durch Auswahl und Stellung der Professorinnen und Professoren definiert werden. Obwohl sich diese Form der Universität im Verlaufe des 19. und 20. Jahrhunderts weiterentwickelt hatte und wesentliche Grundlagen der Humboldt'schen Konzeption insbesondere durch die Bildungsexpansion seit den 1960er-Jahren in Frage gestellt worden waren, hatten sich die deutschsprachigen Universitäten nur äußerst zurückhaltend dem angelsächsischen, insbesondere dem amerikanischen Universitätsmodell (Schreiterer 2008) anzunähern begonnen. Dies ist kritisch als mangelnde Funktionsdifferenzierung thematisiert worden (vgl. u.a. Lundgreen 1999) und in den Reformdiskussionen ist nicht zufällig das amerikanische Universitätsmodell immer wieder als Vorbild genannt und die Bologna-Reform auch wesentlich darauf ausgerichtet worden.

---

2   Zur Bologna-Deklaration und den Deklarationen und Grundlagen der Folgetreffen: vgl. ec.europa.eu/education/higher-education/doc1290_en.htm (Stand: April 2011). Es referierten: Peter Lundgreen (Universität Bielefeld): Strukturmerkmale der Humboldt'schen Universität – Mythos und Realitäten; Christiane Spiel (Universität Wien): Zur Anerkennung non-formaler und informeller Bildungs- und Lernergebnisse an Universitäten; Richard Münch (Universität Bamberg): Die Universität im Wettbewerb um Exzellenz – Von der akademischen Gemeinschaft zum strategisch operierenden Unternehmen; Peer Pasternack (Martin-Luther-Universität Halle-Wittenberg): Pluralisierung der Hochschulen und der Hochschulprofile; Karl Weber (Universität Bern): Grenzziehungen im schweizerischen Hochschulraum; Rudolf Stichweh (Universität Luzern): Studieren als Lebensphase. Vgl. als Grundlage und Übersicht die „Empfehlungen zur Differenzierung der Hochschulen" des deutschen Wissenschaftsrates vom 11. November 2010 (Wissenschaftsrat 2010).

Funktionsdifferenzierungen sind allerdings auf unterschiedlichen Ebenen möglich und es scheint, dass im Reformprozess auf allen Ebenen auch Versuche in diese Richtung unternommen werden. In der Schweiz wird zum Beispiel normativ zwischen drei Hochschultypen unterschieden, den Universitäten (oder neu: universitären Hochschulen), den Fachhochschulen und den Pädagogischen Hochschulen (vgl. CRUS, KFH & COHEP 2009). Sie werden unterschiedlich geregelt, mit unterschiedlichen (akademischen) Rechten ausgestattet und ressourcenmäßig unterschiedlich versorgt. Sollen die Hochschulen nun stärker in Konkurrenz treten (eine Option, die seit den 1990er-Jahren politisch verstärkt verfolgt wird), ist diese normative Ungleichbehandlung ein Systemwiderspruch. Die konkurrenzorientierte Vergabe von Ressourcen ist nur sinnvoll, wenn die Wettbewerbsbedingungen für alle dieselben sind. Ein Hundertmeterrennen ist nur sinnvoll, wenn alle gleichzeitig starten – um eine Metapher von Helmut Heid (Heid 1988) zu verwenden. Dies gilt aber weder für die deutsche Exzellenzinitiative (Münch 2007) noch für die mit sehr heterogenen Rahmenbedingungen versehenen Hochschulen in der Schweiz.

Funktionale Differenzierungen können aber nicht nur zwischen, sondern auch innerhalb von Hochschulen vorgenommen werden: Teile der Hochschulausbildung (zum Beispiel die Lehrerbildung) können – oft als so genannte „professional schools" innerhalb der Hochschulen organisiert – auf die regionale Grundversorgung ausgerichtet sein, während andere sich bemühen, Teil der internationalen Spitzenforschung zu sein. Unterschiedliche Fakultäten, Departemente und Institute derselben Hochschulen können sich unterschiedlich profilieren. Aber auch die Aufgaben und Funktionen des Personals innerhalb der Hochschulen können differenziert werden, indem zum Beispiel zwischen Forschungs- und Lehrprofessuren unterschieden wird. Das letzte Beispiel der Binnendifferenzierung weist allerdings auf ein Grundproblem hin: Da Hochschulen und ihr Personal wesentlich auf (internationale) Anerkennung ausgerichtet sind, werden Funktionen im Forschungsbereich tendenziell immer attraktiver bleiben als solche im Lehrbereich – zumindest unter Bedingungen moderner Massenuniversitäten.

Die Beispiele sollen lediglich aufzeigen, welche Fragen sich den Hochschulen hinsichtlich der Funktionsdifferenzierung stellen. Einfache Lösungen sind nicht zu erwarten. Jede „Wahl" ist mit Vor- und Nachteilen verbunden und wird unerwünschte Folgen zeitigen. Aber wie auch immer in Zukunft das Hochschulsystem stärker funktionsdifferenziert wird: Es ist davon auszugehen, dass das „Wie" der Hochschullehre wesentlich davon abhängig ist, ob eine Hochschule zum Beispiel als „Forschungsuniversität" definiert wird oder als „Lehruniverisität". Es ändert sich nicht nur der Stellenwert, sondern auch die Art und Weise der Lehre, wenn eine Hochschule sich entschließt, nicht mehr für den wirtschaftlichen und gesellschaftlichen Bedarf im geografischen Nahraum auszubilden, sondern die besten Wissenschaftlerinnen und Wissenschaftler für die ganze Welt. Die Lehre, die sich stark an Employability und arbeitsmarktdefinierten Kompetenzen ausrichtet, ist eine andere Lehre – ja, sie muss es sein – als diejenige, die sich an Grundlagenforschung in Astrophysik oder mittelalterlicher Geschichte orientiert.

Ausblick

Hochschuldidaktik kann natürlich auch in Zukunft weiterhin in einem engen Sinne als Vermittlung methodischer „Skills" verstanden und praktiziert werden. Dass dabei wesentliche Fragen ausgeblendet werden, auf welche die Hochschullehre zwingend Antworten geben muss, sollte in der bisherigen Argumentationslinie deutlich geworden sein. Für eine Ausweitung des Aufgabenbereichs der Hochschuldidaktik spricht deshalb einiges. Sie könnte dann auch konstitutiver Teil eines interdisziplinär ausgerichteten Zentrums für Hochschulforschung werden – was in der Schweiz, die bisher über keine institutionalisierte Hochschulforschung verfügt, eine interessante Innovationsperspektive für die sozialwissenschaftliche Forschung sein könnte.

Literatur

Ash, M.G. (Hrsg.) (1999). Mythos Humboldt. Vergangenheit und Zukunft der deutschen Universitäten. Wien: Böhlau.
BfS (Bundesamt für Statistik) (2010). Bologna-Barometer 2010. Auswirkungen der Bologna-Reform auf die Studierendenströme und auf die Mobilität im Schweizer Hochschulsystem. Neuchâtel: BfS. URL: www.bfs.admin.ch/bfs/portal/de/index/themen/15/22/publ.Document.139071.pdf (Stand: April 2011).
CRUS (Conférence des Recteurs des Universités Suisses) (2008). Bologna-Monitoring 2008-2011. Erster Zwischenbericht 2008 / 2009. Bern: CRUS. URL: www.crus.ch/dms.php?id=15582 (Stand: April 2011).

CRUS, KFH & COHEP (2009). Die drei Hochschultypen im schweizerischen Hochschulsystem. Bern. URL: www.cohep.ch/fileadmin/user_upload/default/ Dateien/03_Publikationen/04_Dokumente/2009/2009_Beschreibung_HS-Typen_d.pdf (Stand: April 2011).

Heid, H. (1988). Zur Paradoxie der bildungspolitischen Forderung nach Chancengleichheit. In: Zeitschrift für Pädagogik, 34, S. 1–17.

Heursen, G. (2004). Didaktik, allgemeine. In: Lenzen, D. (Hrsg.), Pädagogische Grundbegriffe. Bd. 1, 7. Aufl. Reinbek bei Hamburg: Rowohlt, S. 307–317.

Lundgreen, P. (1999). Mythos Humboldt in der Gegenwart: Lehre – Forschung – Selbstverwaltung. In: Ash, M.G. (Hrsg.). Mythos Humboldt. Vergangenheit und Zukunft der deutschen Universitäten. Wien: Böhlau, S. 145–169.

Merton, R.K. (1936). The unanticipated consequences of purposive social action. In: American Sociological Review, 1(6), S. 894–904.

Münch, R. (2007). Die akademische Elite. Frankfurt/M.: Suhrkamp.

Schreiterer, U. (2008). Traumfabrik Harvard. Warum amerikanische Hochschulen so anders sind. Frankfurt/M.: Campus.

SUK (Schweizerische Universitätskonferenz) (2003 / 2008). Richtlinien für die koordinierte Erneuerung der Lehre an den universitären Hochschulen der Schweiz im Rahmen des Bologna-Prozesses (Bologna-Richtlinien) vom 4. Dezember 2003/Stand: 1. August 2008. Bern: SUK. URL: www.cus.ch/wDeutsch/ publikationen/richtlinien/BOL-RL-2008-Dt-V2.pdf (Stand: April 2011).

Terhart, E. (2010). Didaktik. In: Jordan, S. / Schlüter, M. (Hrsg.). Lexikon Pädagogik. Hundert Grundbegriffe. Stuttgart: Reclam, S. 73–77.

Wissenschaftsrat (2010). Empfehlungen zur Differenzierung der Hochschulen vom 11. November 2010. Lübeck: Wissenschaftsrat URL: www.wissenschafts rat.de/download/archiv/10387-10.pdf (Stand: April 2011).

Regula Schmid Keeling

Der Zirkel als wieder entdeckte Diskursform

Will man das Weiterdenken der eigenen Selbstverständlichkeiten und des eigenen Tuns nicht dem Zufall überlassen oder gänzlich der täglichen Routine opfern, müssen Gelegenheiten geschaffen werden, welche die Begegnung von Personen ermöglichen, das Denken anregen, zugleich aber offen für Zweifel sind, Unsicherheiten nicht sanktionieren, sondern im Gegenteil als konstituierender Bestandteil des Arrangements begrüßen. Das Anliegen an eine Weiterbildung, welche die Herausbildung neuer, zukunftsweisender Ideen ermöglicht, fordert also die Herstellung eines „geschützten Raums": eines Zirkels. Dieser hat gesellig, informell, wenig öffentlich zu sein, doch hinreichend formalisiert, um den politischen und wissenschaftlichen „Stakeholders" gegenüber legitimiert zu sein.

Entschleunigung und Muße fördern

Stichworte einer solchen Gelegenheit zur Bildung neuer Gedanken – der „Weiterbildung" im ganz ursprünglichen Sinn des Worts – sind: Entschleunigung, geringe Formalisierung, Kollegialität und Vertrauen. Kreativität wird zudem gefördert durch das Zusammentreffen von Personen aus unterschiedlichen fachlichen Traditionen, die über verschieden strukturierte Wissensbestände verfügen.

Im Berufsalltag nicht nur der mit Bildung Beschäftigten fehlen im Allgemeinen Muße und Räume, in denen Ideen erprobt werden können. Zwar schafft sich jede Profession eigene Räume der Wissensvermittlung bzw. der Weiterbildung. Im wissenschaftlichen oder wissenschaftsnahen Umfeld sind dies in erster Linie Tagungen. Auch den Angehörigen hochschuldidaktischer Einrichtungen wird der Besuch solcher fachöffentlicher Veranstaltungen zumindest nahe gelegt. Die offizielle Anerkennung dieser Form der Weiterbildung ist etwa belegt durch die Tatsache, dass Zeitabrechnungstabellen von Mitarbeitenden eine Rubrik enthalten, die entsprechend gefüllt werden können bzw. dass (auf Antrag) Mitarbeitenden bei der jeweiligen Verwaltung für den Besuch von wissenschaftlichen Veranstaltungen zusätzliche Stunden zugewiesen werden. Reise- und Aufenthaltskosten können zudem in manchen Institutionen als Spesen verrechnet werden. Diese Bereitschaft der Institution, die Weiterbildung wissenschaftlicher Mitarbeitenden zu finanzieren, ist an die Erwartung gekoppelt, im Gegenzug mit den aktuellen Debatten vertraute Mitarbeiter zu haben (solche, die „mitreden" können). Zumindest implizit geht es wohl auch darum, sich den Konkurrenten auf dem Bildungsmarkt über die Repräsentanten der eigenen Institution als präsent, aktiv, womöglich führend zu zeigen. Dies gilt, im Zeitalter der Rankings, auch für öffentliche Einrichtungen wie Universitäten, Fachhochschulen und pädagogische Hochschulen.

Tagungen und ähnlich hoch formalisierte Veranstaltungen sind deshalb gerade nicht Gelegenheiten, bei denen Ideen erprobt, bestehende Prämissen hinterfragt oder gemeinsames Brainstorming betrieben wird. Das Risiko, sich zu exponieren, Kritik zu ernten oder nicht ernst genommen zu werden, ist zu groß. Von wissenschaftlichen Ansprüchen und Vorgehensweisen geprägte Institutionen – auch solche, die in erster Linie der Dienstleistung verpflichtet sind – fordern Konkurrenzverhalten heraus. Zum wissenschaftlichen Habitus gehört, die eigene Kompetenz stets zur Schau zu stellen und mögliche Unsicherheiten dem Gegenstand, der Vorgehensweise oder gar den Grundsätzen des eigenen Fachs gegenüber nicht anzusprechen – jedenfalls nicht öffentlich. Selbstverständlich muss die (wissenschaftliche) Eigenleistung diskursiv hervorgehoben werden; Originalität wird dabei aber sorgfältig dosiert und stets mit Bezug auf den Mainstream explizit gemacht. Dieses Prinzip schlägt sich dann auch in der Uniformität der Beiträge in den „peer reviewed journals" nieder. Dieses dem Wissenschaftsbetrieb zutiefst inhärente Verhalten ist allerdings ein eigentlicher Bremsklotz möglicher Innovation. Diese basiert nämlich äußerst selten auf dem genialen Wurf. Viel eher entwickelt sie sich aus dem Zusammentreffen von Personen und Denkweisen, das wiederum die Kombination bisher getrennt laufender Denk- und Traditionsstränge anregt.

Beispiel: Zürcher Maizirkel

2008 rief die Arbeitsstelle für Hochschuldidaktik den „Zürcher Maizirkel" ins Leben. Konzipiert in bewusster Anlehnung an historische Vorbilder „gelehrter Geselligkeit" bietet der Maizirkel den Teilnehmenden einen Rahmen, um unbelastet von Zwängen des Berufs- und Wissenschaftsalltags, in freier Rede, Gedanken zu spinnen, Ideen zu lancieren und gemeinsam in die Zukunft zu denken. Als Ziele wurden formuliert:

- „Fachaustausch zu hochschuldidaktischen Fragen aus ungewohnten Perspektiven.
- Geselliges Zusammensein.
- Der Maizirkel soll zu einem ,Treibbeet' für neue Ideen, Projekte usw. werden.
- Grundanliegen: Nachdenken über Lernen auf Hochschulebene. Hochschule als Ort lebendigen Austauschs, selbstbestimmten Lernens, freiheitlicher Bildung – dies zu fördern und weiter zu entwickeln in sich verändernden gesellschaftlichen, (hochschul-)politischen und kulturellen Rahmenbedingungen." (Schmid Keeling 2008)

Konzipiert als Insel im Arbeitsalltag, stellt diese Form des Zirkels Diskussion und Geselligkeit in den Mittelpunkt. Der zeitliche Rahmen ist ein halber Arbeitstag und ein Abend. Einladungen erfolgen an Personen, „die von Berufes wegen systematisch Überlegungen anstellen zum Lernen auf Stufe Hochschule – unter Einbezug der Kultur der Institution ,Hochschule' vornehmlich der Schweiz und der Persönlichkeits- und Intelligenzmerkmale von Hochschulangehörigen als Faktoren, die das Lernen (und die Lehrformen) zentral prägen" (ebd.). Als Thema bestimmen die Organisatoren jeweils einen offenen Begriff – bisherige Mottos waren „Anfang" (2008), „Zwischenräume" (2009), „Nutzen" (2010) und „Übergänge" (2011). Einzelne Personen werden angefragt, einen Vorschlag zu einem kurzen „Einwurf" zu formulieren. Der wissenschaftliche Bezug wird den Referentinnen und Referenten frei gestellt, doch sind sie aufgerufen, den „Bezug zur Hochschule, zu ihren Charakteristika als Ort des Lernens und des Lehrens, explizit" (o.A. 2008) zu machen.

Wenige „Imputreferate" von 15 Minuten präsentieren Überlegungen und wollen Diskussion herausfordern. Die Gespräche werden protokolliert, eine Person übernimmt die Aufgabe, die im Lauf der Gespräche sich herauskristallisierenden Themen und Ideen zusammenzufassen. Die Ergebnisse werden anschließend in einer schriftlichen Dokumentation festgehalten, „so dass Ideen nicht verloren gehen und die eingeschlagenen Wege kartiert sind – und wir an den Überlegungen in einem neuen Zirkel anknüpfen können" (ebd.). Der Anlass schließt bei einem gemeinsamen Essen, bei dem sich weiterführende oder auch ganz anders gelagerte Gespräche spontan entfalten können.

Dialog als Dienstleistung und darüber hinaus

Der Maizirkel als Angebot, das über die Dienstleistung hinausreicht, hat seine Vorbilder nicht in hochschuldidaktischen Weiterbildungsformaten, sondern war inspiriert durch das historische Vorbild der gelehrten Vereine. Da diese Vorbilder selbst aber auch auf die Gefahren der Erstarrung durch Institutionalisierung hinweisen, wurde der Institutionalisierungsgrad bewusst möglichst gering gehalten: festgelegt sind die regelmäßige Durchführung zu einem bestimmten Datum (der dritte Montag im Mai), die Grundstruktur und der ungefähre Personenkreis, doch verzichtet der Zirkel gänzlich auf eine Rechtsstruktur – er ist kein Verein.

Dass der Maizirkel 2011 zum vierten Mal zur Durchführung kommt, zeigt, dass die Teilnehmenden diese Insel im Alltag schätzen und gerne wieder einmal die Gedanken spielen lassen. Die Bindung des Zirkels an Personen und nicht in erster Linie an eine Institution wird auch dafür sorgen, dass er weitergeführt wird – über personelle Wechsel hinaus. In diesem Sinn: Vivat, crescat, floreat!

Literatur

o.A. (2008). Protokoll des 1. Zürcher Maizirkels vom 19. Mai 2008. Internes Arbeitsdokument.

Schmid Keeling, R. (2008). Konzept und Ausschreibung des 1. Zürcher Maizirkels vom 19. Mai 2008. Internes Arbeitsdokument.

Bruno Wohlgemuth

Hochschuldidaktische Instrumente als Mittel zum (Selbst-)Dialog

Wenn von hochschuldidaktischen Instrumenten die Rede ist, denken Lehrende, aber auch andere mit universitärer Lehre Befasste, in der Regel zunächst an die Steuerungsfunktion dieser Werkzeuge in der Hochschullehre. In diesem Beitrag geht es um eine Funktion solcher Instrumente, die über jene der Gestaltung der Lernumgebung hinausweist und über die vergleichsweise wenig gesprochen und geschrieben wird: die Strukturierung von Reflexions- und Kommunikationsprozessen. Ein Instrument, das in diesem Sinne angewendet wird, bringt doppelten Gewinn: es verbessert einerseits die Lehr- und dadurch die Lernqualität, andererseits drängt es die Betreffenden zur Auseinandersetzung mit grundlegenden hochschuldidaktischen Fragen, deren Klärung zu mehr Professionalität in der Hochschullehre und zu mehr Freude im Lehralltag beiträgt.

Die Taxonomiematrix

Grundsätzlich kann jedes hochschuldidaktische Instrument als Ausgangspunkt von Reflexion und Diskussion zentraler Fragen der Hochschullehre dienen. Der größte Teil des Angebots an entsprechenden Werkzeugen und Methoden fokussiert jedoch auf ihre praktische Anwendung in der Lehre. Nur wenige dieser Instrumente sind so konstruiert, dass sie per se über diese Ebene der Lehre hinausweisen.

Ein Instrument, das in hohem Maße die Funktion des Initiierens und Strukturierens von zielführenden kognitiven Prozessen erfüllt, ist die Taxonomiematrix von Anderson et al. (2001). Dieses Instrument wird in der Folge kurz beschrieben. Anderson et al. entwickeln in ihrem Buch die 1956 von Bloom eingeführte Taxonomie kognitiver Lernziele weiter. Lernziele bilden Grundlage und Ausgangspunkt für den Einsatz der Matrix in der universitären Lehre. Jene präsentiert sich wie folgt:

Knowledge Dimension (Wissensdimension)	Cognitive Process Dimension (Kognitive Prozessdimension)					
	1 Remember (erinnern)	2 Understand (verstehen)	3 Apply (anwenden)	4 Analyse (analysieren)	5 Evaluate (beurteilen)	6 Create ([er-]schaffen)
A Factual (faktisch)						
B Conceptual (konzeptionell)						
C Procedural (prozedural)						
D Metacognitive (metakognitiv)						

Abb. 1: Taxonomiematrix von Anderson et al.

Die Matrix dient der Verortung der drei didaktischen Grundelemente von Hochschullehre: Lernziele, Lernaktivitäten und Leistungsüberprüfung. Ziel des Prozesses ist es, das konstruktive Alignment (in der Folge „Alignment" genannt) der Elemente zu analysieren. Die Grundvoraussetzung für den Einsatz der Matrix ist die Orientierung der Lehre an studentischen Kompetenzen (vgl. auch Hochschuldidaktik 2010, S. 8f.).

Die kognitiven Prozesskategorien sind entlang eines Komplexitätskontinuums angeordnet. Die Komplexität nimmt mit jeder höheren Klasse zu. Während die beiden ersten Kategorien erkenntnisorientiert sind, geht es in den folgenden drei um die Anwendung der Erkenntnisse. In die komplexeste Kategorie gehören kognitive Prozesse, die – im weitesten Sinne – neue Erkenntnisse generieren, beispielsweise eine wissenschaftliche Hypothese.

Die Wissensdimension unterteilt die Inhaltskomponente der drei genannten Grundelemente in vier Wissensarten. Auch diese bewegen sich entlang eines Kontinuums: der Abstraktionsgrad wächst mit jeder Kategorie. In der ersten Klasse handelt es sich um reine (isolierte) Fakten. In die zweite Kategorie fallen beispielsweise Konzepte und Modelle. Zum prozeduralen Wissen zählen etwa natur- oder sozialwissenschaftliche Methoden. Die metakognitive Wissenskategorie schließlich umfasst Erkenntnisse über eigene oder fremde kognitive Prozesse, z.B. über eigene Lernprozesse oder eigene Stärken und Schwächen.

Vom Alignment zum Dialog

Mithilfe dieser Matrix wird also das Alignment der drei didaktischen Grundelemente von Hochschullehre analysiert und sichtbar gemacht. Alignment bedeutet in diesem Zusammenhang das Maß der Übereinstimmung der genannten Grundelemente universitärer Lehre. Dabei wird folgendermaßen vorgegangen: Die für eine Lerneinheit (Lektion, Semesterkurs etc.) verantwortlichen Personen formulieren die Lernziele als Kompetenzziele, planen die Lernaktivitäten der Studierenden und legen Inhalt und Form der Leistungsüberprüfung fest. Danach werden die Elemente in der Matrix verortet. Je näher ein Lernziel, die zugehörigen Lernaktivitäten und die darauf bezogene Leistungsüberprüfung beieinander liegen, desto besser ist das Alignment, und desto größer ist die Wahrscheinlichkeit, dass die Studierenden die gesetzten Kompetenzziele[1] erreichen. Das Alignment kann in diesem Sinne auch als Qualitätsmaßstab für universitäre Lehre gelten.

Das Alignment kann für jede beliebige Lerneinheit bestimmt werden, sei dies eine einzelne Lektion, eine Veranstaltung über ein Semester oder ein ganzer Studiengang. Es ist auch möglich, lediglich zwei der drei didaktischen Grundelemente zu analysieren. Wer sich auf den Prozess des Verortens der didaktischen Grundelement in der Matrix und der Analyse des Alignments einlässt, wird über kurz oder lang mit folgenden grundlegenden hochschuldidaktischen Fragen konfrontiert, die eine Antwort erfordern (vgl. Hochschuldidaktik 2010, S. 17f.):

Die *Lernfrage*: Welche Inhalte (beider Dimensionen der Matrix) sind für die Studierenden wichtig genug, um in der begrenzten Zeit der Veranstaltung behandelt zu werden?

Die *Instruktionsfrage*: Welche Lernumgebung muss den Teilnehmenden zur Verfügung gestellt werden, damit die Mehrheit der Studierenden auf hohem Niveau lernen kann?

Die *Lernerfolgsfrage*: Welche Instrumente und Methoden der Überprüfung des Lernerfolgs müssen eingesetzt werden, um valide Informationen zum Lernfortschritt der Studierenden zu erhalten?

Die *Übereinstimmungsfrage* (Alignment): Wie können die Verantwortlichen von Lerneinheiten sicherstellen, dass Lernziele, Lernaktivitäten und Überprüfung des Lernerfolgs kongruent sind?

---

[1]   „Kompetenz" meint hier die Fähigkeit einer Person, in einer bestimmten Situation so zu handeln, dass sie das gesetzte Ziel mit hoher Wahrscheinlichkeit erreicht (zum Thema Lernziele vgl. Hochschuldidaktik 2008).

Mit Hochschullehre befasste Personen treten hier unwillkürlich in einen Dialog ein, der in aller Regel auf einer konkreten Ebene beginnt, etwa bei der Frage, wie viel Stoff in einer bestimmten Veranstaltung vermittelt werden soll, um beispielsweise bei der Frage zu enden, wie ein Lehrender/eine Lehrende seine/ihre Rolle im komplexen Geschehen des Lehralltags definiert. Dialog ist hier im weiteren Sinne zu verstehen: es kann sich um ein Gespräch zwischen zwei oder mehr Personen handeln, der oder die Betreffende kann jedoch auch einen inneren Dialog mit sich selbst führen. Der Dialog wird vor allem zur Folge haben, dass sich die betreffenden Personen mehr Klarheit verschaffen über die Ziele, die sie mit der Lehre verfolgen, die Mittel, die sie dazu einsetzen und in welchem Maße diese geeignet sind, die intendierten Ziele zu erreichen.

Ein Beispiel

Lassen Sie mich diesen Prozess der Verortung und des Alignments anhand eines einfachen Beispiels illustrieren (ich beschränke mich auf *ein* Lernziel; natürlich werden in jeder Lerneinheit mehrere Ziele verfolgt). Sie sind eingeladen, sich am nun folgenden Dialog zu beteiligen.

Nehmen wir eine Dozentin der Rechtswissenschaft, die eine Vorlesung zum Thema „Einführung in das Steuerrecht" plant. Das generelle Ziel der Veranstaltung ist es, die Studierenden in das schweizerische Steuerrecht einzuführen. Diese Formulierung ist sehr allgemein gehalten, zudem beschreibt sie lediglich einen Inhalt. Der Versuch, das Ziel in der Matrix zu verorten, kann daher nicht gelingen. Außerdem muss die Dozentin auch die einzelnen Vorlesungen planen. So stellt sich zunächst die Lernfrage: Welche Inhalte sind für die Studierenden wichtig genug, um in der begrenzten Zeit der Lerneinheit behandelt zu werden? Die Dozentin entschließt sich, in der bevorstehenden Vorlesung das Thema „steuerliche Abzüge" ins Zentrum zu stellen. Das entsprechende Lernziel (LZ) formuliert sie so: „Die Studierenden kennen den Unterschied zwischen allgemeinen und sozialpolitischen Abzügen." Beim Versuch der Dozentin, dieses Lernziel in die Matrix einzuordnen, wird ihr schnell klar, dass der Begriff „kennen" zu unpräzise ist und keine Kompetenz beschreibt. Die Wissensdimension ist zwar erkennbar, aber die Prozessdimension ist nicht enthalten. Die Frage ist, wozu die Studierenden am

Ende der Vorlesung fähig sein sollen. Die Dozentin formuliert das Lernziel neu: „Die Studierenden können einem Kommilitonen oder einer Kommilitonin den Unterschied zwischen allgemeinen und sozialpolitischen Abzügen erklären." Dieses Ziel lässt sich in der Matrix verorten. Bei steuerlichen Abzügen handelt es sich um Konzepte, also geht es um Konzeptwissen. Der kognitive Prozess ist „Verstehen". Demnach wird das Ziel im Feld *B2* lokalisiert.

Das zweite Grundelement bilden die Lernaktivitäten der Studierenden. Der Dialog und die Reflexion darüber sind umso wichtiger, als Lehrende an Hochschulen bei der Planung von Lerneinheiten traditionellerweise von ihren eigenen (Lehr-) Aktivitäten ausgehen. Entscheidend für den Aufbau und die Weiterentwicklung von Kompetenzen bei den Studierenden sind aber deren Lernaktivitäten. Der hochschuldidaktische Dialog geht hier von der Frage aus, welche Lernaktivitäten zum Erreichen der formulierten Ziele geeignet sind. Nach einer kurzen Erläuterung der Konzepte der allgemeinen und der sozialpolitischen Abzüge durch die Dozentin sollen die Studierenden in kleinen Gruppen diskutieren, ob Zuwendungen an politische Parteien als allgemeiner oder als sozialpolitischer Steuerabzug zuzulassen seien, und sie sollen ihren Entscheid begründen.

Wo soll das Element in der Matrix verortet werden? Die Lernaktivität (LA) verlangt von den Studierenden, dass sie die beiden Konzepte anwenden, also Feld *B3*.

Nach der Lern- und der Instruktionsfrage stellt sich nun die Lernerfolgsfrage. Die Dozentin möchte den Studierenden und sich selber die Gelegenheit geben, den Lernerfolg zu überprüfen. Sie entscheidet sich für das folgende formative[2] Assessment (AS): einige Studierende vertreten ihren Standpunkt im Plenum. In der Wissensdimension geht es wiederum um Konzepte, in der kognitiven Prozessdimension um Anwenden, da der jeweilige Standpunkt begründet werden muss. Auch dieses Element gehört in das Feld *B3*.

---

2   Formativ bedeutet, dass die zentrale Funktion des Assessments das Feedback über den Lernfortschritt der Studierenden darstellt. Im Gegensatz dazu stehen summative Leistungsbeurteilungen, die vor allem Grundlage von Selektion und an Hochschulen zudem Bedingung für die Zuteilung von ECTS-Punkten bilden.

Die Matrix präsentiert sich nun so:

Knowledge Dimension (Wissens-dimension)	Cognitive Process Dimension (Kognitive Prozessdimension)					
	1 Remember (erinnern)	2 Understand (verstehen)	3 Apply (anwenden)	4 Analyse (analysieren)	5 Evaluate (beurteilen)	6 Create ([er-]schaffen)
A Factual (faktisch)						
B Conceptual (konzeptionell)	LZ	LA AS				
C Procedural (prozedural)						
D Metacognitive (metakognitiv)						

Abb. 2: Alignment der Vorlesung über Steuerrecht

Nun stellt sich noch die Frage nach dem Alignment: Ist die Übereinstimmung der drei Elemente ausreichend? Alle drei gehören derselben Wissenskategorie an. Das Lernziel ist eine Komplexitätsstufe tiefer, als die Lernaktivitäten und das Assessment. Die Wahrscheinlichkeit, dass das Lernziel erreicht wird, ist daher groß. Es besteht also kein Anlass, eines der Elemente zu modifizieren. Dabei muss beachtet werden, dass es sich um eine formative Leistungsüberprüfung handelt. Im Falle eines summativen Assessments dürfte die Komplexitätsstufe dieses Elements nicht höher sein als jene des Lernziels.

Damit kann der innere Dialog der Dozentin fürs erste abgeschlossen sein. Aber diese Veranstaltung der Dozentin ist auch Teil eines Moduls und eines Studiengangs. Deshalb stellt sich noch die Frage, welchen Beitrag die Vorlesung zum Erreichen der Lernziele des Moduls und des Studiengangs leistet. Die Taxonomiematrix kann als Grundlage für einen (Selbst-)Dialog unter den betroffenen Dozierenden dienen.

Mit diesem Gedanken schließen wir den Dialog ab. Er sollte zeigen, dass beim Einsatz der Matrix in jedem (noch so einfachen) Fall ein solcher (Selbst-)Dialog unumgänglich ist. Und selbst wenn der Prozess des Verortens und des Alignments nicht zu Ende geführt wird, ist die Wahrscheinlichkeit groß, dass die am Dialog Beteiligten wertvolle Erkenntnisse gewinnen.

Literatur

Anderson, L.W. / Krathwohl D.R. (Hrsg.) (2001). A Taxonomy for Learning, Teaching and Assessing. New York: Longman.

Bloom, B.S. (Hrsg.) (1956). Taxonomy of educational objectives: Handbook I: Cognitive domain. New York: Longman.

Hochschuldidaktik, Arbeitsstelle für (2008). Lernziele formulieren in Bachelor- und Masterstudiengängen, Universität Zürich, Dossier Unididaktik 1/08. URL: www.hochschuldidaktik.uzh.ch/instrumente/dossiers.html (Stand: März 2011)

Hochschuldidaktik, Arbeitsstelle für (2010). Taxonomie-Matrix zur Analyse und Selbstevaluation von Hochschullehre, Universität Zürich, Dossier Unididaktik 1/10. URL: www.hochschuldidaktik.uzh.ch/instrumente/dossiers.html (Stand: März 2011).

ZUKUNFTSLABOR

Das Zukunftslabor ist ein Aktionsfeld für Gedankenexperimente. Es geht darum, vorauszublicken und künftige Entwicklungen des Lehrens und Lernens an Hochschulen zur Disposition zu stellen. Ein Studien- und Bildungsort kann auf diese Art und Weise wichtige Entwicklungsimpulse erhalten und Innovationsprozesse werden durch Reflexion und konzeptionelle Fundierung begleitet.

Unter einem Labor stellt man sich zunächst ein naturwissenschaftliches Setting mit Experimenten vor. Das Zukunftslabor – im Englischen spricht man auch von *knowledge lab* – pflegt diesen experimentellen Blick und positioniert sich als geisteswissenschaftliche Werkstatt. Nur geht es nicht ausschließlich um das Erstellen eines Werkstücks, sondern um die Generierung von Wissen durch das geordnete und reflektierte Ausprobieren. Ein hochschuldidaktisches Zukunftslabor experimentiert in diesem Sinne mit Lehrfragen, Curriculumsplanung, Beratungssituationen, strategischer Lehrentwicklung etc. und probiert in einem geschützten Raum neue Gedanken und neue Umsetzungsmöglichkeiten aus. Dabei können die klassischen Ansprüche der Objektivität, Reliabilität und Validität durch die komplexen Settings meist nicht durch Isolation einzelner Variablen erreicht werden. Vielmehr geht es um die Reflexion über die ausgelösten Veränderungen, um neue Aspekte, die sichtbar werden, oder um entwickelte Modelle für die künftige Arbeit. Dies ist auch zentral für die Anbindung an die anderen Aktionsfelder. So kann zum Beispiel ein Weiterbildungszentrum davon profitieren, wenn Hochschuldidaktik mit Zukunftsthemen experimentiert und erste Erfahrungen teilt.

Neben diesem Blickwinkel auf „Hochschuldidaktik als Zukunftslabor" gibt es eine zweite ebenso wichtige Perspektive auf das „Zukunftslabor für die Hochschuldidaktik". Damit kommt der Hochschuldidaktik nicht primär die Rolle des Selbst-Experimentierens zu. Es handelt sich vielmehr um das Zusammentragen von innovativen Lehrbeispielen, um thematische Bündelung und Verknüpfung von Themen oder um die Begleitung und Beratung für Zukunftslabore an der Hochschule. Diese Perspektive ist dem Diskursraum sehr nahe und bedarf der Anregung eines intensiven Austauschs zwischen den verschiedenen hochschuldidaktischen Zukunftslaboren einer Universität. Die Hochschuldidaktik agiert hierbei als systematisches Archiv mit dem Anspruch, die verschiedenen Beispiele zu ordnen, mit Namen zu versehen und in Schubladen zu versorgen. Gleichzeitig sollten die archivierten Bestände nicht in den Regalen „verstauben", sondern immer wieder zu Exponaten einer thematisch fokussierten Ausstellung werden. Und wo Künstler einer Epoche gemeinsam einen Raum für den interessierten Besucher öffnen, wo Experimente nachvollzogen, Ergebnisse zusammengetragen und Zusammenhänge hergestellt werden, dort ist ein Zukunftslabor ein hochschuldidaktisches Aktionsfeld, das sich nicht als „stilles Kämmerlein", sondern als lebendige Ausstellung versteht. Ideal wäre, wenn die Anregung durch und die Beteiligung an hochschuldidaktischen Zukunftsthemen wieder zum eigenen Experimentieren führen. Forschung und Lehre sind dabei nicht trennbar, im Zukunftslabor geht es um einen wissenschaftlichen Zugang, der Verstehen generiert.

Ein Zukunftslabor muss mit einer gewissen Schnelllebigkeit und mit seiner Vorläufigkeit umgehen können. Gedanken sind noch nicht immer bis zu Ende gedacht und sobald sie es sind, wird ihnen das Attribut „zukünftig" bereits wieder abgesprochen. Andersherum betrachtet, kommt die Orientierung ausschließlich an der Gegenwart oder der Vergangenheit ohne Hinterfragen und Weiterentwickeln aus. Das Zukunftslabor hingegen kann vergangene Entwicklungen kritisch aufnehmen, überspitzt fortsetzen oder alternativ umschreiben. Allerdings, das soll auch gesagt sein, es kann sie nicht rückgängig machen. Ein Zugang über Zukunft meint also keineswegs einen ahistorischen Weg, sondern das Weiterschreiben der potenziellen Zukunft für das Bestehende.

Ein Zukunftslabor muss sich nicht stigmatisieren lassen als prophetische Ankündigung, was in Zukunft Thema der Hochschuldidaktik sein wird. Die Funktion als Orakel im Wissenschaftsbetrieb bleibt unerfüllbar. Dennoch sollte die Hochschuldidaktik sich nicht scheuen, Zukunftsthemen als potenzielle Szenarien zu verstehen und Trends gerade durch eine deutliche Präsentation zu setzen. Dabei besteht aus den genannten Gründen kein Anspruch auf Vollständigkeit, aber ein Anspruch auf Innovation im eigentlichen Wortsinn des Neu-Schaffens. Neues entsteht dabei wie so oft auch aus einer neuartigen Kombination von Altbekanntem. Der innovative und der vorläufige Charakter des Zukunftslabors eröffnen ein spannendes Aktionsfeld für hochschuldidaktische Entwicklungen.

Kathrin Futter

Fachspezifisch-hochschuldidaktisches Lehrcoaching: Ein wirkungsvolles Modell zur Förderung der Lehrexpertise?

Das Modell des fachspezifisch-pädagogischen Coachings (Staub 2001; West / Staub 2003) wurde für die Weiterbildung von Lehrpersonen in den USA am Institute for Learning der Universität Pittsburgh entwickelt und wird in der Schweiz seit einigen Jahren erfolgreich in der Aus- und Weiterbildung von Lehrpersonen aller Schulstufen (Primarschule, Sekundarstufe I und II) eingesetzt. Es existieren hierzulande auch einige empirische Studien bezüglich der Wirksamkeit des Modells. Ob sich der Ansatz auch für die Förderung und Weiterentwicklung der Lehrexpertise auf Tertiärstufe (Hochschulen und Universitäten) eignen könnte, wird in diesem Artikel kritisch reflektiert und es werden zwei mögliche Szenarien als Zukunftsperspektiven für die Qualitätssicherung respektive -verbesserung der Lehre dargestellt.

Einleitung und Begriffsklärung

Fachspezifisch-pädagogisches Coaching (Staub 2001; 2004) wurde in den USA unter dem Namen *Content-Focused Coaching*[SM] (West / Staub 2003) entwickelt und vorerst bei praktizierenden Lehrpersonen zur Weiterentwicklung der Lehrkompetenz eingesetzt. Das Modell basiert auf kognitiv-konstruktivistischen und sozio-konstruktivistischen Auffassungen von Lehr-Lernprozessen und gründet auf der Annahme, dass die Entwicklung professioneller Kompetenzen nicht alleine auf dem Erwerb professionsbezogenen Wissens beruht, sondern darüber hinaus auf Lernprozesse in authentischen Situationen der entsprechenden Praxisgemeinschaften (Lave / Wenger 1991) angewiesen ist. Im Modell werden Vorschläge zur Gestaltung des Verlaufs eines Unterrichtscoachings gemacht und auch Hinweise mit Bezug auf die inhaltliche Fokussierung und kommunikative Gestaltung von Unterrichtsbesprechungen gegeben. Dabei unterscheidet sich das Modell deutlich von Coaching- oder Beratungsansätzen, in welchen die Interaktion auf ein belastendes Problem und dessen Bewältigung fokussiert: Beim fachspezifisch-pädagogischen Coaching steht die Optimierung der Lernumgebung der Schülerinnen und Schüler im Zentrum (vgl. Kreis / Staub 2011, S. 64).

An Hochschulen und Universitäten steht die Lehre im Zeichen der Wissenschaft und Forschung, wobei die Lehrtätigkeit meist mit nicht sehr viel Reputation versehen ist[1] und die Dozierenden ihre Hauptaufgaben in der Forschung lokalisieren. Eine eigentliche Ausbildung zur Lehrperson ist denn auch nicht vorgesehen, sondern kann – auf freiwilliger Basis – in hochschuldidaktischen Kursen respektive Beratungen eingefordert werden. Lehrexpertise entwickelt sich demzufolge bei den allermeisten Dozierenden „on the job" im Sinne eines „learning by doing" oder einer „apprenticeship of observation", einer langen informellen Lernzeit[2] zukünftiger Lehrpersonen (Lortie 1975).

Über die Wirksamkeit von hochschuldidaktischer Weiterbildung gibt es einige Studien (z.B. Borchard 2002), welche jedoch meist die aus der Weiterbildungsforschung bekannte Kluft zwischen Wissen und Handeln (Mandl / Gerstenmaier 2000; Wahl 2001) bzw. die Schwierigkeit der Veränderung von Lehrüberzeugungen respektive Lehrkonzeptionen (vgl. Kröber 2011)[3] belegen. Sollen nun aber Veränderungen in Richtung einer forschungsbasierten, kompetenzorientierten, studierendenzentrierten Lehre – alles Qualitätsstandards *universitärer Lehre* – erreicht werden, dann braucht es Modelle, welche die Dozierenden nicht nur in der Aneignung von neuem Wissen in hochschuldidaktischen Kursen unterstützen, sondern sie auch in der Anwendung desselbigen in der Praxis begleiten. Das Modell des fachspezifisch-pädagogischen Coachings könnte diese Lücke füllen. Nachfolgend wird, um die Übertragung des Modells auf die Tertiärstufe auch begrifflich darzustellen, das Modell *fachspezifisch-hochschuldidaktisches Lehrcoaching* genannt. Dies deshalb, weil die Verwendung des Begriffs der „Pädagogik" für die tertiäre Bildungsstufe problematisch erscheint, die „Hochschuldidaktik"

---

1   Ausnahmen bilden beispielsweise Lehrpreise, welche an verschiedenen Hochschulen und Universitäten für ausgezeichnete Lehre an Einzelpersonen vergeben werden (vgl. z.B. Tremp 2010).

2   Informelle Lernzeit deshalb, da alle späteren Lehrpersonen als Schülerinnen und Schüler respektive als Studierende tausende von Stunden in Klassenzimmern und Hörsälen verbrachten und dabei mit den Lehrstilen ihrer Vorgänger/-innen vertraut wurden. Dass solche Lehrstile häufig übernommen werden – gerade wenn es sich auch um eine Tradition an einem Institut oder einer Fakultät handelt – ist selbstredend.

3   Es gibt jedoch auch Studien, welche zeigen konnten, dass Lehrende nach einer Basisqualifizierung ihren Lehrstil veränderten (vgl. z.B. Gibbs / Coffey 2002).

sich aber sehr wohl an dieser Referenzdisziplin orientiert. Es wird jedoch – und dies in bewusster Anlehnung an das Modell – von *Coaching* gesprochen, auch wenn damit keine ausschließliche Coaching- oder Beratungstätigkeit auf der Prozessebene stattfindet, wie sie z.b. Rauen (2003) im Sinne einer „Hilfe zur Selbsthilfe" respektive einer „intensiven Beratungsbeziehung" (vgl. ebd., S. 3) definiert, oder wo dem Coaching eine Zwischenstellung zwischen Training und Psychotherapie zugewiesen wird (vgl. z.B. Schreyögg 2007). Im Modell des fachspezifisch-pädagogischen Coaching geht denn die Rolle des Coachs gerade deutlich über eine solch allgemeine Prozessberatung hinaus. Dies insofern, als der Coach sich an der Planung, Durchführung und nachträglichen Reflexion des Unterrichts beteiligt und dadurch Mitverantwortung für die Lektion und das Lernen der Schülerinnen und Schüler respektive der Studierenden übernimmt (vgl. Staub 2001, S. 175). Diese Mitverantwortung wäre von der Begrifflichkeit her eher auch einem *Mentoring*-Verfahren zuzuordnen, welches eine partnerschaftliche Beziehung beschreibt, bei der ein Mitglied einer Organisation von einer meist erfahreneren Person über einen längeren Zeitraum der Berufsbiografie begleitet wird (vgl. z.B. Peters et al. 2006), wobei laut Reinmann (2009, S. 94) eine Abgrenzung zum internen Coaching schwierig ist, da beim Mentoring der Fokus darauf liegt, Wissen und Erfahrung weiterzugeben, wozu der Mentor in der Regel nicht wie der Coach eigens ausgebildet wird. Da nachfolgend die Hochschullehre als Zielebene fokussiert wird, wird von *Lehr*coaching gesprochen und die Adaptation des Modells des fachspezifisch-pädagogischen Coachings mit dem Begriff des fachspezifisch-hochschuldidaktischen Lehrcoachings umschrieben.

Im Modell des fachspezifisch-pädagogischen Coachings verfügt nun der Coach – wie dies aber auch in einigen Mentoringmodellen, wie z.B. beim 3-Ebenen-Modell von Niggli (2001; 2005), der Fall ist – neben einer hohen Fachexpertise auch über fachspezifisch-pädagogisches Wissen des zu unterrichtenden Gegenstandes. Ganz im Sinne des „cognitive apprenticeship" also der kognitiven Meisterlehre (Collins et al. 1989) ist im Modell der Coach eine sachkompetente Person, welche das Tun der betreuten Person beobachtet, Hinweise, Erinnerungshilfen und Rückmeldungen gibt, als Modell dient, minimale Unterstützung bietet (scaffolding) und neue Aufgaben stellt (vgl. ebd., S. 456). Diese Begriffsfassung des „Coachs", die, wie oben schon dargestellt, eben auch an einen „Mentor" respektive eine „Mentorin" erinnert, kann auch zu Verwirrung führen. So ist beispielsweise auch die Nähe des fachspezifisch-pädagogischen Coachings zum „educative mentoring" (Feiman-Nemser 1998) oder anderen Ansätzen sicherlich gegeben. Der Unterschied liegt jedoch in der Bedeutung, welche im Modell dem fachspezifisch-pädagogischen

Wissen (Shulman 1987) beigemessen wird. „Unter dem fachspezifisch-pädagogischen Wissen wird jener Teil des Lehrerwissens verstanden, der aus einem
Amalgam von fachinhaltlichem Wissen, allgemein pädagogisch-didaktischem
Wissen und dem Wissen um die Voraussetzungen der Lernenden besteht" (Kreis
/Staub 2011, S. 64). Dieses Wissen und entsprechende Überzeugungen (Lehrkonzeptionen) gelten als wesentliche Bedingungen für die Gestaltung lernwirk-
samen Unterrichts (Baumert / Kunter 2006; Staub / Stern 2002). Zudem ist das
fachspezifisch-pädagogische Wissen aus wissenspsychologischer Sicht zentraler Bestandteil professioneller Lehrkompetenz (Bromme 1992) und wird weder
durch direkte Wissensvermittlung alleine, noch durch Erfahrung selbst erworben
(Leinhardt et al. 1995). Welche Möglichkeiten bestehen also, um fachspezifisches
Wissen oder fachspezifische Lehrüberzeugungen respektive Lehrkonzeptionen zu
erwerben und/oder bestehende Strukturen zu verändern? Dies ist insofern von
Bedeutung, da Weiterbildungskurse alleine für die Anwendung in der Praxis oft
nicht ausreichen, als zu wenig flankierende Maßnahmen (Wahl 2002) bestehen,
um dem Druck der Alltagsroutinen entgegensteuern zu können.

Eine Möglichkeit der Weiterentwicklung der Lehrkompetenz, in Zusammenhang
mit einer allfälligen Veränderung der individuellen Lehrkonzeptionen der Dozierenden mit Hilfe des *fachspezifisch-hochschuldidaktischen* Lehrcoachings, soll
im nachfolgenden Kapitel beschrieben und kritisch reflektiert werden.

Fachspezifisch-hochschuldidaktisches Lehrcoaching an Hochschulen und Universitäten: Ausgangslage und Zukunftsszenarien

Da es sich beim fachspezifisch-hochschuldidaktischen Lehrcoaching um ein *fach-
bezogenes* Unterstützungsformat handelt, ist es nahe liegend, den Fokus auf die
Lehrenden an einzelnen Instituten respektive bei großen Instituten von einzelnen
Lehrstühlen zu legen und nicht *die* Lehrenden an Universitäten im Ganzen zu
betrachten.

Hochschuldidaktische Initiativen auf Institutsebene

Nicht nur fachlich stehen sich einzelne Dozierende als Mitglieder eines Lehrstuhls/Institutes nahe, auch bei der Weiterentwicklung der Lehre spielen die Institute eine ganz wichtige Rolle, findet doch dort die hauptsächliche Umsetzung von Reformen statt (Hochschuldidaktik 2008). Da zudem eine hohe Lehrqualität wesentlich mehr ist als die Summe guter einzelner Lehrveranstaltungen (vgl. ebd.), ist es hilfreich, Zusammenarbeit nicht nur als Notwendigkeit anzusehen (die zugegebenermaßen Zeit kostet), sondern diese auch als Entlastung und Bereicherung für die einzelnen Dozierenden einzustufen. Diese individuelle Weiterentwicklung wirkt sich dann positiv auf die Lehr-Lernkultur eines Institutes/eines Lehrstuhls aus, wenn die Beteiligten in ständigem Dialog bleiben, u.U. auch gepaart mit externer Unterstützung. Bereits heute können Institute/Lehrstühle bei der Hochschuldidaktik ihrer Universität ein für sie maßgeschneidertes Angebot anfordern. Solche Anfragen sind nicht selten, wobei es meistens um einmalige Weiterbildungsveranstaltungen für die Dozierenden geht, die sich zum Beispiel um Fragen der Erstellung von Leistungsnachweisen, um interaktive Seminargestaltung etc. drehen. Ganz selten sind längerfristige Angebote mit mehreren Treffen im Sinne einer Begleitung. Was sich bei der Forschung als ganz selbstverständlich etabliert hat, nämlich dass gemeinsam im Team geforscht wird, da Einzelpersonen gar nicht in der Lage sind, die umfangreichen Projekte zu bewältigen, ist in der Lehre bisher kein Thema. Lehrdialoge, Lehrcoaching, Team-Teaching etc. als Formate sind an Universitäten selten. Das Modell des fachspezifisch-pädagogischen Coachings könnte nun als *fachspezifisch-hochschuldidaktisches Lehrcoaching* ein solches institutsinternes, gemeinsames, längerfristiges Projekt sein.

Es wird nachfolgend zuerst das Modell und die wesentlichen Elemente beschrieben, danach wird die Adaptation an den universitären Kontext reflektiert und abschließend werden zwei konkrete Umsetzungsvorschläge – ganz im Sinne des Zukunftslabors – dargestellt.

Das Modell des fachspezifisch-pädagogischen Coachings

Wie bereits oben beschrieben, wurde das Modell des fachspezifisch-pädagogischen Coachings in den USA von Fritz Staub in Zusammenarbeit mit dem Institute for Learning (Universität Pittsburgh) entwickelt. „Fachspezifisch-pädagogisches Coaching ist ein Ansatz in der Lehrer/innenfortbildung, der Lehrpersonen aller Schulstufen ‚on the job' in der Gestaltung und Durchführung von Unterricht zu unterstützen und sie damit auch in ihrer professionellen Entwicklung zu fördern sucht" (Staub 2001, S. 175). Ein Coach arbeitet mit einer Lehrperson im Kontext ihrer regulären Arbeit in der Schule in einem bestimmten Fachbereich an der konkreten Planung und Realisierung von Unterricht zusammen. Durch diese gemeinsame Arbeit soll langfristig die fachspezifische Unterrichtsexpertise der Lehrperson entwickelt werden (vgl. ebd.). Das Modell sieht vor, dass die so geförderten Lehrkräfte mit der Zeit im Lehrerkollegium ihrerseits zunehmend selber auf den Unterricht bezogene Beratungs- und Coachingaufgaben übernehmen können. „Damit dient fachspezifisch-pädagogisches Coaching in einem Kernbereich von Schule der Schulentwicklung" (ebd., S. 175).

Das Modell stellt Werkzeuge zur Verfügung, die es erlauben, die Coachings zu strukturieren und den Fokus der Ausrichtung (das Lernen der Schülerinnen und Schüler) nicht aus den Augen zu verlieren. So kennt das Modell Leitfragen, welche Kernaspekte der Unterrichtsgestaltung thematisieren und mit Hilfe derer die Unterrichtsbesprechungen strukturiert werden können. Bezogen darauf wird der Unterrichts*vor*besprechung wesentlich mehr Gewicht beigemessen, als dies üblicherweise der Fall ist. So wird in der gemeinsamen Unterrichtsvorbereitung eine von der gecoachten Lehrperson mitgebrachte und von ihr kurz vorgestellte Unterrichtsskizze dialogisch ausgearbeitet und allenfalls auch transformiert. „Während in Nachbesprechungen aufgrund ihrer zeitlichen Position zum Unterricht nur hypothetisch über Verbesserungen gesprochen werden kann, sind in Vorbesprechungen direkt handlungswirksame Veränderungen am Plan möglich" (Kreis / Staub 2011, S. 65). In Unterrichtsnachbesprechungen herrscht zudem häufig direktives Gesprächshandeln der Coachs/Mentoren vor (vgl. z.B. Hennissen et al. 2008), wobei im fachspezifisch-pädagogischen Coaching möglichst dialogische und ko-konstruktive Folgestrukturen der Interaktion angestrebt werden (Kreis / Staub 2011, S. 65), indem der Coach mittels Fragen und Hinweisen den Coachee dazu auffordert, einen spezifischen Unterrichtsgegenstand zu elaborieren und dann hilft, diesen gemeinsam weiterzuentwickeln und zu transformieren, wobei beide Personen zur Ko-Konstruktion von Ideen beitragen (vgl. ebd.). Dadurch gewinnt die Annahme an Bedeutung, dass Veränderungen von Plänen auch potenziell handlungswirksam werden und es nicht beim guten Willen alleine bleibt.

Leitfragen zu Kernaspekten von gutem Unterricht, dialogisches Gesprächshandeln, geteilte Verantwortung für das Lernen der Schülerinnen und Schüler, dem

Modell zugrunde liegende theoretische Lehr-Lernprinzipien und eine Verschiebung des Schwerpunkts von der Unterrichts*nach*besprechung zur Unterrichts*vor*besprechung sind die wichtigsten Elemente des Modells.

Ebenfalls zentral ist die Annahme, dass durch diese reflexiven Dialoge (Schön 1987), als auch durch Erfahrung, Reflexion und Argumentation (Dann 1994), die personalen Überzeugungen (Lehrkonzeptionen), welche das konkrete Lehrhandeln steuern, wenigstens prinzipiell veränderbar sind (Staub 2001, S. 182). In den USA hat sich das fachspezifisch-pädagogische Coaching unter dem Begriff *Content-Focused Coaching*[SM] (West / Staub 2003) als wirkungsvolles Instrument zur schulinternen Weiterbildung von Lehrpersonen bewährt und Verbreitung gefunden. In der Schweiz wird das Modell hauptsächlich in der Lehrpersonenaus- und -fortbildung eingesetzt und erfreut sich zunehmender Beliebtheit. Erste wissenschaftliche Begleitstudien (Futter / Staub 2008; Kreis / Staub 2011; Vogt / Rogalla 2009) sind abgeschlossen oder im Gange (Waldis / Staub / Futter, 2010; Staub / Waldis / Futter / Schatzmann 2011).

Die Adaptation des Modells an den universitären Kontext

Wie aus obigen Ausführungen ersichtlich wird, passt das Modell sehr gut auf die Begebenheiten, wie sie sich für Lehrpersonen aller Volksschulstufen (vom Kindergarten bis und mit Sekundarstufe II) stellen. Auf universitärer Ebene jedoch sind die Gepflogenheiten andere. Die Universität als Bildungsort unterscheidet sich von vorangehenden Bildungseinrichtungen insofern, als dass hier von den Lehrpersonen eine eigene Wissenschafts- und Forschungsleistung erwartet wird und die Lehre dementsprechend forschungsbasiert ist. Die Verknüpfung von Forschung und Lehre kennzeichnet traditionellerweise die Bildung an Universitäten (vgl. Tremp 2005, S. 339). Lehrende sind primär Forschende und Lehre bezieht sich auf Forschung. Studierende werden idealerweise früh als Teil einer Forschungsgemeinschaft wahrgenommen und der wissenschaftliche Dialog mit ihnen wird explizit gesucht und geführt. Es besteht also gerade kein typisches „Lehrer-Schüler-Verhältnis" wie an vorangehenden Bildungsinstitutionen, sondern eine Gemeinschaft von Forschenden. Daran orientiert sich auch das Selbstverständnis beider Seiten, wobei sich die Studierenden mit zunehmender Teilhabe an Forschungsprojekten immer mehr auch als Teil der „scientific community" wahr-

nehmen und dementsprechend immer weniger als „Schülerinnen und Schüler⁴".
Bei Universitätslehrpersonen wird – wiederum im Gegensatz zu vorangehenden
Bildungsinstitutionen – das Fachwissen in den Vordergrund gerückt und die Dozierenden verstehen sich in erster Linie als Fachwissenschaftlerinnen und -wis-
senschaftler (Tremp 2005, S. 339). Hier kann mit dem fachspezifisch-hochschuldidaktischen Lehrcoaching bereits eine erste Anbindung vorgenommen werden,
wobei gleichzeitig auch eine Einschränkung auftaucht: Im Modell soll der Coach
über eine große Fachexpertise verfügen. An Universitäten wird jedoch neues Wissen durch Forschung generiert, so dass alle lehrenden Forscherinnen und Forscher
Expertinnen und Experten ihrer Disziplin sind. Es wird sich also schwerlich eine
Dyade finden lassen, so wie es bei vorangehenden Bildungsstufen noch möglich ist, bei welcher der Coach über eine hohe Fachexpertise verfügt (und zudem
über ein breites fach- und allgemeindidaktisches Wissen), so dass aufgrund dieser Konstellation fruchtbare Treffen mit einem/einer Coachee stattfinden könnten.
Eine Ausnahme wäre möglich, wenn eine Professorin/ein Professor beispielsweise ihre/seine Assistierenden coacht und so sicher über eine sehr hohe Fachexpertise verfügt, jedoch zudem – laut Modell – auch noch über fachdidaktisches und
allgemeindidaktisches Wissen verfügen müsste. Geht man vom umgekehrten Fall
aus, dass eine Person über allgemeindidaktisches Wissen verfügt, jedoch nicht
über Fachwissen (so wie es bei hochschuldidaktischen Hospitationen üblich ist),
dann kann sie zwar fundierte allgemeine Rückmeldungen zur Lehre geben, es
fehlt jedoch bei den Besprechungen die im Modell vorgeschlagene fachliche Expertise des Coachs mit den dazugehörenden fachdidaktischen Kenntnissen.

Damit soll nun keineswegs über den „Umweg" des fachspezifisch-hochschuldidaktischen Lehrcoachings eine Lanze für fachdidaktisch ausgerichtete Hochschuldidaktik-Zentren gebrochen werden, denn gerade das impliziert das Modell
nicht. Ihm liegen allgemeindidaktisch geprägte Reflexionsstrategien zugrunde,
ohne die – so die Überzeugung der Autorin – eine versierte Fachdidaktik nicht
auskommen kann.

---

4   Wobei der Begriff „Schüler/-in" einer gewissen „Schule" zu sein, durchaus auch an Uni-
     versitäten seine Bedeutung hat. Und sich die Studierenden – gerade in den ersten Studi-
     ensemestern – sehr oft noch als Schülerinnen und Schüler fühlen, einerseits da sie diese
     Rolle seit vielen Jahren kennen, andererseits da das Studium (nicht nur, aber auch) seit
     der Bologna-Reform in den ersten Semestern stark „verschult" wurde.

Zwei konkrete Umsetzungsvorschläge

Sollen nun die Vorzüge des Modells – trotz der Schwierigkeiten, welche sich bezüglich des Bildungsortes Universität zeigen – genutzt werden, dann werden nachfolgend zwei konkrete Möglichkeiten aufgezeigt, wie sich die Umsetzung gestalten ließe.

Variante 1: Triade anstatt Dyade
Wie oben beschrieben, ist es schwierig, wenn nicht unmöglich, dass es an Universitäten Coachs gibt, welche über ein Expertenfachwissen und über fachdidaktische und allgemein-didaktische Reflexionsstrategien verfügen und so gemeinsam mit einem Coachee eine fruchtbare Dyade bilden könnten. Das Fachwissen ist zu spezialisiert, als dass es nur schon für Mitglieder eines verwandten Lehrstuhls beherrscht werden könnte. Auch muss das optimale Lernen der Studierenden nicht wie bei Schülerinnen und Schülern vorangehender Bildungsinstitutionen so explizit in den Fokus genommen werden, denn die Stellung der Studierenden an einer Universität ist – wie dargelegt – eine andere als diejenige von Schülerinnen und Schülern. Sie sind größtenteils selber für ihr Lernen verantwortlich, was nun aber nicht bedeutet, dass sich die Lehre nicht am Lernen der Studierenden zu orientieren hätte. Studierendenzentriertheit – mit dem Schlagwort des „shift from teaching to learning" belegt – ist unbestrittenermaßen ein Qualitätsmerkmal universitärer Lehre. Die Kompetenzorientierung zeichnet sich gerade dadurch aus, dass sich die Lehrenden überlegen, welche Kompetenzen die Studierenden in ihren Lehrveranstaltungen erwerben und wie sie diese auch nachweisen können. Das „constructive alignment" (Biggs, 1996) muss stimmen.

Vorgeschlagen wird also, dass sich zwei Personen im Coach „vereinigen": eine Fachperson aus der Forschungsgruppe, dem Lehrstuhl, allenfalls dem Institut und eine Didaktikperson der allgemeinen Hochschuldidaktik. Diese beiden Personen führen das fachspezifisch-hochschuldidaktische Lehrcoaching nach adaptierten „Regeln" des fachspezifisch-pädagogischen Coachings durch. Adaptiert in dem Sinne, dass das Element der gemeinsamen Planung der Lehrveranstaltung aufgrund einer Lektionsskizze einen großen Stellenwert hat, dass jedoch die Leitfragen angepasst werden an die universitären Begebenheiten und auch die theoretischen Lehr-Lernprinzipien sich an Qualitätsstandards der universitären Lehre orientieren. Die dialogische und ko-konstruktive Gesprächsgestaltung wird jedoch beibehalten. Die Lehrveranstaltung selber kann durchaus auch Elemente enthalten, bei welchen der eine oder andere Coach einen Teil übernimmt, die Nachbesprechung verläuft jedoch so, dass dann Teile der Veranstaltung (in Kenntnis der Planungsüberlegungen) reflektiert werden und allenfalls bereits in neue Planungsschritte mit einfließen. Ein solches Doppelcoaching muss jedoch sehr gut bei der Dozentin/dem Dozenten eingeführt werden, damit er/sie sich nicht „überrollt" fühlt. Es bringt jedoch – gerade durch die Begleitung durch eine Fachperson und eine Didaktikperson – auch ein großes Pozential an Wissen, Können und Erfahrung in das Unterstützungssetting; sei es bei den Lehrbesprechungen und/oder bei der Lehrveranstaltung.

Variante 2: Kollegiales Gruppencoaching
Eine weitere Möglichkeit, wie das fachspezifisch-hochschuldidaktische Lehrcoaching an Universitäten Einzug halten könnte, besteht im Setting des „Gruppencoachings". Der Begriff „Coaching" wird hier wiederum in dem Sinne verwendet, dass die Gruppe sich zwar in der Lehrplanung und -gestaltung unterstützt, dass die Stellung des Coachs jedoch deutlich über eine allgemeine Prozessberatung hinausgeht. Vorgeschlagen wird, dass der Coach eine Person aus der allgemeinen Hochschuldidaktik ist, welche eine Gruppe eines Lehrstuhls/Instituts im Sinne der Qualitätsentwicklung begleitet. Die Fachexpertise ist bei den Mitgliedern der Gruppe verankert und die gegenseitige Planung und Unterstützung geschieht in Dyaden, welche sich aus der Gruppe bilden. Das Setting sieht jedoch vor, dass sich die Gruppe in gewissen Abständen als ganze mit dem Coach trifft und dass bei diesen Treffen im Sinne einer Praxisgemeinschaft vor allem allgemeindidaktische Fragen erörtert werden, welche aber sehr schnell wieder an die ganz konkreten fachspezifischen Inhalte gebunden werden. Durchaus können Videoaufnahmen aus Lehrveranstaltungen und/oder Besprechungen der Weiterentwicklung der Lehrexpertise dienen, dies im Sinne von bereits andernorts gut etablierten Videoclubs (Sherin / van Es 2009). Der Vorteil einer institutionalisierten Lehrcoaching-Gruppe besteht darin, dass neue Mitglieder besser unterstützt werden können (was bei der Forschung selbstverständlich ist), dass aber durch die Begleitung einer externen Didaktikperson gewährleistet wird, dass aktuelle Erkenntnisse der Lehr-Lernforschung, allgemeindidaktische Reflexionsstrategien, als auch die Werkzeuge und Aspekte des Modells des fachspezifisch-hochschuldidaktischen Lehrcoachings mit berücksichtigt werden. Die eigentlichen Besprechungen laufen jedoch kollegial und werden durch die Gruppenmitglieder selber organisiert. Bei dieser Variante lässt sich auch überlegen, ob beispielsweise Gruppen über Lehrstühle und/oder Institute hinaus gebildet werden könnten: eine Medizinergruppe oder eine Juristengruppe als Szenario?

Fazit und Ausblick

Die zwei oben skizzierten Szenarien sind als Möglichkeiten zu betrachten, wie eine Adaptation des Modells des fachspezifisch-pädagogischen Coachings an die universitären Begebenheiten zu realisieren wäre. Ganz im Sinne eines „Zukunftslabors" wurde vom idealtypischen Fall ausgegangen, dass von Seiten der Lehrenden Interesse, Motivation und auch der Wille vorhanden sind, einerseits die eigene Lehrkompetenz zu erweitern und andererseits einen Beitrag für die Lehrexpertise am Lehrstuhl/Institut zu leisten. Bei diesen Punkten lassen sich sicherlich auch die größten Schwierigkeiten orten: Bekannterweise ist die Lehre mit weniger Wertschätzung gesegnet und es wird ihr von den Dozierenden auch nur ein Bruchteil der gesamten Zeitressourcen zugemessen. Lehrpreise sind zwar schön, zählen jedoch nicht. Reputation durch die Lehre zu erhalten, ist nach wie vor nicht erstrebenswert, obwohl im Leitbild einer jeden Universität die Gleichwertigkeit von Forschung und Lehre beschworen wird. Solange die Lehre keine größere Wertschätzung erhält, so lange die Ausübung der Lehre zumindest bei einigen Forschenden als notwendiges Übel betrachtet wird, so lange finden auch noch so gute hochschuldidaktische Angebote keine Resonanz. Ob sich hier flächendeckend eingeführte Lehrveranstaltungsbeurteilungen positiv auswirken, wird sich noch zeigen.

Von der obigen idealtypischen Prämisse ausgehend, dass das Interesse und auch der Wille vorhanden sind, die Lehre ernst zu nehmen und auch weiterzuentwickeln, kann von dem an den universitären Kontext angepassten Modell folgender Mehrwert für die Lehrentwicklung erwartet werden:

Das Modell bietet erstens theoretisch fundierte und praktisch vielfach erprobte und auch wissenschaftlich begleitete Methoden an, wie durch dialogisch gestaltete Unterrichtsbesprechungen an den eigenen Lehrkonzeptionen, welche das konkrete Lehrhandeln nachweislich steuern, gearbeitet werden kann. Nicht umsonst wird in Lehrportfolios, welche in den USA und Großbritannien und vermehrt auch im deutschsprachigen Raum in Berufungsverfahren verlangt werden, die Darlegung der eigenen „Lehrphilosophie", also des eigenen Lehrkonzepts, welches sich auf die dahinter liegenden personalen Überzeugungen, das fachspezifisch-pädagogische Wissen bezieht, immer stärker gewichtet (Futter 2009; Seldin 1997; von Queis 2005). Nur schon das Bewusstwerden der eigenen Lehrkonzeptionen ist viel wert. Folgt auch noch eine Auseinandersetzung und allfällige Revision von unter Umständen durch tradierte Vorstellungen übernommenen Überzeugungen, welche sich jedoch u.u. nicht mehr an aktuellen Erkenntnissen der Lehr-Lernforschung orientieren, dann ist dies einerseits ein Gewinn für die persönliche Entwicklung und andererseits ein deutlicher Schritt in Richtung Förderung der Lehrexpertise am Lehrstuhl/Institut.

Zweitens fördert das Modell – durch die Betonung des Fachinhalts – eine fachdidaktisch orientierte Auseinandersetzung, jedoch gekoppelt mit allgemeindidaktischen Reflexionsstrategien. Diese Verknüpfung von Fach- und Allgemeindidaktik ist ein großer Pluspunkt des Modells. Dass damit die aktuelle Diskussion um Fachdidaktik-Zentren an Universitäten und Hochschulen im deutschsprachigen Raum bereichert werden kann, ist zu hoffen. Jedenfalls geht das Modell deutlich über eine ausschließlich fachlich orientierte Begleitung von Dozierenden hinaus, indem eben beide Aspekte betont werden. Gerade in der obigen Variante 1, in welcher zwei Personen eine dritte Person coachen, kommt dies deutlich zum Ausdruck.

Ein dritter Punkt betrifft das Setting „Coaching". Es wurde gezeigt, mit welchen Schwierigkeiten der Begriff behaftet ist, aber auch dargelegt, wie er im Modell verwendet wird. Gerade an Universitäten, wo Dozierende sich ungern sagen lassen, wie sie zu lehren haben und auch flächendeckende Lehrveranstaltungsbeurteilungen nur dann sinnvoll sind, wenn den Dozierenden aufgezeigt wird, wie sie etwas ändern können, ist das fachspezifisch-hochschuldidaktische Lehrcoaching ein niederschwelliges und ressourcenbasiertes Modell. Es zielt durch seine starke Inhaltsorientierung nicht direkt auf Personenmerkmale der Dozierenden, sondern orientiert sich am Lernen der Studierenden. Welche Kompetenzen sollen die Studierenden erwerben und wie sieht demzufolge eine optimale Lernumgebung dafür aus? Gemeinsam elaborieren der Coach und die Dozentin/der Dozent im Vorfeld die Varianten und gemeinsam wird die Veranstaltung reflektiert und neue Handlungsschritte werden erprobt. Dies ist viel nachhaltiger, als es eine übergreifende studentische Lehrveranstaltungsbeurteilung zu leisten vermag.

So bleibt abschließend nur ein Wunsch offen: Dass die Erprobung des Modells in der einen oder anderen Form Eingang findet in den universitären Lehralltag, und dass möglichst viele Dozierende von der Schubkraft und dem Pozential des fachspezifisch-hochschuldidaktischen Lehrcoachings profitieren können.

Literatur

Baumert, J. / Kunter, M. (2006). Stichwort: Professionelle Kompetenz von Lehr-kräften. In: Zeitschrift für Erziehungswissenschaft, 9(4), S. 469–520.

Biggs, J. (1996). Enhancing Teaching through constructive alignment. In: Higher Education, 32(3), S. 347–364.

Borchard, C. (2002). Hochschuldidaktische Weiterbildung – Akzeptanz und Wir-kung. Eine Analyse am Beispiel des Bausteinprogramms WindH – Weiterbil-dung in der Hochschullehre. Hamburg: LIT Verlag.

Brendel, S. (2010). Ein Angebot für alle? Heterogene Gruppen in hochschuldi-daktischen Weiterbildungen. In: Zeitschrift für Hochschulentwicklung, 5(3), S. 1–18.

Bromme, R. (1992). Der Lehrer als Experte. Zur Psychologie des professionellen Wissens. Bern: Verlag Hans Huber.

Collins, A. / Brown, J.S. / Newman, S. (1989). Cognitive Apprenticeship: Teaching the Crafts of Reading, Writing, and Mathematics. In: Resnick, L.B. (Hrsg.). Cognition and Instruction: Issues and Agendas, Hillsdale, NJ: Lawrence Earl-baum, S. 453–494.

Dann, H.D. (1994). Pädagogisches Verstehen: Subjektive Theorien und erfolgrei-ches Handeln von Lehrkräften. In: Reusser, K. / Reusser-Weyeneth, M. (Hrsg.). Verstehen. Bern: Verlag Hans Huber.

Feiman-Nemser, S. (1998). Teachers as Teacher Educators. In: European Journal of Teacher Education, 21(1), S. 63–74.

Futter, K. (2009). Das Lehrportfolio als Dokumentationsmöglichkeit und Quali-tätsnachweis in Hochschulen. In: Beiträge zur Lehrerbildung, 27(1), S. 74–80.

Futter, K. / Staub, F. (2008). Unterrichtsvorbesprechungen als Lerngelegenheiten in der berufspraktischen Ausbildung. In: Beiträge zur Lehrerbildung, 26(2), S. 126–139.

Gibbs, G. / Coffey, M. (2002). The Impact of Training on University Teachers Approaches to Teaching and on the Way their Students learn. In: Das Hoch-schulwesen, 5(2), S. 50–54.

Hennissen, P. / Crasborn, F. / Brouwer, N. (2008). Mapping mentor teachers' roles in mentoring dialogues. In: Educational Research Review, 3(2), S. 168–186.

Hochschuldidaktik (2008). Hochschuldidaktische Initiativen auf Institutsebene. URL: www.hochschuldidaktik.uzh.ch/instrumente/dossiers.html (Stand: April 2011).

Kreis, A. / Staub, F.C. (2011). Fachspezifisches Unterrichtscoaching im Praktikum. In: Zeitschrift für Erziehungswissenschaft, S. 1–23. URL: www.springer link.com/content/u604833lu7442tl/ (Stand: April 2011).

Kröber, E. (2011). Die Wirksamkeit hochschuldidaktischer Weiterbildung: Evaluation der Veränderung von Lehrkonzeptionen. Saarbrücken: Südwestdeutscher Verlag.

Lave, J. / Wenger, E. (1991). Situated Learning. Cambridge: Cambridge University Press.

Leinhardt, G. / Young, K.M. / Merriman, J. (1995). Integrating professional knowledge: The theory of practice and the practice of theory. In: Learning and Instruction, 5(4), S. 401–408.

Lortie, D. (1975). Schoolteacher: A sociological study. Chicago: University of Chicago Press.

Mandl, H. / Gerstenmaier, J. (2000). Die Kluft zwischen Wissen und Handeln. Göttingen: Hogrefe.

Niggli, A. (2001). Ein Mentoring-Programm mit Coaching-Anteilen für die Ausbildung von Lehrpersonen. In: Beitäge zur Lehrerbildung, 19(2), S. 244–250.

Niggli, A. (2005). Unterrichtsbesprechungen im Mentoring. Oberentfelden: Sauerländer.

Peters, S. / Genge, F. / Willenius, Y. (2006). Flankierende Personalentwicklung durch Mentoring II Neue Rekrutierungswege. Mering: Rainer Hampp Verlag.

Queis, D. von (2005). Die Qualität der Lehrenden. Das Lehrportfolio als Instrument zur Personalauswahl und Personalentwicklung in der Hochschullehre. In: Handbuch Qualität in Studium und Lehre, E 2.3, S. 1–22.

Rauen, C. (2003). Coaching. Göttingen: Hogrefe.

Reinmann, G. (2009). Studientext: Wissensmanagement. URL: www.lernen -unibw.de/studientexte (Stand: April 2011).

Schön, D.A. (1987). Educating the reflective practitioner. Toward a new design for teaching and learning in the professions. San Francisco: Jossey-Brass.

Seldin, P. (1997). The Teaching Portfolio. Bolton, MA: Anker Publishing Company, 2. Aufl.

Schreyögg, A. (2007). Konzepte des Coaching. Wiesbaden: VS Verlag für Sozialwissenschaften.

Sherin, M.G. / van Es, E.A. (2009). Effects of Video Club Participation on Teachers' Professional Vision. In: Journal of Teacher Education, 60, 1, 20–37.

Shulman, L.S. (1987). Knowledge and teaching: Foundations of the new reform. In: Harvard Educational Review, 57(1), S. 1–21.

Staub, F.C. (2001). Fachspezifisch-pädagogisches Coaching: Theoriebezogene Unterrichtsentwicklung zur Förderung von Unterrichtsexpertise. In: Beiträge zur Lehrerbildung, 19, 2, S. 175–198.

Staub, F.C. (2004). Fachspezifisch-pädagogisches Coaching. In: Zeitschrift für Erziehungswissenschaft, 7(3), S. 113–141.

Staub, F.C. / Stern, E. (2002). The Nature of Teachers' Pedagogical Beliefs Matters for Student's Achievement Gains: Quasi-Experimental Evidence From Elementary Mathematics. In: Journal of Educational Psychology, 94(2), S. 344–355.

Stauf, F.C. / Waldis, M. / Futter, K. / Schatzmann S. (submitted). Förderung von Lerngelegenheiten in Lehrpraktika durch die Vermittlung von Kernelemnten des fachspezifischen Unterrichtscoachings. In T. Hascher / G.H. Neuweg (Hrsg.). Forschung zur (Wirksamkeit der) LehrerInnenbildung. Wien: LIT–Verlag.

Tremp, P. (2005). Verknüpfung von Lehre und Forschung: Eine universitäre Tradition als didaktische Herausforderung. In: Beiträge zur Lehrerbildung, 23(3), S. 339–348.

Tremp, P. (Hrsg.). (2010). „Ausgezeichnete Lehre!" Lehrpreise an Universitäten: Erörterungen – Konzepte - Vergabepraxis. Münster: Waxmann.

Vogt, F. / Rogalla, M. (2009). Developing Adaptive Teaching Competency through coaching. In: Teaching and Teacher Education, 25(8), S. 1051–1060.

Wahl, D. (2001). Nachhaltige Wege vom Wissen zum Handeln. In: Beiträge zur Lehrerbildung, 19(2), S. 33–46.

Wahl, D. (2002). Mit Training vom trägen Wissen zum kompetenten Handeln? In: Zeitschrift für Pädagogik, 48(2), S. 227–241.

Waldis, M. / Staub, F.C. / Futter, K. (2010). Effects of of Pre-Conferences in Practica on Student Teacher Learning, Quality of Teaching, and Pupil Learning. Paper presented at the EARLI SIG 11 Meeting in Helsinki: 14. Juni 2010.

West, L. / Staub, F. (2003). Content-focused coaching transforming mathematics lessons. Portsmouth: Heinemann.

Mandy Schiefner

Mythos Web 2.0:
Medien in Bildungsinstitutionen

In den letzten Jahren haben sich Web 2.0 Angebote rasend schnell verbreitet. Mittlerweile durchdringen sie auch den nichtmedialen Alltag, indem beispielsweise mit dem „I like" Button in klassischer Werbung experimentiert wird oder Universitäten in Facebook und anderen Social Communities vertreten sind, zum Teil eigene Podcast-Angebote pflegen oder einen Twitter-Channel betreiben. Auch in der privaten Nutzung des Internets liegen Social Communities bei vielen Altersgruppen immer noch hoch im Trend. Auch in der Lehre wird bisher mit den neuen Nutzungsformen des Internets unter dem Schlagwort Social Software oder Web 2.0 experimentiert, allerdings, so wie es scheint, bisher wenig nachhaltig, d.h. meistens in Einzelprojekten von engagierten Dozierenden. Dies gilt sowohl für Schulen als auch für Hochschulen. Die wenig verbreitete und wenig elaborierte Nutzung scheint auf den ersten Blick ein Widerspruch zu sein, passen doch diese Form der Mediennutzung und die Tätigkeiten im Studium auf den ersten Blick optimal zusammen. Der nachfolgende Artikel möchte daher den Fokus auf den Einsatz von Social Software in Bildungsinstitutionen legen und der Frage nachgehen, warum diese in vielen Fällen so wenig eigenaktiv von Schülerinnen und Schülern respektive Studierenden genutzt werden.

Web 2.0: Charakteristika

Im Rahmen der Medienentwicklung ist ein Trend hin zu eigenverantwortlichem, produktivem Handeln auszumachen. Die soziale Komponente bei der Erstellung von Informationen hat hierdurch an Bedeutung gewonnen und gleichzeitig ist eine größere Individualisierung bei den aktiven Nutzern des Web 2.0 zu beobachten. Jeder Mensch kann sich seine persönlichen Inhalte aus vielen unterschiedlichen Angeboten zusammenstellen, von Nachrichtenübersichten bis hin zu Kursformaten, die eine größtmögliche Offenheit bieten. „Mash-ups" sind in aller Munde. Wikis und Weblogs sind mit ein paar wenigen Klicks eingerichtet bzw. meist Teil eines an der Universität angebotenen Learning Management Systems und (zumindest technisch) direkt ins Unterrichtsgeschehen integrierbar. Aus dieser Entwicklung ist analog zu „Web 2.0" der Begriff „Learning 2.0" (Downes 2005) entstanden, der die Prinzipien des Web 2.0 auf das Lernen überträgt. Zusammenfassend zeichnet sich Web 2.0 vor allem dadurch aus, dass es eine veränderte Internetnutzung ermöglicht: Zurück geht der Begriff des Web 2.0 auf Tim O'Reilly und meint in seinem Verständnis eine Veränderung von Softwareentwicklung, Nutzungspraktiken des Internets sowie von Geschäftsmodellen (vgl. z.b. Alby 2007; Schmidt 2008, S. 19). Die Versionsbezeichnung des 2.0 spielt dabei auf die Softwareentwicklung an, in der eine aktuellere Version, die wesentliche Neuerungen integriert, mit einer neuen Nummer gekennzeichnet wird. Dabei steht Web 2.0 nicht im Gegensatz zu Web 1.0, sondern bezeichnet eine Weiterentwicklung von Nutzungsszenarien. Die veränderten Nutzungsbedingungen und -praktiken, die durch das Web 2.0 ermöglicht werden, zeichnen sich vor allem durch Interaktivität, Selbstorganisation (vgl. Hornung-Prähauser et al. 2008) und Partizipation[1] (so z.b. Fisch / Gscheidle 2008; Gscheidle / Fisch 2007; Kerres 2006) aus.

Vor allem für die Integration in Bildungsinstitutionen sind zwei Charakteristika des Social Web wichtig und haben Implikationen für den Einsatz:

Das erste Charakteristikum lässt sich mit dem Gegensatzpaar „User vs. Autor" beschreiben (vgl. Kerres 2006): Lernende und Internetnutzende haben die Möglichkeit, nicht nur Inhalte des Internets passiv zu konsumieren, sondern auch aktiv zu produzieren. Studierende können unkompliziert Lerninhalte erstellen und diese Kommilitonen oder den Internetnutzenden zur Verfügung stellen. Kooperation ist sowohl zwischen Studierenden als auch potenziell mit allen Internetnutzern möglich. Anwendungen zur Gestaltung von Inhalten werden immer einfacher und mobiler zugänglich, so dass es zum einen kaum noch spezielles Wissen zur Herstellung braucht und zum anderen Contentproduktion auch von überall her möglich ist.

Das zweite Charakteristikum beschreibt Kerres (2006) mit dem Gegensatzpaar „privat vs. öffentlich": Privates wird zunehmend öffentlich, Arbeit und Privatleben verschwimmen immer mehr. Für die Lehre bedeutet dies, dass es zum einen leichter wird, Öffentlichkeit in Seminarstrukturen zu integrieren und somit authentische und situierte Lernanlässe zu schaffen. Zum anderen müssen aber auch Prozesse des Datenschutzes und der Sicherheit adressiert werden.

Erstaunlich ist nun, dass Jugendliche und Studierende in ihrer Privatheit durchaus Social Media nutzen, dies aber in universitären Strukturen nicht immer bzw. oft nur mit extrinsischer Verstärkung oder einer gewissen Verbindlichkeit passiert.

---

1   Allerdings zeigen bisherige Untersuchungen, dass diese Partizipation keineswegs selbstverständlich ist (vgl. Fisch / Gscheidle 2008; Busemann / Gscheidle 2009).

Gerade durch das Verschwimmen von privat und öffentlich könnte man doch davon ausgehen, dass diese Nutzungsmöglichkeiten aus dem Privaten auch in den Hochschulen zum Tragen kommen.

Web 2.0 in Bildungsinstitutionen: Chancen und Herausforderungen

Hochschulstudium und Web 2.0 passen theoretisch besonders gut zusammen, geht es doch im Rahmen des Hochschulstudiums auch um Prinzipien der Ko-Orientierung und kollektiven Intelligenz, Partizipation und Dynamisierung, Interaktion und Kommunikation (vgl. Kerres 2006; Schenk et al. 2008), so dass vor allem die soziale Nutzung des Internets für die Hochschulen eine große Chance bietet. Web 2.0 kann in unterschiedlichsten Szenarien in die universitäre Lehre Einritt finden (vgl. Schiefner / Kerres 2011). Dennoch muss man konstatieren, sind bisherige Beispiele eher wenig vorhanden und wenn, dann wenig empirisch untersucht und auch nicht nachhaltig.

Blickt man auf den Einsatz von Web 2.0 an Bildungsinstitutionen wie Hochschulen, findet man zum einen Studien, die den Einsatz von Web 2.0 in seiner Breite untersuchen (vgl. Kleimann et al. 2008; Schiefner / Ebner 2009), zum anderen meist Fallstudien einzelner Implementationsanstrengungen. Betrachtet man die Fallberichte näher, so sieht man, dass Web-2.0-Medien in der Lehre dann meist rezeptiv genutzt werden; ein Verhalten, das sich auch außerhalb von Bildungsinstitutionen findet. Zudem findet man eine aktive, kollaborative Nutzung meist nur durch das Aufbauen von festen Verbindlichkeiten: da müssen Studierende als Leistungsnachweise beispielsweise bloggen oder Wiki-Beiträge einstellen. Oft werden dann diese Arbeitsaufträge auch kombiniert in quantifizierbaren Formen, damit sie bewertbar sind: beispielsweise müssen zwei Artikel geschrieben und einmal kommentiert werden. So wird versucht, Partizipation, ein Kernmerkmal von Web 2.0, zu erreichen und zu Kollaboration bzw. Kooperation anzuleiten. Lässt man diese Form von „Druck" weg, kommt es zu Phänomenen, dass keiner Social Media nutzt, Studierende passiv bleiben oder diese Tools als „nice to have" von den Studierenden betrachtet werden. Allerdings liegt das Potenzial vor allem in der aktiven partizipativen Nutzung, weshalb ein Einsatz dieser Tools in Bildungsinstitutionen immer noch postuliert wird, aber zwischen Zwang und Freiheit durchaus als pädagogische Antinomie (Helsper 2000) wahrgenommen werden kann.

So sieht man eine große Lücke: Einerseits gibt es aus Sicht von mediendidaktisch interessierten Dozierenden den großen Wunsch und die Notwendigkeit, aus didaktischen Gesichtspunkten heraus das Social Web in die Lehre zu integrieren. Auf der anderen Seite werden diese Tools von den Studierenden nicht wie gewollt bzw. nur unter Druck und mit Androhung von Sanktionen genutzt (beispielsweise das Nichtbestehen des Seminars, indem die Nutzung von Social Media als Leistungsnachweis gilt). So lässt sich schon fragen: Mythos Web 2.0? Hängen Lehrende an Hochschulen einem pädagogischen Mythos oder der Utopie der Selbstbestimmung und Partizipation nach, die sich in der Praxis so nur mit Mühe um- und einsetzen lässt?

Fragt man Studierende informell, warum sie Social Media nicht nutzen, werden vielfältige Gründe genannt: der Mehrwert war nicht klar, ein recht hoher Aufwand, Angst vor einer Veröffentlichung: „Die freie Zugänglichkeit und das Bewusstsein, dass die Blogbeiträge als Leistungsnachweis zählen würden, nahm die Lockerheit, etwas beizutragen." Doch warum kommt es hier zu einer so großen Diskrepanz bzw. zu solchen Barrieren? In einem früheren Artikel hatte ich schon angedeutet, dass eine Integration an strukturellen Gegebenheiten von Hochschulen und damit verbunden Lehrveranstaltungen scheitern könnte (Schiefner-Rohs im Erscheinen). Weiterhin sind m.E. neben grundlegenden Überlegungen rund um digitale Leistungsnachweise und den Fähigkeiten und Fertigkeiten der Dozierenden und Lernenden auch fehlende bzw. mangelnde didaktische Konzepte verantwortlich dafür, ob Web-2.0-Medien von den Studierenden genutzt werden oder nicht. Diese Punkte möchte ich im Folgenden ausführen und näher erläutern.

Rollenmuster von Dozierenden und Studierenden

Die Integration von Web 2.0 in die Hochschullehre birgt Rollenveränderungen für Dozierende und Studierende, die sie zum einen erkennen und reflektieren, zum zweiten aber auch annehmen und umsetzen müssen. Dozierende geraten oft in zunehmenden Zeit- und Erfolgsdruck, auch neue Medien in der Lehre einzusetzen. Statt sich mit den Potenzialen einzelner Medien kritisch und reflexiv auseinanderzusetzen, liegt die Gefahr nahe, dass sie ihre bisherige Unterrichtsart und Methode des Präsenzunterrichts auf das Lernen mit neuen Medien übertragen, ohne sich über Spezifika und den Medien zugrunde liegenden Theorien und Prinzipien bewusst zu sein und verharren so in Rollenmustern – die dann im schlechtesten Fall nicht mehr zum Medium passen (z.B. Dozierende, die meinen, auf alle Twitter- oder Facebook-Postings ihrer Studierenden reagieren zu müssen und dann in

Stress verfallen). Dozierende werden allerdings eher zu E-Tutoren und Coaches, die Rolle der Lernvermittler wird dem Einsatz von Web-2.0-Tools wenig gerecht. Vor allem für das Web 2.0 kommt hinzu, dass diese Tools meist hierarchiefrei sind, was Auswirkungen auf die Wahrnehmung und die Lehre hat. Für Dozierende bedeutet der Einsatz von Web 2.0 Mehrarbeit durch die erhöhte Interaktion, aktive Partizipation sowie die individuellen Rückmeldungen (vgl. Leidl / Müller 2008).

Aber auch für Studierende bietet Web 2.0 einige Herausforderungen, verändert es doch Arbeitsformen und die Auffassung von „Studieren". Die meisten Studierenden sind selbstgesteuertes Lernen z.T. nicht gewohnt und kommen mit einer gewissen Erwartungshaltung ins Studium, die nur schwer zu durchbrechen ist (vgl. Reinmann 2010). Weiterhin besteht die Gefahr, dass die Studierenden nicht mit dem hohen Freiheitsgrad umgehen können, den die Nutzung von Web 2.0 mit sich bringt. Als ein Ausgangspunkt des Lernens mit Web 2.0 in der Hochschule wird oft der hohe Motivationseffekt genannt, den Web-2.0-Tools für Studierende hat. Allerdings kann dieser Effekt nicht generell vorausgesetzt werden, da er in vielen Bereichen auf Neuigkeitseffekten beruht. Web 2.0 in der Hochschullehre verändert die Freiheitsgrade für Studierende, sie müssen mehr Eigenverantwortung, insbesondere Verantwortung für den eigenen Lernprozess, übernehmen. Diese Freiheit muss ihnen auf der einen Seite von Dozierenden zugestanden werden, zum anderen muss dieser aber auch von den Studierenden genutzt werden (vgl. ebd.).

Sowohl Dozierende wie auch Studierende müssen Offenheit und Unsicherheit aushalten können. Zudem erfordert das Web 2.0 von Lernenden sowohl hohe selbstregulative Kompetenzen (vgl. Leutner / Brünken 2000), als auch Medienkompetenz, um beispielsweise mit der Frage der potenziellen Öffentlichkeit angemessen umzugehen. Darüber hinaus erfordert der Umgang mit Web 2.0 eine erhöhte Selbstorganisation auf Seiten der Studierenden (vgl. Reinmann 2009).

Organisationsform und Struktur

Zu strukturellen Aspekten zählen neben der Organisationsform und dem Reputationswesen auch die zeitliche und strukturelle Gestaltung der Lehre. Gerade diese scheint aus meiner Wahrnehmung einen großen Einfluss auf die mangelnde Nutzung von Web-2.0-Tools zu haben. Sind diese Tools so angelegt, dass es eine Präsenz vor Ort eigentlich kaum braucht bzw. dass die Öffentlichkeit auch integriert werden kann, so laufen die meisten Makroseminarstrukturen jedoch so ab, dass

ein Großteil in Präsenzveranstaltungen stattfindet und ein Einsatz von Web-2.0-
Instrumenten hier schwieriger umzusetzen ist. Wenn sich Studierende jede Woche
sehen und austauschen können, ist es befremdlich, wenn sie dies plötzlich online
tun müssen. So verwundert es kaum, dass beispielsweise Learning Management
Systeme zu großen Teilen als Materialablage gebraucht werden. Ebenfalls sind
simple Systeme wie Lehrdeputate noch immer weniger mit flexibler online-Lehre
vereinbar.

Die Integration von Web 2.0 in der Hochschullehre wird zumeist auf mikrodi-
daktischer Ebene, d.h. auf Ebene der einzelnen Lehrveranstaltung, thematisiert.
Weniger wird das Gesamtcurriculum und eine Integration in dieses betrachtet,
obwohl sich hier interessante Einsatzmöglichkeiten ergeben, die nicht so „feh-
leranfällig" sind wie eine Integration in die einzelne Lehrveranstaltung, wie beispielsweise das Führen eines E-Portfolios über das gesamte Studium hinweg zur
Bilanzierung und Reflexion der gemachten Lernerfahrungen. Ebenso können Entscheidungen für eine konsequente Nutzung von Web 2.0 und damit einer nachhaltigen Implementation an der Hochschule nur über die Gestaltung von Gesamtcur-
ricula funktionieren. So erleben Studierende Web 2.0 nicht nur vereinzelt und als
Steckenpferd besonders mediendidaktisch interessierter Lehrpersonen, sondern
als normales Werkzeug, das Chancen, aber auch Risiken hat. Eine Integration
kann dann vielfältig stattfinden, beispielsweise durch die konsequente Integration
von E-Portfolios oder die Nutzung von Weblogs und Wikis, bis hin zur offenen
Definition von Leistungsnachweisen. Es kann auch überlegt werden, ob bei der
Integration von Web 2.0 in die Hochschullehre nicht stärker von einer Trennung
von Fachstudium und Praxisgemeinschaften ausgegangen werden soll, um widersprüchliche Anforderungen (zwischen Offenheit und Verbindlichkeit, zwischen
Erfahrung sammeln und Leistungsnachweisen, zwischen hierarchiefrei und leh-
rergesteuert, usw.) zu vermeiden (vgl. Reinmann et al. 2007). Überlegt werden
muss dann auf gesamtcurricularer Ebene, wie diese Aspekte wieder zusammen-
gebracht und reflektiert werden, beispielsweise in einem E-Portfolio oder einem
Blog.

Web 2.0 und Leistungsnachweise

Eine weitere Schwierigkeit bei der Integration von Web 2.0 liegt in der Verknüpfung mit Leistungsnachweisen. Aus Erfahrungen heraus, dass die meisten Web-
2.0-Tools bei mangelnder Verbindlichkeit eher ein Schattendasein fristen, sind
viele Dozierende dazu übergegangen, diese mit Leistungsnachweisen zu ver-

knüpfen. Mit der Einführung der Bologna-Reform stehen Studierende vor widersprüchlichen Aussagen bzw. Anforderungen (vgl. Reinmann et al. 2007): Auf der einen Seite wird Workload berechnet und Kompetenzraster gebildet, um die Leistungen der Studierenden ECTS-erfassbar zu machen, auf der anderen Seite setzen Dozierende Web-2.0-Tools ein, die selbstgesteuertes Lernen in sozialen Gemeinschaften als Grundprinzip haben. So verwundert es nicht, dass unterschiedliche Kontrollformen (Selbst- und Fremdkontrolle) und damit unterschiedliche Maßstäbe (eigene und äußere) aufeinanderprallen (vgl. Reinmann et al. 2007).

Ein zweiter Aspekt liegt in der Rolle der Zusammenarbeit während Leistungsnachweisen. Assessment und Leistungsnachweise an Universitäten funktionieren als die Zertifizierung von Einzelpersonen: Leistungsnachweise sind in den meisten Fällen nur als Einzelleistungsnachweise konzipiert und in Prüfungsordnungen abgebildet. Vor allem wenn es um Prüfungen geht, steht auch die Erbringung der Prüfungsleistung just-in-time der Leistungsbewertung im Vordergrund. So ist und bleibt ein großer Streitpunkt bei der Bewertung kollaborativer Leistungsnachweise, wer welchen Anteil am Ergebnis hat. Überfachliche Aspekte wie Zusammenarbeit, Diskussionsstil usw., die auch und gerade in kooperativen und kollaborativen Lehr-Lernsettings zentral sind, finden selten Eingang in die Benotung. Meist steht da das Ergebnis im Vordergrund. Der Einsatz von Reflexionsinstrumenten wie Lerntagebücher (on- und offline geführt) helfen zwar, diesen Prozess und die damit verbundenen Kompetenzen sichtbar zu machen, werden meistens aber nicht benotet, da beispielsweise Kriterien für eine angemessene Benotung fehlen.

Didaktische Konzepte als Herausforderung

Meist überschätzen Dozierende die Potenziale und vor allem den Arbeitsaufwand bei der Integration von Web 2.0, der nicht so sehr in der Durchführung der Veranstaltung, sondern vor allem in deren konkreten Planung liegt. Betrachtet man verschiedene Studien zum Einsatz von Web 2.0 in der Hochschullehre, so findet man viele Fallberichte, die sich vor allem einzelnen Technologien und deren Einsatz widmen (Apostolopoulo et al. 2009; Mandel et. al. 2010). Im Fokus steht beispielsweise die Nutzung von Blogs und Wikis. Es wird allerdings meist nicht geschrieben, wozu diese eingesetzt werden sollen bzw. wie diese Technologien in die zugrunde liegende Lehrveranstaltung passen (vgl. beispielsweise organisatorischer Art. Gerade die Integration struktureller Aspekte wird in den meisten Einsatzbereichen eher vernachlässigt. Aber auch die angemessene Integration von

Leistungsnachweisen (constructive alignment, vgl. Biggs / Tang 2007) wird selten in der didaktischen Entscheidung für den Einsatz von Web 2.0 in der Lehre thematisiert.

So bedingt die Integration von Web 2.0 in der Hochschullehre noch mehr als alle anderen Medien ein genaues didaktisches Design, da nur dann der Mehrwert für Studierende erkennbar wird und somit auch die Wahrscheinlichkeit der aktiven und partizipativen Nutzung steigt. Wenn der Mehrwert nicht ersichtlich ist oder Rahmenbedingungen wenig bedacht werden, ist die Wahrscheinlichkeit des Scheiterns hoch. Meist übertragen Dozierende allerdings den Präsenzunterricht auf digitale Medien oder gehen von „Selbstläufereffekten" aus, wie sie im informellen Gebrauch von Web 2.0 z.T. sichtbar werden, ohne sich den besonderen Merkmalen und Herausforderungen des Einsatzes in Lehr-Lernsettings zu stellen. So werden auf Lernplattformen beispielsweise Präsenz-Kurse eins zu eins abgebildet. Während dieses Vorgehen im Rahmen von E-Learning 1.0 noch eher möglich war, wird es mit Web 2.0 wahrscheinlich scheitern, da diese Tools als „informelle Tools" gedacht sind und sich einer Formalisierung zu großen Teilen verschließen bzw. veränderte Anreizsysteme brauchen. Hier müssen im Vorfeld des Einsatzes genaue Analysen des Mehrwerts der Einsatzszenarien gemacht werden.

Folgerungen für die Hochschuldidaktik

Die dargelegten Erklärungsversuche haben auch Auswirkungen auf die Unterstützung von Dozierenden. Dabei sind Mediendidaktik, E-Learning und Hochschuldidaktik Handlungs- und Aktionsfelder an der Universität, die durchaus spannungsgeladen sind, da an der Schnittstelle des Medieneinsatzes an Universitäten unterschiedliche Kompetenz- und Handlungsprofile aufeinander treffen, nicht zuletzt ausgelöst von dem „E-Learning-Kuchen", den es vor allem um das Jahr 2000 an deutschsprachigen Universitäten gab: der Hochschuldidaktiker, der sich für den Einsatz von Medien interessiert, die E-Learning-Beauftragte einer Universität, die sich früh mit der Integration von Medien in der Lehre auseinander gesetzt hat oder der medienaffine Professor, der seine eigene Lehrveranstaltung mit digitalen Medien unterstützt oder Studierende, die schnell mal ein Wiki oder Weblog aufsetzen und sich in Foren miteinander austauschen. Alle Involvierten haben eine spezielle Sichtweise auf den Einsatz von Medien in der Hochschullehre, der sich aber oft nicht mit denen der anderen Involvierten deckt.

Die Schwierigkeit ist nun, in einer solchen Gemengelage als hochschuldidakti-sche Einrichtung einen Input zu geben und handlungsfähig zu bleiben. Der Er-werb von Handlungskompetenz mit Social Software benötigt aufgrund der Merk-male keine aufwendigen Kurse und Vermittlungsformen, sondern geschieht durch Ausprobieren („trial and error"). Der große Erfolg dieser Internet-Applikationen ist auf die relative Einfachheit der Bedienung und Nutzung zurückzuführen. So machen die neuen E-Learning-Applikationen durch den quasi „spielerischen Um-gang" vordergründig Weiterbildungsangebote unnötig. Dies mag teilweise sogar für die technischen Anwendungsaspekte stimmen, ist jedoch im Hinblick auf eine sinnvolle didaktische Einbindung in die Hochschullehre nicht „per se" richtig.

Für die Hochschuldidaktik stellt sich spätestens hier die Frage, ob formale Zerti-fikatskurse noch immer ein adäquates Mittel für die Vermittlung von E-Kompe-tenzen darstellen. Auch wenn man der Schlagzeile „Web 2.0 ersetzt E-Learning" (vgl. Computerwoche 2007) nicht ohne weiteres zustimmen möchte, so scheint doch die Zeit des „klassischen E-Learnings" vorbei zu sein (vgl. Schiefner / Ebner 2008; Bachmann et al. 2009), die Integration von digitalen Medien in die Lehre wird alltäglich, was zu veränderten Anforderungen auch an die hochschuldidak-tische Arbeit führt.

Für die Hochschuldidaktik bedeutet dies unter anderem, dass ein Spagat gelingen muss, auf der einen Seite die Dozierenden als kompetent im Medieneinsatz zu se-hen, ihnen auf der anderen Seite just-in-time Unterstützungsleistungen zu bieten bzw. ein Problembewusstsein zu schaffen. Fragen der Mediendidaktik bleiben die gleichen, unabhängig von der Form der Medien, die es einzusetzen gilt, nämlich: Wie kann Lehren und Lernen durch Medien wirkungsvoll unterstützt werden? An welchen Stellen verfügen welche Medien über einen Mehrwert, den man für die umzusetzenden Ziele nutzen kann? Diese Fragen zu beantworten, ist allerdings schwieriger geworden. Benötigt werden neben einem Problembewusstsein auf Seiten der Dozierenden auch genaue didaktische Analysen der Lehre bzw. eine Reflexion der Lehrtätigkeit unter dem Medieneinsatz. Aus diesem Grund muss es darum gehen, Medien nicht mehr als separaten Teil einer Einrichtung zu denken, sondern in möglichst viele Teilgebiete der eigenen Arbeit und vor allem der Aus-bildungsgefäße zu integrieren, um so Anknüpfungspunkte für eine Diskussion mit Dozierenden zu liefern (vgl. auch Mandy Schiefner, in diesem Band).

Thematisierung von didaktischem Design

Ein zentraler Erfolgsfaktor für die Integration digitaler Medien sind die Lehrenden (Euler et al. 2006). Nur wenn die einzelne Lehrperson vom der Sinnhaftigkeit und den Vorteilen der Medien im Unterricht überzeugt ist, wird sie bereit sein, diese auch selbst einzusetzen. Und für diese Einschätzung der Sinnhaftigkeit ist es von Vorteil, wenn Lehrende selbst als Lernende mit Medien konfrontiert und Medien in die Durchführung der Angebote der Hochschuldidaktik integriert werden. Dies bedingt aber einen sinnvollen Medieneinsatz in allen Kursen und entsprechende Kompetenzen auf Seiten der Kursleitenden. Hierzu ist ein Konzept von externen Kursleitenden speziell zum Medieneinsatz in Hochschuldidaktik-Kursen (Grundlagen, didaktische Implikationen ...) zu verlangen oder gemeinsam zu entwickeln.

Medien, vor allem auch Web-2.0-Medien, sollten noch mehr als bisher auch in der hochschuldidaktischen Aus- und Weiterbildung eingesetzt werden. Dies hat den Vorteil, dass interessierte Lehrende direkt zu Beginn mit der Technologie konfrontiert werden und diese nutzen müssen bzw. gleich auch Vorteile, aber auch Grenzen erkennen. Somit haben sie erste Erfahrung mit Social Software und können sich besser in die Studierenden hineinversetzen. Die Auseinandersetzung mit Medien fängt dann nicht unter dem Vermittlungsaspekt (wie es häufig in speziellen Zertifikatskursen vorgesehen ist), sondern mit der direkten Nutzung und Anwendung an. Dabei kann ein Medieneinsatz die unterschiedlichsten Funktionen von Medien abdecken. Zum einen sollte ein Einsatz von Medien im Unterricht angedacht werden, zum anderen können Medien aber auch als Element dienen, den Präsenzunterricht zu entlasten bzw. neue Möglichkeiten der Zusammenarbeit auch neben den bisherigen Kursen zu eröffnen. In einem zweiten Schritt sollte neben der Integration von Medien in Einzelkurse auch die Integration von Medien in die Curricula der einzelnen hochschuldidaktischen Weiterbildungsformate aufgenommen werden. Wenn Lehrende in die Lehre einsteigen, können Sie auch auf dieser Ebene schon Medien in ihren Unterricht integrieren. Lehrende benötigen entsprechende Ausbildungsangebote, die ihnen helfen, individuelle Ideen für spezifische Einsatzszenarien in machbarer Form in die Praxis umzusetzen. Dies kann gelingen, wenn die Ausbildungsangebote den Medieneinsatz thematisiert und in den gestuften Weiterbildungsprogrammen auch eine kritische Reflexion der eigenen fachdidaktischen Konzepte beinhaltet und die Realisierung von neuen Sozialformen in der Lehre durch geeignete Medien aufgezeigt wird. Es hat sich nämlich gezeigt, dass Probleme beim E-Learning häufig auf mangelhafte Didaktik und Integration von Medien in den Unterricht zurückzuführen sind (Schulmeister 2005). Digitale Medien können allerdings auch die Funktion übernehmen, Teilnehmende von Kursen über den Kursbesuch hinaus miteinander zu verknüpfen und so ein Netzwerk von „hochschuldidaktisch interessierten Personen" zu bilden (Schiefner / Kuhn 2010). Gerade Medien, die oft mit dem Schlagwort „2.0" versehen sind, erlauben durch ihren offenen und partizipativen Charakter eine solche Verknüpfung. Während einer hochschuldidaktischen Weiterbildung können Medien dazu genutzt werden, den Teilnehmenden während den Tagen zwischen den Präsenzzeiten eine Plattform zu bieten, auf der sie weiterlernen und sich austauschen können (Learning Community). Diese Community kann entweder vom Kursleiter oder aber von den Teilnehmenden eigenverantwortlich gepflegt werden.

Nach Kursende werden die meisten Teilnehmenden wieder in ihren Unterricht „entlassen". Zum Teil bilden sich aus der Seminargruppe heraus Gemeinschaften, allerdings geschieht dies oft zufällig. Es ist zu überlegen, diese Gemeinschaften konkret anzuregen, zu fördern und mit Medien zu unterstützen, um so den Transfer des Gelernten in die Praxis zu unterstützen (Stichwort: Community of Practice). Dadurch können Weiterbildungskurse nachhaltiger werden und geben nach den Kursen Raum zum Erfahrungsaustausch der Teilnehmenden untereinander, was von vielen Dozierenden immer wieder gewünscht wird. Allerdings soll nicht verschwiegen werden, dass der Aufbau einer solchen Community zeit- und arbeitsintensiv ist, für hochschuldidaktische Einrichtungen allerdings einen Weg darstellt, Lehren und Lernen an Universitäten nochmals auf eine andere Art und Weise zu thematisieren und Diskurse über Lehre und Lehrqualität anzustoßen.

Thematisierung von Studiengangsfragen und digitale Medien

Neben den konsequent mit digitalen und Web 2.0 ausgestatteten hochschuldidaktischen Beratungs- und Weiterbildungsangeboten sollten Überlegungen auch in die Gestaltung von Studiengängen oder einzelnen Modulen unter mediendidaktischen Gesichtspunkten angegangen werden. Gerade die organisatorisch-strukturelle Ebene wird bisher eher zu wenig bedacht – vielleicht ein Grund für die bisher eher anekdotisch anmutenden Berichterstattungen einzelner Dozierender. Ohne eine Thematisierung auch größerer Einheiten wie Module und Studiengänge und einer konsequenten Integration mediendidaktischer Überlegungen wird die Integration von Medien in die Hochschullehre nur auf der Ebene der Lehrveranstaltung beschränkt bleiben und Maßnahmen wie E-Portfolios oder mediale Reflexionsinstrumente einsetzen. Nebst dem damit verbundenen Paradigmenwechsel von der Input- zur Outcome-Orientierung wird auch eine für viele Dozierende ungewohnte Form der Zusammenarbeit vorausgesetzt.

Fazit

Der Einsatz von Web 2.0 in der Hochschullehre bietet Potenziale, sollte aber genauestens überlegt und vor allem geplant sein. Insbesondere der eher informelle Charakter der Kommunikation mittels Web 2.0 muss sorgfältig bei der Integration in formale Bildungsinstitutionen bedacht und reflektiert werden; sowohl auf Ebene der konkreten Lehrveranstaltung als auch auf Ebene von Curricula- oder Modulentscheidungen. Web 2.0 ist keineswegs ein Selbstläufer, auch wenn erste Ergebnisse im Internet darauf hinweisen, bedeutet die Schaffung eines Szenarios, in dem Studierende zum einen aktiv sind und zum zweiten den Mehrwert gegenüber ihrer Präsenzlehre bemerken, einen verstärkten Aufwand für Dozierende in der Planung und Ausgestaltung eines didaktischen Designs.

Solche Entwicklungen, wie sie in diesem Artikel beispielhaft am Web 2.0 dargestellt wurden, aufzugreifen und in die alltägliche formelle und informelle Weiterbildungsarbeit zu integrieren, ist dabei Aufgabe für eine Hochschuldidaktik, die sich auch als Zukunftslabor versteht. Und dazu gehört es, die technischen Entwicklungen und aktuellen Möglichkeiten im Blick zu haben, diese kritisch auf einen Einsatz in Lehren und Lernen zu reflektieren und diesen Mehrwert dann in der hochschuldidaktischen Arbeit sichtbar zu machen.

Literatur

Alby, T. (2007). Web 2.0. München: Hanser Fachbuchverlag.

Apostolopoulos, N. / Hoffmann, H. / Mansmann, V. / Schwill, A.N. (Hrsg.). (2009). E-Learning 2009. Lernen im digitalen Zeitalter. Münster: Waxmann.

Bachmann, G. / Bertschinger, A. / Miluska, J. (2009). E-Learning ade – tut Scheiden weh? In: Apostolopoulus, N. / Hoffmann, H. / Mansmann, V. / Schwill, A. (Hrsg.). E-Learning 2009. Lernen im digitalen Zeitalter. Münster: Waxmann, S. 118–128.

Biggs, J. / Tang, C. (2007). Teaching for quality learning at university. Maidenhead: Open University Press.

Busemann, K. / Gscheidle, C. (2009). Web 2.0: Communitys bei jungen Nutzern beliebt. In: Media Perspektiven, 7, S. 356–364.

Dohmen, G. (1973). Medienwahl und Medienforschung im didaktischen Problemzusammenhang. In: Unterrichtswissenschaft, 2–3, S. 2–26.

Downes, S. (2005), E-Learning 2.0. In: ACM eLearn Magazine, 10.

Euler, D. / Hasanbegovic, J. / Kerres, M. / Seufert, S. (2006). Handbuch der Kompetenzentwicklung für E-Learning-Innovationen: Eine Handlungsorientierung für innovative Bildungsarbeit in der Hochschule. Bern: Huber.

Fisch, M. / Gscheidle, C. (2008). Mitmachnetz Web 2.0: Rege Beteiligung nur in Communities. Media Perspektiven, 7, S. 356–364. URL: www.media-perspek tiven.de/uploads/tx_mppublications/Fisch_II.pdf (Stand: Mai 2011).

Gscheidle, C. / Fisch, M. (2007). Onliner 2007: Das „Mitmach-Netz" im Breitbandzeitalter: PC-Ausstattung und Formen aktiver Internetnutzung: Ergebnisse der ARD/ZDF-Online-Studie 2007. In: Media Perspektiven, 8, S. 393–405.

Helsper, W. (2000). Antinomien des Lehrerhandelns und die Bedeutung der Fallrekonstruktion - Überlegungen zu einer Professionalisierung im Rahmen universitärer Lehrerausbildung. In: Cloer, E. (Hrsg.). Welche Lehrer braucht das Land? notwendige und mögliche Reformen der Lehrerbildung. Weinheim: Juventa, S. 142–177.

Hornung-Prähauser, V. / Luckmann, M. / Kalz, M. (2008). Selbstorganisiertes Lernen im Internet Einblick in die Landschaft der webbasierten Bildungsinnovationen Sammlung von ausgewählten Fach- und Praxisbeiträgen zu interaktiven Lehr- und Lernszenarien aus den EduMedia-Konferenzen. Innsbruck: StudienVerlag.

Kerres, M. (2006). Potenziale von Web 2.0 nutzen. In: Hohenstein, A. / Wilbers, K. (Hrsg.). Handbuch E-Learning. München: DWD. URL: mediendidaktik. uni-duisburg-essen.de/system/files/sites/medida/files/web20-a.pdf

Kleimann, B. / Özkilik, M. / Göcks, M. (2008). Studieren im Web 2.0. In: HisbusKurzinformation, 21. URL: hisbus.his.de/hisbus/docs/hisbus21.pdf.

Kleske, J. (2006). Wissensarbeit mit Social Software. Diplomarbeit. Darmstadt: Fachhochschule Darmstadt.

Leidl, M. / Müller, A. (2008). Integration von Social Software in die Hochschullehre. Ein Ansatz zur Unterstützung der Lehrenden. In: Zauchner, S. / Baumgartner, P. / Blaschitz, E. / Weissenbäck, A. (Hrsg.). Offener Bildungsraum Hochschule. Freiheiten und Notwendigkeiten. Münster: Waxmann.

Leutner, D. / Brünken, R. (2000). Neue Medien als Gegenstand empirischer pädagogischer Analyse: Stand der Forschung und Perspektiven. In: Leutner, D. / Brünken, R. (Hrsg.). Neue Medien in Unterricht, Aus- und Weiterbildung. Münster: Waxmann, S. 7–16.

Mandel, S. / Rutishauser, M. / Seiler Schiedt, E. (2010). Digitale Medien für Lehre und Forschung. Münster: Waxmann.

Medienpädagogischer Forschungsverbund Südwest (2010). JIM 2010. Jugend, Information, (Multi-)Media Basisstudie zum Medienumgang 12- bis 19-Jähriger in Deutschland. URL: www.mpfs.de/fileadmin/JIM-pdf10/JIM2010.pdf (Stand: Mai 2011).

Pellert, A. (1999). Die Universität als Organisation. Die Kunst, Experten zu managen. Wien: Böhlau.

Reinmann, G. / Sporer, T. / Vohle, F. (2007). Bologna und Web 2.0: Wie zusammenbringen, was nicht zusammenpasst? In: Keil, R. / Kerres, M. / Schulmeister, R. (Hrsg.). eUniversity – Update Bologna. Education Quality Forum, 3. Bd. Münster: Waxmann, S. 263–278.

Reinmann, G. (2010). Selbstorganisation auf dem Prüfstand. Das Web 2.0 und seine Grenzen(losigkeit). In: Hugger, K. / Walber, M. (Hrsg.), Digitale Lernwelten. Konzepte, Beispiele und Perspektiven. Wiesbaden: VS Verlag, S. 75–89.

Rüddigkeit, V. (2007). Tagging. In: Computer und Unterricht, 66, S. 12–13.

Schenk, M. / Taddicken, M. / Welker, M. (2008). Web 2.0 als Chance für die Markt- und Sozialforschung? In: Zerfaß, A. / Welker, M. / Schmidt, J. (Hrsg.). Kommunikation, Partizipation und Wirkungen im Social Web. Köln: Halem, S. 243–266.

Schiefner, M. / Ebner, M. (2008). Will e-Learning die? In: Lipshitz, R. / Parsons, S.P. (Hrsg.). E-Learning: 21st Century Issues and Challenges. New York: Nova Publishers, S. 69–82.

Schiefner, M. / Ebner, M. (2009). Digital native students? Web 2.0 Nutzung von Studierenden. e-teaching.org. URL: www.e-teaching.org/praxis/erfahrungsberichte/StudierendeWeb2.pdf (Stand: Mai 2011).

Schiefner, M. / Kerres, M. (im Erscheinen). Hochschullehre und Web 2.0. In: Dittler, U. (Hrsg.). E-Learning: Einsatzkonzepte und Erfolgsfaktoren des Lernens mit interaktiven Medien. München: Oldenbourg.

Schiefner, M. / Kuhn, T. (2010). Fachübergreifend von einander lernen – Chancen und Herausforderungen durch den Aufbau einer virtuellen Community of Practise in der Hochschuldidaktik. Diskurswerkstatt im Rahmen der 4. Dortmund Spring School for Academic Staff Developers und Jahrestagung der Deutschen Gesellschaft für Hochschuldidaktik. 3.–5. März 2010, Technische Universität Dortmund.

Schiefner-Rohs, M. (im Erscheinen). Kritische Informations- und Medienkompetenz im Hochschulstudium. Theoretisch-konzeptionelle Überlegungen und erste empirische Betrachtungen am Beispiel der Lehrerausbildung (Dissertationsschrift). München: Universität der Bundeswehr.

Schink, P. (2005). „Tagging" verändert die Struktur der Daten. In: Netzzeitung. URL: www.netzeitung.de/internet/337092.html (Stand: Mai 2011).

Schmidt, J. (2008). Was ist neu am Social Web? Soziologische und kommunikationswissenschaftliche Grundlagen. In: Zerfaß, A. / Welker, M. / Schmidt, J. (Hrsg.). Kommunikation, Partizipation und Wirkungen im Social Web. Köln: Halem, S. 18–40.

Schulmeister, R. (2005). Welche Qualifikationen brauchen Lehrende für die „Neue Lehre"? Versuch einer Eingrenzung von eCompetence und Lehrqualifikation. In: Keil-Slawik, R. / Kerres, M. (Hrsg.). Hochschulen im digitalen Zeitalter. Münster: Waxmann, S. 215–234.

Wilke, H. (1998). Organisierte Wissensarbeit. In: Zeitschrift für Soziologie, 27(3), S. 161–177.

Balthasar Eugster

Die Einheit von Forschung und Lehre. Eine Anmaßung

Wer die Einheit von Forschung und Lehre meint, meint die Einheit von Forschung und Lehre. Oder etwa doch nicht? In der Tat, die Einheitsformel bringt sich selbst in Verdacht, semantisch mehr mitzuführen, als ihr vielleicht lieb ist. Von der „Einheit" mehrerer Dinge oder Sachzusammenhänge kann nicht gesprochen werden, ohne gleichzeitig auf die Differenz zwischen diesen Dingen hinzuweisen. Forschung und Lehre sind irgendwie eine Einheit, aber mit ihrer Einheit ist immer auch ihre Ungleichheit, ihre Uneinheitlichkeit, benannt. Daraus kann sich das Sprechen nicht entwinden. Darin bleibt die Selbstreflexion der Wissenschaft verstrickt. Auf der Einheit von Forschung und Lehre kann ich beharren, aber was bedeutet es, dass ich damit ebenso auf der Differenz zwischen beiden Konzepten insistiere? Erweisen sich Verknüpfungsprodukte wie „Forschendes Lehren", „Lehrendes Forschen" oder – im „Shift" vom Lehren zum Lernen – das „Forschende Lernen" als geistreiche Entwirrungen des semantischen Widerspruchs oder doch nur als schlagwortleere Auswüchse einer auf die Spitze getriebenen Begriffs-Kombinatorik?

Es sind also Vor- und Umsicht geboten bei der Aufbereitung und Verwendung von Verschmelzungsbegriffen und Einheitsrhetoriken, denen analytische Schärfe zuweilen ebenso eigen ist wie heißluftige Leichtgewichtigkeit. So soll in der Folge dem offenbar nicht ganz widerspruchsfreien Verhältnis von Forschung und Lehre in entlegeneren Denkgebieten nachgegangen werden, um Hintergründe auszuleuchten und zugeschüttete Zusammenhänge aufzudecken. Zurück von solchen Umwegen, lässt sich vermuten, welches eine (Neu-)Positionierung der universitären Hochschuldidaktik vor dem Horizont einer gegen den Strich gebürsteten Einheitsformel sein könnte. Hochschuldidaktik, so viel zeichnet sich bereits an dieser Stelle ab, ist dann nicht weniger, aber auch nicht mehr als die Einlassung auf das Ununterscheidbare der differenten Konstrukte „Forschung" und „Lehre". Weil eine solche Perspektivierung der Didaktik nicht ohne eine großzügig dosierte Prise Dialektik zu haben ist, soll die wissenstheoretische bzw. pädagogische Reflexion zunächst mit einer minimalen erkenntniskritischen Grundlegung vorbereitet werden.

Die Denkbarkeit der Einheit

Die Summe zählt zu ungenau. Einheit ist mehr als das Additionsergebnis ihrer Teile. Wie die einleitenden Überlegungen zur sprachlichen Erscheinung der Einheit bereits andeuten, ist ihre Anrufung immer und instantan auch die Benennung der Differenz ihrer Komponenten. Das Eine ist immer das Andere – und doch anders! Diese Irritation kann man denkend zu ergreifen suchen, indem man sich von ihr ergreifen lässt. Es ist dieses Wortspiel eine Anspielung auf die erkenntnistheoretische Ausgangslage. Ergriffenheit hat mit dem Zugriff auf die Welt, wie auch mit der kognitiven Ausstattung zu tun, welche es braucht, um von der Welt affiziert zu werden. Erkenntniskritik arbeitet sich an dieser Einheit ab und tut sich schwer mit der Differenz zwischen selbstbewusster Erkenntniskonstruktion und selbstkritischer Subjektbezweiflung. Es scheint also das Verstehen der Einheit eine zentrale epistemologische Prozessgröße zu sein, die viel über die Zugänglichkeit des Wahren zu entbergen verspricht.

Eine für unsere Leitfragen relevante Denkfigur kristallisiert sich bei Niklas Luhmann aus. Auf der Basis von George Spencer Browns Formbegriff nähert er sich der Einheit konsequent differenztheoretisch. In der Mehrdeutigkeit von Spencer Browns Ausgangsdefinition „Distinction is perfect continence." gründet das paradoxe Grundmuster der Einheit (Spencer-Brown 1973, S. 1). „Continence" heißt „Enthaltsamkeit", aber eben auch „Zusammenhang". Unterscheidung ist der perfekte Zusammenhalt, und Einheit also nur aus der unterscheidenden Grenzziehung heraus zu erklären, welche der Differenz zwischen den Inhalten diesseits und jenseits der Grenzlinie zugrunde liegt (siehe dazu auch bei Schönwalder et al. 2004, S. 69ff.). Auch bei Luhmann ist die Unterscheidung (Beobachtung) die Form, die in der Folge alles, zum Beispiel auch die Theorie sozialer Systeme sich entfalten lässt, weil jeweils nur die eine Seite der Unterscheidung bezeichnet und die andere Seite als nicht gemeinte (nicht markierte) unbezeichnet ist. Gleichwohl bleibt diese weiterhin beobachtbar (unterscheidbar), dann nämlich, wenn die Einheit der Differenz der bezeichneten und der nicht-bezeichneten Seite der Unterscheidung in einer Beobachtung (Unterscheidung) zweiter Ordnung wiederum die eine der beiden Seite bildet, der auf der anderen Seite der Grenzlinie etwas anderes, Neues gegenübersteht. Das Kernstück von Luhmanns Epistemologie liegt in der Strenge der Grenzziehung. Die beiden Seiten einer Unterscheidung sind jeweils in ihrer Differenz zu der je anderen Seite bestimmt, „aber dies gilt (…) nicht als Voraussetzung einer ‚Versöhnung' ihres Gegensatzes, sondern als Voraussetzung der Unterscheidbarkeit einer Unterscheidung" (Luhmann 1997, S.

62). Um eine Einheit beobachten zu können, muss sie von etwas anderem unterschieden werden, wobei in dieser Unterscheidung zweiter Ordnung die beiden Seiten der Unterscheidung erster Ordnung nicht miteinander verschmelzen, sondern als differente bestehen bleiben. Einheit ist also nur in der Anschlussfähigkeit von Operationen (von Unterscheidungen an Unterscheidungen) denkbar, wenn die Differenz im Kern der Einheit selbst wiederum die eine Seite einer nachgeschalteten, neuen Unterscheidung besetzt. Möglich wird diese Differenzierung der Einheit durch die Temporalität der aneinander gereihten Unterscheidungen, die nie gleichzeitig, sondern immer nur eine nach der anderen erfolgen kann. Jede Unterscheidung erfolgt von einem blinden Fleck aus, der wiederum erst in einer nachfolgenden Unterscheidung erkennbar wird. Die Einheit der Differenz in jeder Unterscheidung ist dieser blinde Fleck. Ohne ihn kann ich nicht unterscheiden. Aber wenn ich unterscheide, kann ich ihn nicht erkennen. Denn würde ich ihn erkennen, wenn ich unterscheide, könnte ich nicht erkennen, was ich unterscheide. Im Unterscheiden ist die Einheit der Unterscheidung nicht sichtbar, sie kommt erst in den Blick, wenn Zeit vergangen ist. Diese Verzögerung macht Einheit aus, macht sie damit aber zu etwas, das nicht mehr *ist*, wenn es erkannt wird.

Übertragen auf die Einheit von Forschung und Lehre, wird das Entgleiten der Einheitsidee sichtbar. Forschung und Lehre sind zunächst zwei Seiten einer Unterscheidung, deren Einheit erst denkbar wird, nachdem die Unterscheidung abgeschlossen ist, und die Einheit „Forschung|Lehre" in einer nächsten Unterscheidung (zweiter Ordnung) die eine der beiden Seiten einnimmt. Und so bleibt vor allem auch zu fragen, was in dieser Unterscheidung (zweiter Ordnung) auf der anderen Seite der Grenze steht, denn nur von dieser anderen Seite her bestimmt sich, was die Einheit „Forschung|Lehre" sein kann.

Luhmann (ähnlich wie Spencer Brown) mag sich mit dieser Temporalisierung und gerade auch mit der damit postulierten Ursprungslosigkeit der allerersten, systembegründenden Urunterscheidung manche erkenntnistheoretischen und näherhin transzendentallogischen Probleme einhandeln (siehe etwa Merz-Benz 2000), zur Kritik eines vorschnell harmonisierenden Einheits-Verständnisses trägt er Erhellendes bei. Die beiden Seiten einer Unterscheidung bilden, gerade weil sie durch die Grenzziehung unüberbrückbar getrennt sind, eine Einheit, die im Moment der Grenzziehung aber nicht erkennbar ist. Zur Erkenntnis gelangt sie erst dann, wenn es eigentlich schon zu spät ist. Einheit gibt sich im und als Verweisungszusammenhang zu erkennen. Luhmann prononciert mit dieser Musterung des Erkennens, wie Einheit mehr als die Einheit der Differenz ihrer Teile ist. Als blinder

Fleck zeigt sie Wirkung, wenn sie nicht erkennbar ist, und hat keine Wirkung, wenn man sie ins Licht rückt. Einheitsdenken ist Einsicht und Eingeständnis der Zuspätkommenden. Sie müssen eingestehen, dass die Sachlage sich bereits wieder verändert hat, und das Neben- und Miteinander der Einheitskomponenten sich komplexer ausnimmt, als es auf den ersten Blick erscheint.

Der schwierige Verweisungscharakter möglicher Einheit gelangt nicht erst mit Luhmann ins erkenntnistheoretische Bewusstsein. Die Spuren des Topos führen in vielgestaltiger Terminologie weit in die Philosophiegeschichte zurück. In den ersten Jahrzehnten des 19. Jahrhunderts hat etwa G.W.F. Hegel eine philosophische Systembildung ausgearbeitet, an deren Ursprung Einheit als eine Art Katalysator für die gesamte Systementwicklung fungiert. Man hat dabei ganz zurückzugehen bis an den Anfang vor dem Anfang des logischen Erkennens, um die Sprengkraft dieses ursprünglichen Einheitsbegriffs angemessen einzuschätzen. Im ersten Kapitel des ersten Abschnitts des ersten Buchs des ersten Teils (!) der „Wissenschaft der Logik", also gleichsam am Urknall des Systems der reinen Wissenschaft, steht das reine Sein. „(O)hne alle weitere Bestimmung" ist es nichts als Unbestimmtheit und Leere (Hegel 1986a, S. 82). Es ist „in der Tat *Nichts* und nicht mehr oder weniger als Nichts" (ebd., S. 83, Hervorhebung im Original). Aber auch das reine Nichts ist leeres Denken und Anschauen – es ist somit „dieselbe Bestimmung oder vielmehr Bestimmungslosigkeit und damit überhaupt dasselbe, was das reine *Sein* ist" (ebd., Hervorhebung im Original). Damit hat Hegel zwar alles ausgesagt, was er vom Sein und vom Nichts glaubt aussagen zu können, zugleich scheint er sich mit dieser Gleichsetzung aber auch in eine erkenntnistheoretische Sackgasse manövriert zu haben. Wie soll sich aus diesem hermetischen Gleichklang von Sein und Nichts heraus eine operable Logik entwickeln können, die Aussagen und Schlussfolgerungen möglich macht? Die erste Zündungsstufe zur Freisetzung der logischen Kraft bildet in Hegels Elaboration der reinen Wissenschaft das Werden als die Einheit des Seins und des Nichts. Es kommt Bewegung in die Starrheit des reinen Seins und des ebensolchen Nichts, indem das Werden aufscheint. Dieses ist dem Sein und dem Nichts jedoch nicht ein äußerliches Drittes, vielmehr ist es beiden schon eingegeben, indem das Sein in das Nichts und das Nichts in das Sein übergegangen ist (siehe dazu auch bei Movia 2002). Oder wie es bei Hegel selber heißt: „Ihre Wahrheit ist also diese *Bewegung* des unmittelbaren Verschwindens des einen in dem anderen" (Hegel 1986a, S. 83, Hervorhebung im Original). Im ersten Teil der „Enzyklopädie der philosophischen Wissenschaften", einem Kompendium zu einer Vorlesung (einem „Vorlesebuch"), räumt Hegel ein, dass die

Rede von der Einheit „mit Recht anstößig" sei (Hegel 1986b, S. 191). Denn es lässt sich der Widerspruch nicht aufheben, dass die Verschiedenheit von Sein und Nichts darin zwar einbegriffen, aber nicht ausgesprochen ist. Am Widerspruch treibt sich die Logik voran, wenn sie auf das intrinsische Übergegangensein von Sein in Nichts und umgekehrt beharrt. Sein und Nichts sind immer schon auch das andere. Wer dies konstatiert, kann den Übergang vom Nichts zum Sein als Entstehen und denjenigen vom Sein zum Nichts als Vergehen erkennen. Werden als Koinzidenz von Entstehen und Vergehen ist aber selbst wieder ein Widerspruch, weil sich Entstehen und Vergehen gegenseitig aufheben und die Logik wiederum stillzustellen drohen. Aber aus dem Widerspruch entsteht eine neue Einheit, die das Oszillieren von Entstehen und Vergehen zur Ruhe bringt. Werden erweist sich so als eine zunächst „haltungslose Unruhe, die in ein ruhiges Resultat zusammensinkt", das eben genau die Einheit des Seins und Nichts in ihrem jeweiligen Ineinanderübergehen, also in ihrem eigentlichen Verschwinden ist (Hegel 1986a, S. 113). Diese neue Einheit ist nicht länger die des Übergangs zwischen Sein und Nichts, sondern eine, die nunmehr auf die Inhärenz des Seins im Nichts und des Nichts im Sein verweist. Sie ist in dieser Bestimmung eine festgemachte Einheit und daher ein bestimmtes Sein, das zwar die Unruhe zwischen Sein und Nichts noch in sich trägt, aber in der neuen Einheit sein Werden hinter sich lassen und zum Verschwinden bringen kann. Hegel nennt diese neue Einheit „Dasein" und sieht in ihr den neuen Ausgangspunkt für eine Logik des bestimmten, das heißt konkreten Seins.

Und genau in dieser eigentümlichen Schrittfolge vom reinen Sein über das Nichts und das Werden (als Entstehen und Vergehen) hin zum bestimmten Sein (qua Dasein) liegt Hegels Raffinement. Die erkenntniskritische Durchdringung dieses logischen Ursprungsparcours ist vom Widerspruch und seiner Nutzbarmachung geprägt. Und diese geht so weit, dass der vorläufige Endpunkt (als Dasein) zum Anfangspunkt wird, der ohne seinen eigenen Anfang (das unbestimmte Sein) nicht zu denken ist, aber doch nur ohne diesen die Dynamik der Logik initiieren kann. Dass und wie dies zusammengeht, ist die Leistung und das Grundmuster der Hegelschen Dialektik. In ihrer (onto-)logischen Vertracktheit wird erahnbar, wie unbedarftes Reden von „Einheit" sich in Simplifizierungen gefallen muss. Einheit ist – um in Hegels Begriffskosmos zu bleiben – immer Schein, der überblendet, was ihr an dialektischem Gehalt unterlegt ist. Und dies wird mutatis mutandis auch für die Einheit von Forschung und Lehre Geltung haben.

Am Schein der Welt denkt Slavoj Žižek in seinem Werk weiter. Er bringt Hegels Radikalität des reinen Denkens mit dem psychoanalytischen Scharfsinn für die Verstrickungen menschlicher Realitäten zusammen, wie er von Jacques Lacan in Kleinstarbeit perfektioniert wurde. Für das Begreifen dessen, was in der Einheit von Gegensätzen zusammenkommt, ist seine hartnäckige Entblätterung der dialektischen Urkeime von besonderer Bedeutung. Žižek nimmt Hegels Achtsamkeit an den Übergängen (wie z.b. vom Sein zum Nichts oder vom Werden zum Dasein) ernst und weicht ihrer unmöglichen Möglichkeit (oder ihrer möglichen Unmöglichkeit?) nicht aus. Er bringt Hegel auf den Punkt, weil er ihn nicht vom Kopf auf die Füße stellen will, sondern weil er vielmehr bezweifelt, ob im Fortschreiten der Erkenntnis überhaupt Bewegung sein kann: „In einem gewissen Sinne ,passiert' im dialektischen Prozess ,nichts', der Übergang einer Etappe zur nächsten enthält immer die Logik eines ,so ist es schon'. Von der These zur Antithese geht man *nicht* durch eine Entwicklung der These über, durch den Beweis, dass die These die Antithese *enthalte* – der Übergang besteht vielmehr in der Feststellung, dass die These *schon in sich selbst* ihre eigene Antithese, ihr eigenes Gegenteil *ist*" (Žižek 2008, S. 120, Hervorhebungen im Original). Eine solche Dialektik ist retroaktiv: Sie gewinnt in der Syntheseleistung eine Erkenntnis, die als Erkenntnis zwar tatsächlich neu ist, aber nichtsdestotrotz das in eine neue Perspektive rückt, was immer schon in These und Antithese eingewoben ist.

Diesseits und jenseits der Einheit von Forschung und Lehre

Die philosophiegeschichtliche Volte von Luhmann zurück über Hegel und wieder vorwärts zu Žižek eröffnet den Zugang zur differenten Identität der Einheit von Forschung und Lehre. Mit Luhmanns Formtheorie der Unterscheidung muss die Einheit der Differenz von Forschung und Lehre in einer Unterscheidung zweiter Ordnung ihrerseits von etwas anderem unterschieden werden. Nur in Abgrenzung von diesem Anderen jenseits der Grenzziehung können Forschung und Lehre gleichzeitig, aber eben als Einheit einer Differenz, erkannt werden. Dieses Andere umreißt Rudolf Stichweh für die Zeit nach 1800 als jene Differenzierungen, „die die intellektuell vereinheitlichenden Funktionen der Universität gefährden könnten" (Stichweh 1994, S. 239). Dabei ist die Einheit von Lehre und Forschung nur ein Einheitsbegriff neben anderen, die also – so könnte man über Stichweh hinaus folgern – auf derselben Seite der Unterscheidung weitere Unterscheidungen einführen. Es sind dies die systematische Einheit des empirischen Wissenschaftssystems, die Universität, die seit ihrer genossenschaftlichen Gründung im Mittelalter die Einheit der Wissenschaften meint, und schließlich die Universität als Einheit des Ortes, die verschiedene Unterrichtsanstalten zu einer Organisation vereint (ebd., S. 238f.). Bereits in dieser Aufzählung deutet sich an, dass der Beitrag der Einheit von Forschung und Lehre zur intellektuellen Uniformität der Universität ein systematisch viel urtümlicherer sein muss, als es organisationale Doppelfunktionen (Wissenschaft und Ausbildung) oder professionale Engführungen (Erkenntnisse gewinnen und Unterricht halten) oberflächlich vermuten lassen möchten.

Da liefert Hegel, zwar nicht der Hegel in der Textlegung seiner reinen Wissenschaft, sondern Hegel in der Rolle des Universitätsgelehrten, einen weiterführenden Hinweis. Er, einer der mächtigsten unter den großen Systemphilosophen, hat sein Systemgebäude weitgehend in der Werkform der Vorlesung entwickelt. Die Bedeutung der Lehre für die Architektur und Baugeschichte von Hegels Denken verdankt sich – so Walter Jaeschke – „letztlich nicht einem besonderen didaktischen Eros", vielleicht noch eher dem Umstand, dass Hegel wegen seiner rhetorischen Defizite seine Vorträge nicht frei halten konnte, sondern sorgfältig ausarbeiten musste (Jaeschke 2010, S. 320). Die Vorlesung als werkgenetische Grundform steht bei Hegel aber vor allem im Kontext der Auflösung der für das 18. Jahrhundert bestimmenden Schulphilosophie. Der Kanon der philosophischen Wissenschaften wird zu Beginn des 19. Jahrhunderts durcheinander gewirbelt, es entsteht eine neue Ordnung der Fächer. In Hegels Lehre spiegelt sich diese Entwicklung in der äußeren Form seiner Vorlesungen wider. Nachdem er in seinen frühen Jahren entweder nach einem Lehrbuch oder nach Diktaten lehrte (letzteres indem er seinen Studierenden einen Paragraphen diktierte und danach frei erläuterte), waren später seine Berliner Vorlesungen entweder anhand eines Kompendiums (z.B. der „Enzyklopädie") oder aber eines Vorlesungsmanuskripts ausgestaltet (ebd., S. 320ff.). Insbesondere Vorlesungen mithilfe von eigentlichen Vorlesungsmanuskripten ermöglichten die Entwicklung des Systemgebäudes durch die Lehre, weil das mehr oder weniger ausformulierte Vorlesungsmanuskript auf den Vortrag hin verfasst wurde. Aber offenbar war auch in Hegels Kompendiums-Vorlesungen die Rückbindung des Vortrags an den Kompendiumstext erstaunlich lose (ebd., S. 323). So entsteht in den späteren gedruckten Ausgaben der Kompendiumstexte, wie eben beispielsweise der „Enzyklopädie der philosophischen Wissenschaften", eine editorisch zwar markierte, aber gleichwohl irritierende Melange aus Hegels eigenem (Lehr-)Text und den aus studentischen Nachschriften kompilierten Zusätzen, deren Authentizität zuweilen mehr schlecht als recht belegt ist. Als

Lesenden der Editionen kann uns diese Textlage durchaus bewusst sein, in der Rekonstruktion der hegelschen Argumentation aber vermischen sich die Textebenen unweigerlich. Um im Bild von Hegels ersten Entwicklungsschritten der Logik zu bleiben: So, wie sich das Werden als Einheit von Sein und Nichts im Übergang des einen in das andere herausbildet, so zeigt sich etwa in der „Enzyklopädie der philosophischen Wissenschaften" die Einheit von Forschung (verstanden als die einsame denkende Schreibtätigkeit) und Lehre (als der Vortrag im Hörsaal) in den Leerzeilen zwischen den Paragraphen des ursprünglichen Kompendiums und den, meist in kleinerer Schrift gesetzten, nachschriftlichen Zusätzen. Damit sind Forschung und Lehre nicht nur räumlich nahe beieinander, die Leerzeile zwischen den Absätzen ist ein Nichts an Dazwischen – und zugleich ein auktoriales Alles, weil die Zusätze in ihrer Formulierung nicht von Hegel stammen. Und doch sind sie als Mit- und Nachschriften recht eigentlich von Hegel selber. Das ist Dialektik! Und ein Indiz für die Vermutung, dass Forschung und Lehre in ein Miteinander aufgehoben sind, das nur noch wenig Deckungsgleichheit mit der Schönrederei aufweist, wie sie der Einheit von Forschung und Lehre in akademischen Festansprachen angetan wird.

Dieser dialektischen Verwobenheit von Forschen und Lehren lässt sich auch in der Gelehrtenpraxis von Immanuel Kant nachspüren. Sein Lehralltag war noch stärker der Schulphilosophie verpflichtet als einige Jahrzehnte später bei Hegel, zumindest äußerlich. Zu seiner Zeit wurde weitgehend nach einem Lehrbuch unterrichtet. Das hat auch Kant so gehandhabt. Aber es mag auf einen ersten Blick erstaunen, dass Kant auch nach der Veröffentlichung seiner ersten größeren systematischen Werke nicht ein eigenes Lehrbuch verfasste, nach welchem er seine Lehre hätte halten können. Vielmehr hat er auch später seine Vorlesungen auf anderen, übernommenen Lehrbüchern aufgebaut (Stark 1992). Allerdings hat Kant diese „fremden" Lehrbücher in seinen Vorlesungen oft sehr kritisch kommentiert und einzelnen Ausführungen gar deutlich widersprochen. Gerade dieser Widerspruch in der Sache, wie auch das performative Spannungsverhältnis zwischen der Originalität seines Denkens und der äußeren Traditionalität der Lehrform scheinen für Kants Selbstverständnis von Lehre zentral. Unterrichten heißt für ihn vor allem auch, die Studierenden zum eigenen Denken zu führen (ebd.) – und das wiederum scheint ihm nur möglich, wenn er Lehre als die sich am fremden Denken kritisch abarbeitende Erkenntnisgewinnung vormacht. Dies ist widersprüchlich und war für seine Studierenden offenbar keine leichte Kost (ebd.). Mehr noch: Es könnte sein, dass ihm, der in einem andern Sinne als Hegel ein Dialektiker war, das Widersprüchliche zu wenig zum Ausdruck gekommen wäre, hätte er nur seinem eigenen System entlang unterrichtet. Lehre war ihm der endlose Widerstreit der Meinungen – und Erkenntnisgewinnung das Lernen des Umgangs mit der unüberwindlichen Grenze zwischen dem Subjekt und dem unerreichbaren Ding an sich.

Daran lässt sich das dialektische Verhältnis von Forschung und Lehre ermessen und Kant ist ihm auch in seiner praktischen Philosophie ein guter Zeuge. In seiner Vorlesung bzw. Schrift „Über Pädagogik" aus dem Jahre 1803 benennt Kant in nüchterner Schärfe als eines „der größten Probleme der Erziehung (…), wie man die Unterwerfung unter den gesetzlichen Zwang mit der Fähigkeit, sich seiner Freiheit zu bedienen, vereinigen könne" (Kant 1803, A 33). Das ist zunächst in anthropologischer Absicht auf die Lehrer-Schüler-Interaktion gemünzt, in der Wortwahl aber scheint die untergründige Sinnstruktur der Aussage durch. Die „Fähigkeit", in Freiheit zu handeln, hat auch mit der Erkenntnis der Welt als der Grundlage dieses Handelns zu tun. Mit der Freiheit des Erkennens postuliert Kant die Freiheit der Lernerkenntnis und versetzt sich contre cœur in eine Art vorgezogenen hegelschen Widerspruch. Das lernende Subjekt entzieht sich in seiner subjektiven Erkenntnisgewinnung dem direkten Einfluss durch die Lehrperson. Oberflächlich wird die Lehrperson die Lernerkenntnis der Studierenden an der am kanonisierten Wissen ausgerichteten Korrektheit messen. Soweit funktionieren Lehr-Lern-Arrangements ganz passabel. Unter dem pädagogischen wie auch unter dem wissenstheoretischen Deckel gehalten wird dabei aber die Einsicht, dass eine unkorrekte Lernerkenntnis sich als eine objektiv neue, also richtige Erkenntnis herausstellen könnte – dann nämlich, wenn die lernende Person den Lerngegenstand unabsichtlich (aus Sicht der Orthodoxie sogar wider besseres Wissen) weitergedacht hat. Die Lehrperson kann also nie sicher sein, dass die Lernerkenntnis der Lernenden als Produkt einer Wissenskonstruktion nicht eine Revision des Wissenskanons darstellt. Sie muss diese Möglichkeit gar immer schon selbstreflexiv dem Handeln der Lernenden vorwegnehmen. Lehren ist dann nicht mehr Lehren des Kanons, sondern dessen permanente Revisionsdrohung, also im besten Sinne Forschung.

Aber, und damit kommt das Hegelsche des Widerspruchs zum Ausdruck, auch Forschen ist nicht länger einfach Forschen. Eine neue Erkenntnis des einsam forschenden Subjekts ist im Moment ihres ersten Aufscheinens, im „Heureka!", eigentlich noch keine solche. Sie wird Erkenntnis erst, wenn das erkennende Subjekt den neu gewonnenen Gedanken in einer selbstbezüglichen Lehr-Lern-Bewegung sich selber vermittelt. Das Subjekt ist dann Lehrer und Lernende in einem. Das

„Ich hab's!" ist wie ein blinder Fleck, den es zu füllen gilt, sonst wird Denken nicht zur Forschung. Mit anderen Worten: Ich muss erkennen, dass ein Gedanke eine objektiv *neue* Erkenntnis ist. Genau das ist der erlösende Ausruf, der Archimedes, der Anekdote nach, nackt aus der Badewanne springen ließ. Inhaltlich füllt sich diese Erkenntnis der Erkenntnis erst, wenn sie vom Erkenntnissubjekt reflektiert wird. Mit Luhmann könnte man von einer Unterscheidung der Unterscheidung sprechen. Und diese Unterscheidung ist nichts anderes als ein Sich-selbst-Lehren der Erkenntnis. Das Subjekt muss prüfen, ob es auch nach der ersten Reflexion noch im gleichen Sinne und mit der derselben Erleichterung von der Erkenntnis laut Kunde tun kann. Hat es sich darüber erst einmal selbst versichert, folgt die Überzeugung der anderen Mitglieder der Scientific Community. Und auch das ist der Form nach nichts anderes als ein weiterer Lehr-Lern-Prozess.

Der dialektische Kern des Arguments liegt im Wechselspiel von Subjektivität und Intersubjektivität im Lehren als Forschen und im Forschen als Lehren. Die Prozesse zwischen den Subjekten sind immer schon Spiegelungen der subjektiven Selbstreflexion, ebenso wie in das Subjekt, das seiner selbst eingedenk ist, seine Vermitteltheit mit der sozialen Umwelt eingegangen ist. So sind Forschen und Lehren retroaktive Handlungsmuster, die sich als das je andere erweisen, das sie schon immer gewesen sein werden. Das Ineinander von Vergangenheit, Gegenwart und Zukunft sucht anzuzeigen, was sich kaum benennen lässt, dass nämlich die Retroaktivität zunächst keinen zeitlichen Bezug aufweist. Das Immer-Schon ist eine Sache des Wesens von Forschen und Lehren und verzeitlicht sich erst sekundär in der Ableitung seiner gesellschaftlichen Institutionalisierung zur Einheit des Universitätsbetriebs.

Dass Forschen und Lehren in ihrem dialektischen Immer-Schon-des-anderen von keiner Zeit sind, ist eine wissenstheoretische Altlast. Wissen als Form und Materie von Forschen und Lehren selber ist der Zeit enthoben, weil es sich als epistemischer Zustand (in den man sich versetzt, wenn man sich seiner Erkenntnisfähigkeit angemessen bedient) nicht von den erkennenden Subjekten loslösen kann. So ist Wissen eben gerade nicht das, was in Lexika und Lehrbüchern steht, sondern es ist die Sinnstiftung, die genau in dem Moment entsteht, wenn ein Subjekt zu einer wahren Erkenntnis gelangt oder mehrere Subjekte einen als gemeinsam unterstellten Sinn teilen. Und weil dieser Moment nur ein Moment ist, vergeht Wissen immer auch gleich wieder und muss von Sinnstiftung zu Sinnstiftung neu aufgebaut werden. Wissen ist hochgradig flüchtig. Dingfest kann es nicht gemacht werden. Wissenschaftlich zu leisten ist nur die erleichterte Anschlussfähigkeit der entsprechenden Sinnerbringungen – dies etwa mit Hilfe eines Sinn ermöglichenden Informationskorpus, das für sich aber nur ein Haufen Information bleibt, den es stets wieder zur Sinnkonstruktion abzutragen gilt.

Lehrendes Forschen als Fluchtachse einer dialektischen Hochschuldidaktik

Fluid ist das Wissen und damit der blinde Fleck, die nicht erkennbare Einheit der Unterscheidung von Erkenntnis und dem Gegenstand der Erkenntnis. Im Nachgang zu Spencer Brown und Luhmann lässt sich dies besser verstehen und mit Hegel und Žižek wird einsichtig, wie das Wissen über das Wissen, die Fluidität des Fluiden, die urtümliche, widerstreitige Identität von Forschen und Lehren ausmacht. „Ausmacht"? Die Mehrdeutigkeit des Prädikats trifft die dialektische Figur genau: Wissen als Selbstvergewisserung der Erkenntnis über ihren epistemischen Zustand ist nichts anderes als der momenthafte Übergang von Forschen in Lehren und von Lehren in Forschen (es macht diesen aus) – und zugleich muss dieser Übergang wie das Werden als Übergang vom Sein zum Nichts bei Hegel ausgelöscht werden (er muss ausgemacht werden), um aus diesem Verschwinden heraus die Strukturierung einer Logik des wissenschaftlichen Handelns ermitteln zu können (ausmachen zu können).

Das Verhältnis von Forschung und Lehre als konkrete Prozessgröße des Wissenschaftsbetriebs trägt diese Spur des fluiden Wissens in sich und muss sie zugleich zur Unkenntlichkeit bringen. Das ist sein Prinzip und seine dialektische Bestimmung. Aufs Engste sind Forschung und Lehre am instabilen Wissen miteinander verflochten, die Flüchtigkeit der Erkenntnis und damit ihre gemeinsame Natur müssen sie sich aber auf Distanz halten. Nachdem etwa Johann Kiesewetter 1811 in seinem „Lehrbuch der Hodegetik" die Methodologie noch unmittelbar mit der Didaktik verbindet (Kiesewetter 1811, S. 6.), werden im weiteren Verlauf des 19. Jahrhunderts die Methoden der wissenschaftlichen Erkenntnisgewinnung zur Modelliermasse einer sorgsamen Austarierung von freier Forschung und dogmatischer Rückversicherung. Methodengerechtes Vorgehen wird zusehends wichtiger und relativiert die Orthodoxie des Wissens (Stichweh 1994). Das Eigenleben der Forschungsmethoden bestärkt die wissenschaftstheoretische Hoffnung, mit genügend Ausdauer und Geduld auf lange Sicht zur Wahrheit zu gelangen. Institutionell etabliert sich die Forschungsuniversität mit einer zunehmenden Fächerdifferenzierung und einer verstärkten Grundlagenforschung. In den deutschen

Universitäten des ausgehenden 19. Jahrhunderts ist die Einheit von Forschung und Lehre kaum und ist der Neuhumanismus von Humboldt, Fichte oder Schleiermacher kein Thema. Bezeichnenderweise wird Humboldts Schrift „Über die innere und äußere Organisation der höheren wissenschaftlichen Anstalten in Berlin" erst 1900 publiziert. Es ist gar die Humboldtsche Universität ganz eigentlich eine Erfindung des frühen 20. Jahrhunderts, um den Forschungsimpetus zu legitimieren, wie Sylvia Paletschek in ihren historischen Studien zur deutschen Universitätsgeschichte aufzeigt (etwa in Paletschek 2001 oder Paletschek 2002). Von der Beschwörung der Einheit von Forschung und Lehre bleibt so nicht viel mehr als das Ritual – und dazu eine Bestätigung unserer Eingangsvermutung, dass die *Einheit* von Forschung und Lehre zu meinen nicht immer meint, was damit zu meinen vorgegeben wird. Auch hundert Jahre und viele Universitäts-Leitbilder später werden Forschung und Lehre verkuppelt, damit die Differenz der beiden Seiten der Unterscheidung aufrechterhalten werden kann. Könnte das Wissenschaftssystem diese Trennung nicht immer wieder neu festigen, würde die ursprüngliche Einheit (die dialektische Fluidität des Wissens) aufbrechen und das System unterspülen.

Auch Hochschuldidaktik ist in dieser Einheit der Uneinheitlichkeit ein Faktor der Systemerhaltung. Ihre labile Existenz im akademischen Milieu ist mitunter die Folge ihrer Verortung auf der falschen Seite der Einheits-Unterscheidung. Wenn Forschen in Lehren und Lehren in Forschen immer schon übergegangen sind, dann ist Hochschuldidaktik immer schon das Andere der Lehre. Wie ein solches Selbstverständnis im Alltag ihrer Institutionalisierung Form gewinnen könnte, ließe sich vielleicht in einer neuen Lesart des Konstrukts „Lehrendes Forschen" andeuten. Dialektisch gewendet ist „Lehrendes Forschen" eine Spur des ursprünglichen Ineinanderübergehens von Forschen und Lehren, wie sie sich in der historisch gewachsenen Realisierung der Differenz zu Beginn des zweiten Jahrzehnts des neuen Jahrtausend zeigt. Mit andern Worten: „Lehrendes Forschen" ist nicht der programmatische Name einer Anbiederung des Lehrens an das Forschen. Es ist die Reflexion auf die Ur-Einheit von Forschung und Lehre, die als solche nicht mehr zur Sprache zu bringen, sondern nur noch als Indiz in der gegenwärtigen Aktualisierung ihrer Differenz aufzudecken ist. Es kann keine Rückkehr zur Ur-Einheit geben, weil diese in der Geschichte nie Realität war.

Die Wirkungslinien der Ursprungsverschmelzung von Forschung und Lehre wird die Hochschuldidaktik nicht in der Konzentration auf die Lehre als gesellschaftliche Funktion des akademischen Betriebs aufspüren. Im Lehrenden Forschen kann sie an den Logiken der Disziplinen die Lehrmomente des Forschens und die Forschungsgehalte des Lehrens untersuchen, ohne Fachdidaktik zu sein. So wird sie zum Beispiel mit den lehrenden Forscherinnen und Forschern ganz pragmatisch die Frage stellen, welchen Nutzen die Lehrtätigkeit für das eigene Forschen haben kann. Sie wird aber vor allem wissenschaftliches Handeln darauf hin analysieren, wie sich im Forschen und im Lehren des Forschens die Ursprungs-Dialektik ihrer Einheit niederschlägt und mit welchen Mechanismen diese im Wissenschaftsbetrieb klein gehalten wird. Dazu wird sich Hochschuldidaktik mit der Wissen(schaft)sforschung unterschiedlicher Provenienz zusammentun und akademische Denk- und Handlungsmuster besser verstehen lernen, was zunächst viel mehr mit einer sich querlegenden Selbstreflexion der Wissenschaft als mit lehr-lerntheoretischer Modellbildung zu tun hat. So kann ein derartiger Forschungs- und Dienstleistungsansatz etwa untersuchen, wie die konkrete Lehrtätigkeit die eigene Fachkognition beeinflusst und wie sich daraus Lehrkonzepte entwickeln lassen. Hochschuldidaktische Beratung ist dann in besonderem Maße Spiegelung des Forschens und weniger Belehrung zum wirkungsvollen Lehren. Ihr Werkzeugkasten wird nicht der Moderations- und Methodenkoffer sein – sie wird sich der Handlungstheorie bedienen und des dialektischen Wagemuts. Sie wird sich anmaßen, der vorschnellen Einheit von Forschung und Lehre Widerspruch zu sein.

Literatur

Hegel, G.W.F. (1986a). Wissenschaft der Logik I. Werke 5. Frankfurt/M.: Suhrkamp.

Hegel, G.W.F. (1986b). Enzyklopädie der philosophischen Wissenschaft I. Werke 8. Frankfurt/M.: Suhrkamp.

Jaeschke, W. (2010). Hegel-Handbuch. Leben – Werk – Schule. Stuttgart, Weimar: J.B. Metzler. 2., aktualisierte Auflage.

Kant, I. (1803). Über Pädagogik. Herausgegeben von D.F.Th. Rink. Originalausgabe. Königsberg: Friedrich Nicolovius.

Kiesewetter, J.G. (1811). Lehrbuch der Hodegetik. Oder kurze Anweisung zum Studiren. Berlin: G. Nauck.

Luhmann, N. (1997). Die Gesellschaft der Gesellschaft. Frankfurt/M.: Suhrkamp.

Merz-Benz, P.-U. (2000). Die Bedingung der Möglichkeit von Differenz. Das transzendentallogische Mißverständnis in der Systemtheorie Luhmanns. In: Merz-Benz, P.-U. / Wagner, G. (Hrsg.). Die Logik der Systeme. Zur Kritik der systemtheoretischen Soziologie Niklas Luhmanns. Konstanz: UVK Verlagsgesellschaft, S. 37–72.

Movia, G. (2002). Über den Anfang der Hegelschen Logik. In: Koch, A.F. / Schick, F. (Hrsg.). G.W.F. Hegel, Wissenschaft der Logik. Klassiker Auslegen, Band 27. Berlin: Akademie Verlag, S. 11–26.

Paletschek, S. (2001). Verbreitete sich ein ‚Humboldt'sches Modell' an den deutschen Universitäten im 19. Jahrhundert? In: Schwinges, R.Chr. (Hrsg.). Humboldt International. Der Export des deutschen Universitätsmodells im 19. und 20. Jahrhundert. Basel: Schwabe & Co, S. 75–104.

Paletschek, S. (2002). Die Erfindung der Humboldtschen Universität. Die Konstruktion der deutschen Universitätsidee in der ersten Hälfte des 20. Jahrhunderts. In: Historische Anthropologie, 10, S. 183–205.

Schönwalder, T. / Wille, K. / Hölscher, Th. (2004). George Spencer Brown. Eine Einführung in die „Laws of Form". Wiesbaden: VS Verlag für Sozialwissenschaften.

Spencer-Brown, G. (1973). Laws of Form. Portland: Cognizer Co.

Stark, W. (1992). Die Formen von Kants akademischer Lehre. In: Deutsche Zeitschrift für Philosophie, 40(5), S. 543–562.

Stichweh, R. (1994). Die Einheit von Lehre und Forschung. In: ders. Wissenschaft, Universität, Professionen. Soziologische Analysen. Frankfurt/M.: Suhrkamp, S. 228–245.

Žižek, S. (2008). Psychoanalyse und die Philosophie des deutschen Idealismus. Wien: Turia + Kant.

Markus Weil

Internationalisierung der Hochschullehre – rehabilitiert?

Die Internationalisierung der Hochschullehre hat ein Imageproblem. Je länger, je mehr wurde und wird sie mit Zuschreibungen jeglicher Art versehen: Bilaterale Beziehungen, Bologna-Prozess, Ausländeranteil an Universitäten – Internationalisierung taugt als (vor)schnelles Synonym und das nicht nur mit positiven Konnotationen. Ob nun Internationalisierung als Versprechen oder als Drohung wahrgenommen wird, internationale Einflüsse sind im Vorlesungssaal, im Seminarraum, am Krankenbett oder im Versuchslabor präsent. Eine hochschuldidaktische Perspektive auf Internationalisierung rückt genau jene Hochschullehre und -planung ins Zentrum, die unter transnationalen und interkulturellen Einflussgrößen für Dozierende und Modulverantwortliche spürbar ist. Der folgende Artikel zielt darauf, Internationalisierung der Lehre nochmals genauer unter hochschuldidaktischen Gesichtspunkten zu betrachten und den ruinierten Ruf zwar zur Kenntnis zu nehmen, aber nicht leichtfertig zur Hauptreferenz zu machen. Das vermeintlich Internationale scheint in der konkreten Lehrsituation unter Umständen sehr begrenzt und das Vertraute beinhaltet vielleicht mehr Internationales als erwartet. Aber ist der Ruf der Internationalisierung überhaupt noch zu retten? Sollte er gerettet werden? Zumindest lohnt sich ein erster Annäherungsversuch auf eine hochschuldidaktisch rehabilitierte Internationalisierung als reflektierter Umgang mit dem, was Dozierende im Wissenschaftsbetrieb täglich umgibt.

Internationalisierung – nur Strategie?

Im Leitbild von Hochschulen behauptet sich Internationalisierung unter anderem mit Qualitätsverbesserung, mehr wissenschaftlichem Wettbewerb und Wettbewerbsfähigkeit der Bildungsinstitution (vgl. Young 2006, S. 260). Es geht darum, die Zusammenarbeit mit renommierten Partnern in Forschung und Lehre zu pflegen, Mobilität zu fördern, Studienangebote in englischer Sprache anzubieten und so fort (vgl. z.B. Universität Zürich 2006; Universität Osnabrück 2007; Humboldt-Universität Berlin 2002 u.v.m.). Damit verbunden ist das Versprechen von Wachstum und Beschäftigung, das auf europäischer Ebene spätestens im Jahr 2000 als Lissabon-Strategie manifestiert wurde. Ein viel zitierter Teil in Bezug auf die Wissensgesellschaft und das Lebenslange Lernen zielt zunächst einmal auf den internationalen Wettbewerb: Die Europäische Union solle „zum wettbewerbsfähigsten und dynamischsten wissensbasierten Wirtschaftsraum in der Welt (… werden,) der fähig ist, ein dauerhaftes Wirtschaftswachstum mit mehr und besseren Arbeitsplätzen und einem größeren sozialen Zusammenhalt zu erzielen" (vgl. Europäischer Rat 2000).

Die Bologna-Deklaration und ihre Folgedokumente konkretisieren die strategische Komponente bezogen auf die Hochschulen mit einem gemeinsamen europäischen Hochschulraum sowie der Vergleichbarkeit von Leistungen und Abschlüssen. Sie führt auch einige Gedanken weiter, welche die direkten Adressaten betreffen, wie zum Beispiel mit den Argumenten Mobilität, Qualität durch gemeinsame Methoden/Kriterien, Integration von Forschung und Lehre, Partizipation der Akteure und Attraktivität des europäischen Hochschulraums (vgl. Reinalda / Kulesza 2006; Walter 2006). Bis auf den europäischen Hochschulraum sind alle Argumente nicht nur europäisch, sondern auch international anwendbar – auch hier geht es aus strategischer Sicht zum Beispiel um Mobilität, Partizipation und Vergleichbarkeit in Bezug auf die gewählten renommierten Partner. Diese Zuschreibungen sind in der alltäglichen Lehrsituation durchaus spürbar – sind aber nicht so positiv besetzt wie vorgegeben und meist nicht mit konkreten Handlungsoptionen versehen. Ist also Internationalisierung der Hochschullehre nur eine verordnete, gar aufgesetzte oder bildungsferne Strategie?

Die Herleitung über politische oder internationale Deklarationen sollte nicht darüber hinwegtäuschen, dass Universitäten auch vor und trotz der strategischen Statements internationale Beziehungen in Forschung und Lehre pflegten. Es wäre vermessen zu argumentieren, dass die wissenschaftliche Gemeinschaft erst per Deklaration ab den 1990er-Jahren europäisch oder international geworden wäre. Was sich verändert hat, sind die Darstellung von und die Zuschreibung zu dem Attribut „international" bezogen auf die Hochschullehre. „Internationalisierung" ist dabei oftmals zu einem vorschnellen Label geworden und wird wahlweise für Globalisierung, Europäisierung, bilaterale Beziehungen oder die Umstellung der Lehrsprache auf Englisch gebraucht. Kreber stellt eine Veränderung der Außenzuschreibungen zur Internationalisierung in den 1990er-Jahren fest, welche die ökonomische Motivation gegenüber der politischen, der kulturellen oder der akademischen Handlungslogik stärker betont (vgl. Kreber 2009, S. 4f.). Das Leitmotiv der Internationalisierung hat sich damit verändert:

„While the political, cultural, and academic rationales are based on an ethos of cooperation, the economic one is based on an ethos of competition. Surely, both these overarching rationales – cooperation across state borders and competition – can be observed in contemporary efforts to internationalize higher education but it is the latter which is more and more seen to dominate the internationalization agenda." (Kreber 2009, S. 4)

Svensson und Wihlborg beklagen in Bezug auf die Hochschulforschung eine starke Ausrichtung auf rein politische, ökonomische oder organisationale Aspekte von Internationalisierung, während Internationalisierung gleichzeitig auch als Bildungsziel verstanden, aber nicht unter diesem Aspekt erforscht wird. Die didaktische Umsetzung von Internationalisierung scheint nur schwer fassbar und werde von Dozierenden und Studierenden oftmals mit Allgemeinbildung und Sozialkompetenzen oder mit internationalen Lehrinhalten gleichgesetzt (Svensson / Wihlborg 2009, S. 595). Internationalisierung trägt den Dünkel der strategischen Worthülse, sie bleibt ein Stück weit beliebig und wenn man sie konkret in einer Lehrsituation festmachen will, nur schwer fassbar.

Internationalisierung als Haltung, als Kennzahl, als Kompetenz?

Betrachtet man Attribute, die der Internationalisierung in der Hochschullehre zugeschrieben werden, so bezieht sich ein Ansatz unter dem Stichwort „ethos" insbesondere auf eine bestimmte Haltung oder Gesinnung (vgl. Caruana / Hanstock 2003). Dies beinhaltet einerseits eine Perspektive auf die Bildungseinrichtung: „This approach has a campus-culture orientation, which involves the recruitment of more international students and staff with the aim of naturally generating an international ‚ethos‘ in the institution" (Reid / Stadler 2010, S. 5). Die genannten Strategien und Leitbilder von Universitäten drücken genau diese Haltung aus. Dass es überhaupt ein internationales Leitbild gibt, ist bereits ein Hinweis auf eine Haltung im Sinne einer„campus-culture orientation", welche dann unter Umständen Einfluss auf die Curriculumsentwicklung hat. Über die Bildungsinstitution hinaus können aber auch die bildungspolitischen Diskurse um Wettbewerbsfähigkeit, Globalisierung etc. unter dem Stichwort „ethos" eingeordnet werden, da sie eine bestimmte generelle Haltung gegenüber der Internationalisierung der Hochschullehre widerspiegeln.

Daneben gibt es eine Argumentationslinie, die Internationalisierung vor allem indikatorengeleitet von Mobilität, Lehrsprache, Internationalisierung durch Inhalte, „Internationalisierung at home" gebraucht. Auf dieser Ebene werden auch oftmals Kennzahlen erhoben, z.b. die Anzahl der Studienprogramme auf Englisch, Anzahl ausländischer Studierender, Mobilität in Austauschprogrammen etc. (z.b. Kunz / Cappelli 2010, S. 18f.; Pendl 2010, S. 111f. zur Übersicht verschiedener Indikatoren: Beerkens et al. 2010, S. 19f.). So wird beispielsweise gezählt, wie viele Veranstaltungen eines Studienprogramms in einem nicht-englischsprachigen Land auf Englisch angeboten werden. Dieses Vorgehen verursacht allerdings einige blinde Flecken und ausschließlich gebraucht, führt es sogar zu Fehleinschätzungen. Welche Bedeutung zum Beispiel die Verwendung von Englisch als lingua franca in der Hochschullehre hat, kann durch die Kennzahlen nicht abgebildet werden (vgl. Weil / Pullin 2011). Gerade diese qualitativen Einschätzungen vermögen die meisten Indikatoren und Kennzahlen, welche sich rein an Mobilitätsaktivitäten oder der Lehrsprache orientieren, nicht zu liefern (Leutwyler et al. 2011, S. 16).

Als Pendant dazu kann die Interpretation von Internationalisierung als „Graduate attributes" oder „Graduate capacity" angesehen werden (Caruana / Spurling 2007, S. 24). Hier ist der Ausgangspunkt die interkulturelle Kompetenz, welche die Studierenden nach einem erfolgreich abgeschlossenen Lernprozess erworben haben sollen. Bezogen auf die Curriculumsentwicklung lassen sich so Lernziele benennen, welche Internationalisierung ausdrücken und die erst im zweiten Schritt für die Auswahl von Inhalten, Methoden und auch für die Lehrsprache und Mobilitätsfenster im Lehrplan ausschlaggebend sind.

Zwischenfazit:
Interpretationsbreite der Internationalisierung

Es ist nicht verwunderlich, dass all die Zuschreibungen zu unterschiedlichen Betonungen, teilweise zu einem Ausschluss einer anderen Sichtweise oder zu Inkonsistenzen führen. Diese Reibungsflächen zeigen sich beispielsweise am Einfluss der Steuerungspolitik auf den Ökonomisierungsdiskurs an Universitäten oder die

Rekrutierungsstrategie der Universitäten für Studierende unterschiedlicher Herkunft im Verhältnis zur tatsächlichen Umsetzung von internationalen Lernumgebungen (vgl. ebd., S. 33).

Für Internationalisierung ist bei einer Missachtung der Vielschichtigkeit mit erschwerten Bedingungen für die hochschuldidaktische Rehabilitation zu rechnen, denn:

- *Internationalisierung erfährt immer neue Außenzuschreibungen*
  Internationalisierung wird immer wieder mit anderen Attributen belegt, wobei für die 1990er-Jahre eine stärkere ökonomische Argumentation konstatiert wird (vgl. Kreber 2009). Zu Beginn des 21. Jahrhunderts kommt vermehrt die Perspektive der interkulturellen Kompetenz der Studierenden hinzu (vgl. Caruana / Spurling 2007, S. 34f.).
- *Internationalisierung wird mehrdeutig gebraucht*
  Die genannten Zuschreibungen existieren zudem zeitlich parallel, wodurch eine Mehrdeutigkeit bis hin zur Widersprüchlichkeit bezüglich „Internationalisierung der Hochschullehre" entsteht. Prinzipiell können (universitäts-)politische (z.T. ökonomische), institutionelle, curriculare oder didaktische Attribute der Internationalisierung unterschieden werden, wobei die Priorität in ebendieser Reihenfolge in der Referenzliteratur und der Hochschulforschung abnimmt (Caruana / Hanstock 2003).
- *Internationalisierung zeigt sich strategisch als Top-Down-Prozess*
  Die vorab genannte Priorisierung repräsentiert durchaus auch eine Steuerungsrichtung. Internationalisierung wird in der Regel vom Allgemeinen auf das Konkrete, von Europa auf die Institution, von der Institution auf die einzelne Lehrsituation bezogen. Dies gibt eine Top-Down-Steuerung vor, oder zumindest eine Argumentation „von oben", obwohl dies nicht immer so vorliegt (vgl. Cort 2010, S. 304f.).

Das Lehrgeschehen im Internationalisierungsprozess

Frew stellt zurecht die Frage nach der Auswirkung der Internationalisierung nicht nur auf die Gesellschaft und die Steuerungsmechanismen der Universitäten, sondern auch auf die akademische Profession (Frew 2006, S. 24f.). Dabei sollte Internationalisierung nicht Selbstzweck sein, sondern in Abstimmung mit den Kernaufgaben der Universität gezielt zur Verbesserung von Forschung und Lehre genutzt werden (vgl. beispielsweise Wissenschaftliche Kommission Niedersachsen 2003). Betroffen sind sowohl Aktivitäten auf Hochschul- und Studiengangsebene als auch die Lehr-Lernprozesse (Ebene Hochschule, Modul, Lehrveranstaltung und Lektion). Mit dieser Art der Argumentation geht es insbesondere um den Aspekt einer internationalen Wissenschafts-Community und deren Mitglieder. Dieser Zugang schliesst an die Zuschreibung der „graduate attributes" als internationale Kompetenz im Hochschulkontext an – gleichzeitig gilt es aber auch nach „community attributes"[1] und der Kompetenz, welche die Dozierenden in einer solchen Wissenschaftsgemeinschaft haben, zu fragen – ganz im Sinne von Attributen einer akademischen Profession und ihrer Ausdruckform.

„Graduate attributes"

Internationalisierung der Hochschullehre vor allem in Bezug auf „graduate attributes" oder „graduate capacity" eröffnet eine Möglichkeit von rein strategischen Ansätzen hin zur Curriculumsentwicklung, zur Lernzielformulierung und zu den eigentlichen Lehrzielen in der Hochschullehre zu gelangen. Dieser Blick soll nicht verklärt werden, denn selbstverständlich bestehen auch hier ökonomische und strategische Beweggründe. Dennoch: Mobilität oder die Lehrsprache Englisch sind so gesehen nicht mehr Indikatoren für Internationalisierung, sondern eher ein mögliches Mittel zum Zweck – sie können im Curriculum eingesetzt werden, um den Studierenden den Erwerb bestimmter akademischer Kompetenzen zu ermöglichen. Allein als Kennzahl erlauben sie ja noch keinen Rückschluss, ob Studierende beispielsweise einen Auslandsaufenthalt zum Kompetenzerwerb nutzen oder nicht. Interpretiert man die „graduate attributes" in einem hochschuldidaktischen Sinne, so lässt sich folgende Hypothese formulieren: In gleichem Maße wie Forschung internationaler wird, indem Forschungsresultate beispielsweise in internationalen Journals auf Englisch publiziert werden, indem vergleichende Forschung betrieben wird oder die Bedeutung von internationalen Anwendungsfeldern der Forschungsresultate zunimmt, in gleichem Maße wird eine Lehre, welche in das wissenschaftliche Tun einführt, Studierenden diesen Zugang nahebringen (zur wissenschaftlichen Kompetenz vgl. auch „Zürcher Framework", Tremp (im Erscheinen)).

Die Studierenden – verstanden als Mitglieder einer Wissenschaftscommunity – sind nicht an nationale Grenzen oder Institutionen gebunden. Studierende kön-

---

1   Als Weiterführung des „graduate attributes"-Gedankens spreche ich auch von „lecturer attributes", „developer attributes" und „community attributes", um die Attribute der beteiligten Personen und Strukturen hervorzuheben.

nen den internationalen Forschungsstand einer Fragestellung sichten. Sie können an einzelnen Forschungsschritten bis hin zur Publikation von wissenschaftlichen Ergebnissen beteiligt werden. Hinzu kommt hier eine Haltung, welche das internationale Setting als Lernumgebung begreift. Es geht zum Beispiel darum, zu verstehen, dass und wenn möglich auch warum Patienten in einem anderen Kontext anders behandelt werden, Forschungsresultate mit Kenntnis des kulturellen Hintergrunds neu interpretiert werden, wie die kulturelle und historische Einbettung die Verwendung von Begriffen beeinflusst und selbst wie in einem Labor als Forschungsraum gearbeitet wird oder welche Unterschiede entstehen, wenn Studierende im Seminar Konfuzius statt Augustinus als Referenzpunkt anführen.

In diesem Zusammenhang ist mittlerweile auch der Begriff der interkulturellen Hochschullehre geläufig. Mit diesem Terminus wird weniger die Rolle des Nationalstaats als Hauptfaktor zur Abgrenzung betont als jene der unterschiedlich zusammengesetzten Forschungsgemeinschaften. Das schließt eine stärkere Betonung von kooperativer Forschung und Lehre an Universitäten ein, welche von Personen durchgeführt wird, die in unterschiedlichen Kontexten „heimisch" sind. Außerdem wird dadurch eine Sensibilisierung eingefordert, die unterschiedlich lokalisierte soziale Konstruktionen der Realität, z.B. die Forschungs- und Lehrsituation im universitären Kontext, berücksichtigen kann (vgl. Weil 2008; Vulliamy 2004; Crossley 2002).

„Lecturer and developer attributes"

Die Internationalisierung der Wissenschaftscommunity hat Konsequenzen für die Personen, welche die entsprechenden Lernumgebungen gestalten. Dozierende sind hiervon in mehrfacher Hinsicht betroffen. Einerseits nehmen sie selbst an der Lernumgebung teil – was sich zum Beispiel darin äußert, dass sie Mobilitätsprogramme oder Sabbaticals entsprechend nutzen. In der Wissenschaftscommunity können die Grenzen zwischen Lehrenden und Lernenden dabei verschwimmen. Zum anderen haben Dozierende „zu Hause" vermehrt mit Studierenden unterschiedlichster Herkunft und der Internationalisierung ihrer Lerninhalte zu tun.

Weitere Beteiligte an der Schaffung einer adäquaten Lernumgebung sind beispielsweise Erasmus-Koordinatorinnen und -koordinatoren, Lehrentwickler oder Modulverantwortliche, die sich wesentlich an der Implementation eines „internationalen Lernumfeldes" beteiligen. Sie schaffen die curricularen, teilweise auch die administrativen Voraussetzungen für die Internationalisierung der Lehre. Diese Personen haben direkt mit der Planung und Betreuung im internationalen Studienkontext zu tun. Sie verfügen über eine wichtige Multiplikatorenfunktion für eine gesamte Organisationseinheit. Zusätzlich können die Verantwortlichen in internationalisierten Studiengängen (Graduate School, Joint Degree ...) hinzugezogen werden.

Auf der Ebene der Lehrplanung und der Durchführung können also jeweils beteiligte Akteure identifiziert werden und einschätzen, wie international das ihnen anvertraute Lernumfeld ist – beziehungsweise sein sollte. Diese Perspektive begründet sich demnach nicht primär aus einer Universitäts-, Landes- oder Europastrategie, sondern aus dem wissenschaftlichen Umfeld und dessen Charakteristika.

„Community attributes"

In einem hochschuldidaktischen Setting geht es im engeren Sinne nicht primär darum, ob die Lehre auf Englisch oder einer anderen Sprache durchgeführt wird, ob die Personen formal oder faktisch mobil waren oder ob die inhaltlichen Referenzpunkte aus dem internationalen oder nationalen Kontext stammen. Dies alles sind aber wichtige Faktoren, die bei der Lehrplanung berücksichtigt werden können, um internationale wissenschaftliche Erfahrungen zu ermöglichen. Beispielsweise besteht unter Umständen ein Unterschied im Vorwissen der Studierenden auf Englisch oder in der eigenen Muttersprache. Oder das Vermittlungstempo in einer Veranstaltung muss angepasst werden. Oder die vorgesehenen Gruppenarbeiten berücksichtigen die nationale und kulturelle Heterogenität. Das alles sind aber lediglich andere Gewichtungen einer allgemeinen Hochschuldidaktik, wie sie in jedem Kontext vorgenommen werden müssen.

Ein internationaler Ansatz in der Hochschullehre im Modell der interkulturellen „academic community" stellt universelle Modelle in Frage, da er die Bedeutung und die Umstände des Andersseins zu verstehen versucht (vgl. Heikkinen 2004). Die kulturelle Komplexität in Universitäten ist auch von der League of European Research Universities (LERU) beschrieben, ohne zu vergessen, dass Wissenschaftlerinnen und Wissenschaftler von jeher einer Gemeinschaft bedürfen. „Corporate inter-university links are increasingly being developed across cultural divides which not only stimulate research links but also deepen student's sympathies for and understanding of the diversity of cultural assumptions and complexities of the modern world" (Markwell 2008; siehe auch Boulton / Lucas 2008, S. 13f.). Hochschuldidaktik ebenso wie Hochschullehre sollten sich auf diese Umstände – unbeeindruckt von den strategischen und/oder technokratischen Debatten über Internationalisierung – einstellen.

Ein Ansatz, die Wissenschafts-Community in einem internationalen Kontext zu gestalten, ist mit „academic apprenticeship" umrissen, was man provokativ mit einer „wissenschaftlichen Berufslehre" übersetzen könnte. Dabei ist ganz bewusst der Bezug zur Berufsbildung gewählt, da man auch „Wissenschaftler" oder „Forscherin" als Beruf verstehen kann. Ein Weg zu diesen wissenschaftlichen und forschenden Berufen ist das Universitätsstudium. Diese Herangehensweise lehnt ab, dass wissenschaftliche Bildung nur am Schreibtisch und praktische Fertigkeiten nur bei der Arbeit erlangt werden können. Denn Forschung und Lehre – Wissenschaft per se – erfordert ebenso ein „Handwerk": das wissenschaftliche Tun. Für die Universität bedeutet dies einen forschenden Zugang auch zur Hochschullehre. In der wissenschaftlichen Gemeinschaft werden Wissen, Fertigkeiten und Persönlichkeitsmerkmale kombiniert. Der interkulturelle Fokus wird hier wieder relevant, da die Wissenschaftscommunity aus unterschiedlichen Disziplinen, Forschungstraditionen, historischen und nationalen Kontexten etc. bestehen kann (vgl. Weil et al. 2010).

Didaktische Perspektiven auf internationale Hochschullehre

Unter den Gesichtspunkten der Internationalisierung der Hochschullehre leistet die Hochschuldidaktik einen Beitrag, indem sie sich an alle Akteure richtet, die an der Gestaltung einer interkulturellen Wissenschafts-Community ihrer Universität beteiligt sind. Die klare Unterscheidung nach Funktionsstufen „Modulverantwortlicher", „Dozentin", „Student" ist dabei nicht mehr zentrales Merkmal, sondern die Gestaltung einer Lehr- und Lernumgebung, in der forschendes Lernen in der internationalen akademischen Gemeinschaft möglich ist. Konsequenterweise ist eine internationale Hochschuldidaktik damit nicht nur eine andere Gewichtung von allgemeindidaktischen Konzepten wie zum Beispiel die antizipierte höhere Heterogenität der Studierendengruppen, Umgang mit einer lingua franca als Lehrsprache oder veränderte curriculare Voraussetzungen, sondern die Hochschuldidaktik muss sich selbst forschend in ein Verhältnis zur internationalen Hochschullehre setzen. Als mögliche Themen für ein Zukunftslabor werden im Folgenden die gemeinschaftliche Lehrentwicklung, das Reflexionsmöglichkeiten und forschende Zugänge als Handlungsoptionen aufgezeigt.

Gemeinschaftliche Lehrentwicklung

Eine hochschuldidaktische Option zum interkulturellen Austausch ist die gemeinschaftliche Planung von Weiterbildungsmöglichkeiten für Dozierende mit Fakultäten und Instituten. Ein Beispiel an der Universität Zürich ist die Verwirklichung eines Weiterbildungsmoduls zum Thema Studierendenbetreuung auf Englisch. Der Bedarf wurde in Gesprächen mit der zuständigen Programmleitung erhoben, das Thema identifiziert und Kursinhalte zusammengestellt. Die internationale Hochschul-Community kommt hier zum Tragen, da dies im Programm ein Thema ist – also nicht nur, dass Betreuung auf Englisch stattfindet, sondern auch das Betreuungsverhältnis in interkulturellen Kontexten. Ziel des Weiterbildungsangebots war primär eine Sensibilisierung für die von Dozierenden verantworteten Betreuungssituationen (in diesem Fall im Labor). Für die Inputs wurden dazu Aspekte der Betreuung als Projekt, als Prozess und als Beziehung aufbereitet. Der Beziehungsaspekt verdeutlicht wiederum, dass sich Zuschreibungen zur Kultur oder Community nicht immer von individuellen Attributen unterscheiden lassen (vgl. in Bezug auf Curriculumsplanung Kraus / Sultana 2008).

Ein Beispiel aus einem Weiterbildungsangebot zum Thema „supervising students": In der Weiterbildungssituation selbst besteht eine Gruppe aus Teilnehmenden unterschiedlicher nationaler, kultureller und disziplinärer Herkunft, sodass durch Rollenspiele Situationen relativ authentisch nachgestellt und reflektiert werden können. Aber auch in der Programmplanung und durch eine Co-Leitung ist es möglich, dass unterschiedliche disziplinäre Zugänge (Hochschuldidaktik und Lifescience) zusammentreffen. Ausgangspunkt der Diskussionen vor Ort sind die Betreuungssituationen der Beteiligten selbst – nicht die Strategie der Fakultät. Somit wird Internationalisierung als Schlagwort verwendet, um die Situation der Dozierenden zu umschreiben. In Partner- und Gruppenarbeit ist es wichtig, dass ebenfalls die Perspektive „des anderen" wahrgenommen und reflektiert wird, dies ist in einer homogeneren Gruppe schwieriger gestaltbar. Außerdem gibt die Situation die Möglichkeit, der eigenen Lehre forschend zu begegnen und bereits die simulierten Situationen in die Weiterentwicklung der eigenen Rolle als Dozent sowie der konkreten Lehr- bzw. Betreuungsumgebung einzubeziehen.

Schaffen von Reflexionsmöglichkeiten

Es bedarf einer bewussten Wahrnehmung der neuen Situation seitens der Dozierenden, um internationale Lernumgebungen zu schaffen. Dies ist insbesondere in Bezug auf Sprache und Kultur der Fall und bezieht sich auch auf die Aufgabe zur Sensibilisierung der Studierenden. Neben der eigenen Lehrplanung müssen sich Dozierende einem weiteren Aspekt widmen, nämlich dass sie vermehrt auch Problemquellen von Studierenden an der „internationalen Hochschule" wahrnehmen und gegebenenfalls beheben müssen. Die Studierenden müssen umgekehrt nicht nur inhaltlich verstehen, um was es geht und sich auf einen interkulturellen Lernprozess einlassen, sie müssen beides zusätzlich oftmals in einer Fremdsprache leisten.

Ein Beispiel aus einem Weiterbildungsangebot „Teaching in English" (vgl. Weil / Pullin 2011): Eine Herausforderung für die Dozierenden besteht in der Wahrnehmung der eigenen Sprache und Art der praktizierten Hochschullehre als Quelle von Problemen oder Missverständnissen, die in diesem Kontext aus sprachlichen Schwächen oder mangelndem fachlichen Vorwissen entstehen. Es ist wichtig, Interaktion zu ermöglichen und eine Lernumgebung zu gestalten, die Studierenden angenehm ist, Rückfragen zulässt und Unklarheiten thematisiert. Dies ist nicht immer einfach, da alle Beteiligten unterschiedliche Erwartungen an die Interaktion in der Hochschullehre haben – ja dies ist gerade der Charakter von internationalen Lernumgebungen. Diese Erwartungen werden explizit gemacht, um ein Verständnis über die unterschiedlichen kulturellen Voraussetzungen in der Hochschullehre zu erreichen. Eine Reflexion dieser komplexen Lehrsituationen und die Entwicklung von pragmatischen Lösungsansätzen helfen beim konsequenten Einbezug in die Lehrplanung und -durchführung. Denn die Konsequenzen einer internationalen Ausrichtung der Hochschullehre sind weitreichend. Wenn die Inhalte nicht nur übersetzt und die interkulturelle Dimension in die didaktische Planung einbezogen werden, entsteht eine Möglichkeit, sich als Studierende und Dozierende aktiv und differenzierter mit der neuen Situation auseinanderzusetzen und diese zu reflektieren.

Forschende Zugänge

Die Hochschuldidaktik hat eine strukturell anders gelagerte Möglichkeit über eine Weiterbildungsdienstleistung hinaus. Sie kann sich aktiv am wissenschaftlichen Diskurs um Internationalisierung der Hochschullehre beteiligen, indem sie bestimmte Elemente auf sich selbst anwendet (z.b. durch staff exchange) oder forschend zentralen Lehrfragen nachgeht (z.b. collaborative research). Damit wäre Internationalisierung für die Hochschuldidaktik selbst ein Bestandteil, über die eigenen internationalen Situationen zu reflektieren und diese auch sichtbar zu machen (z.b. auf einer englischsprachigen Homepage, welche die wichtigsten Strukturen zusammenfasst, auch wenn es keine englischsprachigen Angebote gibt). Die zweite Option für forschende Zugänge der Hochschuldidaktik, ist ebenfalls wichtig. Hierbei kann sie sich mit der Rolle der Dozierenden auseinandersetzen. Dies geschieht zum Beispiel bei der Erhebung bei den Kursteilnehmenden zu deren Verständnis von Internationalisierung.

Ein Beispiel aus einem Weiterbildungsangebot zum Thema „lecturers' roles within internationalisation": In diesem Angebot kommt die Methode des passiven Rollenspiels zum Einsatz. Diese Technik wird – kombiniert mit schriftlichen Ausführungen – in einem Forschungsprojekt eingesetzt, um mehr über das Rollenverständnis von Dozierenden zu erfahren (vgl. Nevgi / Korhonen 2010). Die Dozierenden führen dabei imaginäre internationale Lehr- und Planungssituationen schriftlich weiter. Es gibt zwei Varianten: Eine Aufforderung, die Situation möglichst positiv fortzusetzen und eine, dies mit möglichst negativem Ausgang zu tun. Gründe für das Gelingen oder Misslingen einer imaginären internationalen Lehrplanung werden im Anschluss gemeinsam erörtert. Die erhobenen Daten stehen bei entsprechender Freigabe zur weiteren Verwendung in Forschungszusammenhängen zur Verfügung. Die Erhebung wird ebenfalls an Hochschulen in Finnland durchgeführt, sodass eine interkulturelle Komponente auch bei der Datenauswertung thematisiert werden kann. Erste vorläufige Ergebnisse deuten darauf hin, dass das Rollenverständnis als Lehrende oder Lehrender eher schwach ausgeprägt ist und dass oftmals Isolation innerhalb der Dozierendenrolle dargestellt wird. Hier könnten Entwicklungsoptionen darin liegen, sich mehr mit der Dozierendenrolle auseinanderzusetzen und bewusst Feedbackmöglichkeiten in der Lehre vorzusehen, z.b. in Form von kollegialen Hospitationen.

Internationalisierung hochschuldidaktisch rehabilitiert?

Hat die Internationalisierung der Hochschullehre ein Imageproblem? Neben all den Zuschreibungen, die sie erfahren hat und erfahren wird, kann eine didaktische Perspektive den Fokus auf die konkreten Lehr-Lernumgebungen lenken. Dabei kommt vor allem eine interkulturelle Spielart von Internationalisierung zum Tragen. Im Sinne einer „academic community" liegt in dieser Ausrichtung ein Ansatz zum gemeinsamen wissenschaftlichen Tun an Hochschulen und in dem Anliegen Internationalität erfahrbar zu machen.

Internationalisierung in Bezug auf Forschung ist eine Realität und zwar im gesamten Spektrum vom bilateralen, transnationalen, europäischen bis hin zum interkulturellen Bezug. Wie wissenschaftliches Tun in einem solchen Umfeld für Studierende möglich wird, wie Dozierende dies explizieren, das wird zum Schlüssel von solchen Lehr-Lernumgebungen. Die Attribute der Studierenden, aber auch von allen Beteiligten, vom Planer bis zur Dozentin, sind auf ein internationales Forschungs- und Lehrumfeld an den Hochschulen ausgerichtet. Das Konzept des „academic apprenticeship" als historisierender, kontextualisierender Vorgang in einer wissenschaftlichen Community gibt ein Umsetzungsbeispiel. Sprachen, Mobilität, Inhalte etc. spielen hierbei die Rolle, die Umsetzung zu ermöglichen und nicht als leere Hülsen gebraucht zu werden. Der Entwicklungsprozess beginnt damit nicht mit dem formalen, sondern mit dem wissenschaftlichen Handeln als Bezugspunkt für eine Hochschuldidaktik der Internationalisierung.

Von dieser Betrachtung aus, lassen sich dann Rückschlüsse auf die Bildungsinstitutionen und die nationalen und internationalen Strategien ziehen. Der deutsche Wissenschaftsrat plädiert für einen größeren Alternativenreichtum im Hochschulsystem (Wissenschaftsrat 2010). Die Hochschultypen Universität und Fachhochschule allein reichen nicht mehr aus, um die gewachsene Vielfalt der individuellen und gesellschaftlichen Erwartungen an akademische Einrichtungen erfüllen zu können, so der Wissenschaftsrat. Dabei geht es auch um die strategische Rolle von Forschung oder von Lehre im Hochschulprofil oder um die Exzellenzfrage. Besonders interessant scheint aber der Vorschlag verschiedener Differenzierungsprofile, zum Beispiel durch Internationalisierung. Die Hochschuldidaktik, welche mit dem Anspruch auftritt, die Besonderheiten des Lehrens und Lernens in internationaler Lehrplanung und interkulturellen Lehr-Lernsituationen aufzuzeigen und ein geeignetes Handlungs- und Reflexionsrepertoire zur Verfügung zu stellen, hat damit auch zu klären, wie ein solches Profil einer Hochschule in Lehre und

Studium Berücksichtigung finden soll und kann. Allein ob das potenzielle Mehr an Differenzierung – insbesondere in Bezug auf Internationalisierung der Hochschullehre – in Zukunft gewagt wird, bleibt fraglich.

Literatur

Beerkens, E. / Brandenburg, U. / Evers, N. / van Gaalen, A. / Leichsenring, H. / Zimmermann, V. (2010). Indicator Projects on Internationalisation – IMPI Research Report. Gütersloh: CHE.

Boulton, G. / Lucas, C. (2008). What are universities for? Amsterdam: LERU.

Caruana, V. / Hanstock, H.J. (2003). Internationalising the Curriculum: From Policy to Practice Education in a Changing Environment Conference. Salford: University of Salford.

Caruana, V. / Spurling, N. (2007). The Internationalisation of UK Higher Education: a review of selected material. Project Report. URL: www-new1.heacade my.ac.uk/assets/York/documents/ourwork/tla/internationalisation/lit_review_ internationalisation_of_uk_he_v2.pdf (Stand: Mai 2011).

Cort, P. (2010). Stating the obvious: the European Qualifications Framework is not a neutral evidence-based policy tool. In: European Educational Research Journal, 3(9), S. 304–316.

Crossley, M. (2002). Comparative and international education: Contemporary challenges, reconceptualization and new directions for the field. In: Current issues in comparative Education, 4, S. 81–86.

Europäischer Rat (2000). Schlussfolgerungen des Vorsitzes. ULR: www.europarl. europa.eu/summits/lis1_de.htm (Stand: Mai 2011).

Frew, C. (2006). An International Educational Literacy: Students, Academics and the State. In: Journal of university teaching and learning practice, 3(1), S. 24–33.

Heikkinen, A. (2004). Methodology: Culturally embedded actor-based approach to gendered core competences. In: European Commission (Hrsg.): EU research on social sciences and humanities: Gender and qualification. Luxemburg: Office for Official Publications of EU, S. 37–47.

Humboldt-Universität Berlin (2002). Internationalisierungsstrategie der Humboldt-Universität. URL: www.hu-berlin.de/ueberblick/leitung/dok/internatio nalisierung (Stand: Mai 2011).

Kraus, K. / Sultana, R.G. (2008). Problematising ‚cross-cultural' collaboration: Critical incidents in higher education settings. In: Mediterranean Journal of Educational Studies, 13, S. 59–83.

Kreber, C. (2009). Different Perspectives on Internationalization in Higher Education. In: New directions for teachong and learning, 10, S. 1–14.

Kunz, B. / Cappelli, S. (2010). Studierende an den universitären Hochschulen 2009/10. Neuchâtel: BFS.

Markwell, D. (2008). The University of Western Australia. Paper presentation at ASEAN, University Network Rectors' Conference. 1.12.2008. Brunei Darussalam.

Nevgi, A. / Korhonen, V. (2010). Pedagogical leadership and collegial culture enhancing university teaching. Paper presentation at ECER: Education and cultural change 25.–28.8.2010. University of Helsinki, Finland.

Leutwyler, B. / Mantel, C. / Tremp, P. (2011). Lokale Ausrichtung – internationaler Anspruch: Lehrerinnen- und Lehrerbildung an pädagogischen Hochschulen. In: Beiträge zur Lehrerbildung, 29(1), S. 5–19.

Pendl, S. (2010). Indikatoren der Internationalisierung. Eine vergleichende Betrachtung aus österreichischer Perspektive. In: Schröder, T. / Sehl, I. (Hrsg.). Internationalisierung von Hochschulen. Ergebnisse eines deutsch-österreichischen Benchmarking-Verfahrens. HIS-Forum Hochschule, 8, S. 111–124.

Reid, S. / Stadler, S. (2010). Internationalisation in the UK HE sector: a competency-based approach. Warwick: University of Warwick. URL: www2.warwick. ac.uk/fac/soc/al/research/projects/internationalisation_in_the_uk_he_sector_ final.pdf (Stand: April 2011).

Reinalda, B. / Kulesza, E. (2006). The Bologna Process – Harmonizing Europe's Higher Education. Opladen: Barbara Budrich, 2. Aufl.

Svensson, L. / Wihlborg, M. (2009). Internationalising the content of higher education: the need for a curriculum perspective. In: Journal of Higher Education, 60(6), S. 595–613.

Tremp, P. (im Erscheinen). Universitäres Fachstudium: Wissenschaftliche Kompetenzen – modularisierte Strukturen – forschungsorientierte Lehre. In: Stimulus. Mitteilungen der Österreichischen Gesellschaft für Germanistik.

Universität Osnabrück (2007). Internationalisierungsstrategie der Universität Osnabrück URL: www.uni-osnabrueck.de/867.html (Stand: Mai 2011).

Universität Zürich (2006). Leitbild Internationale Beziehungen der Universität Zürich. URL: www.int.uzh.ch/international/leitbild.html (Stand: Mai 2011).

Vulliamy, G. (2004). The impact of globalisation on qualitative research in comparative and international education. In: Compare, 34, S. 261–284.

Walter, T. (2006). Der Bologna-Prozess. Ein Wendepunkt europäischer Hochschulpolitik? Wiesbaden: VS Verlag.

Weil, M. (2008). Networking for researchers of vocational education: Discovering divergence cross-culturally? In: Aarkrog, V. / Jørgensen C.H. (Hrsg.). Divergence and convergence in education and work. Bern: Peter Lang, S. 149–168.

Weil, M. / Pullin, P. (2011). Teaching in English. Didaktische Konsequenzen in der internationalen Hochschullehre. In: Behrend, B. / Voss, H.-P. / Wildt, J. / Tremp, P. (Hrsg.). Neues Handbuch Hochschullehre. Berlin: Raabe, S. 1–20.

Weil, M. / Stolz, S. / Otazo, P. / Baumgartner, E. (2010). Academic apprenticeship in cross-cultural settings: Impacts on university teaching and learning. In: Korhonen, V. (Hrsg.). Cross-cultural Lifelong Learning. Tampere: Tampere University Press, S. 207–224.

Wissenschaftliche Kommission Niedersachsen (Hrsg.) (2003). Internationalisierung von Forschung und Lehre an den niedersächsischen Hochschulen. Empfehlungen der Wissenschaftlichen Kommission Niedersachsen. Hannover. URL: www.wk.niedersachsen.de/servlets/download?C=36444117&L=20 (Stand: Mai 2011).

Wissenschaftsrat (2010). Empfehlungen zur Differenzierung der Hochschulen. Lübeck. URL: www.wissenschaftsrat.de/download/archiv/10387-10.pdf (Stand: Mai 2011).

Young, B. (2006). Internationalisierung, Europäisierung und Virtualisierung der Hochschullehre: Interkulturelle Herausforderungen. In: Simonis, G. / Walter, T. (Hrsg.). LernOrt Universität. Umbruch durch Internationalisierung und Multimedia. Wiesbaden: VS Verlag, S. 253–280.

Schlusswort

Peter Tremp

Hochschuldidaktik als Einladung

Aktionsfelder sind Räume zur Gestaltung. In den vorangegangenen Kapiteln sind einige Gestaltungsmöglichkeiten gezeigt und diskutiert worden. Dieser abschließende Beitrag blickt auf die hier mit Weiterbildungszentrum, Expertiseagentur, Diskursraum und Zukunftslabor betitelten Aktionsfelder, die auch das Leitbild der Hochschuldidaktik der Universität Zürich strukturieren. Drei Beispiele – die Aktionsfelder werden hier kombiniert – illustrieren und konkretisieren anschließend dieses Konzept von Hochschuldidaktik. Dies ist gleichzeitig eine Einladung, Hochschuldidaktik gemeinsam zu gestalten – und mit den Anregungen aus dieser Publikation weiter zu entwickeln.

Hochschuldidaktik als Aktionsfeld

Hochschuldidaktik beschäftigt sich mit Fragen des Lehrens und Lernens an Hochschulen und begleitet als Frage die Universität seit ihren Anfängen. Als Weiterbildungs- und Beratungseinrichtungen kennt die Hochschuldidaktik allerdings lediglich eine sehr kurze Geschichte. Diese ist in den deutschsprachigen Universitäten oftmals eng verbunden mit Fragen zur Studienreform in den 1970er-Jahren und gleichzeitig bescheidenes Überbleibsel von bisweilen sehr ambitionierten Ansprüchen.

Hochschuldidaktik ist an vielen deutschsprachigen Universitäten in der Zentralen Verwaltung positioniert und traditionell auf die Planung und Durchführung von Weiterbildungsveranstaltungen ausgerichtet. Dieses enge Verständnis entspricht der traditionellen universitären Lehrkultur, die weitgehend davon ausgeht, dass eine routinierte Praxis und die Vertrautheit mit der Situation die beruhigende Gewissheit gibt, dass alles seine Richtigkeit hätte. Hochschuldidaktische Weiterbildung ist in diesem Rahmen hauptsächlich als unterstützende Dienstleistung für Nachwuchswissenschaftlerinnen und Nachwuchswissenschaftler konzipiert, die noch kaum Routine gewinnen konnten und die hochschuldidaktischen Kurse entsprechend als Angebot nutzen, das auf anfängliche Ungewissheit und Verunsicherung antwortet.

Allerdings: Der Anspruch der Hochschuldidaktik in ihrem Selbstverständnis als Teil der Studienreform ist deutlich höher. Hochschuldidaktik hat hier eine doppelte Aufgabe: Sie erarbeitet einerseits Wissen über universitäres Lehren und Lernen und ist damit Teil der Hochschul- und Bildungsforschung. Andererseits stellt die Hochschuldidaktik als anwendungsorientierte (Teil-)Disziplin mit ihren Dienstleistungen und Angebotsformaten dieses Wissen Dozierenden und Lehrverantwortlichen zur Verfügung: als orientierendes Kontext- und Begründungswissen ebenso wie als geeignetes Handlungsrepertoire. Beabsichtigt ist damit, die Hochschule als Studien- und Bildungsort weiterzuentwickeln.

Strukturierung in Räumen: Leitbild der Hochschuldidaktik UZH

Diese Verknüpfung von Aufgaben einer hochschuldidaktischen Einrichtung hat die Hochschuldidaktik der Universität Zürich in einem Leitbild beschrieben und damit auch die Ansprüche zu explizieren versucht. Hochschuldidaktische Weiterbildung und Beratung sind hier zwar weiterhin zentrale Aufgaben, sie werden aber ergänzt und fundiert durch weitere Tätigkeits- respektive Aktionsfelder – in unserem Leitbild als „Räume" strukturiert.

Hochschuldidaktik an der Universität Zürich verstehen wir als ...

- *Expertiseagentur*
  Wir kennen die zentralen Ergebnisse aktueller hochschuldidaktischer Forschung, ihre Reichweite und Relevanz. Wir beteiligen uns an der Generierung neuen Wissens über universitäres Lehren und Lernen. Mit dieser Wissenschaftlichkeit und Forschungsorientierung schaffen wir unabdingbare Voraussetzungen für unsere Dienstleistungen im universitären Kontext.
- *Weiterbildungszentrum*
  Wir stellen mit unseren Dienstleistungen den Dozierenden und Lehrverantwortlichen der Universität Zürich unser fundiertes Wissen und ein erprobtes Handlungsrepertoire zur Verfügung. Dabei folgen wir den Prinzipien der Freiwilligkeit und Vertraulichkeit. Die hochschuldidaktischen Weiterbildungsangebote kennen ein klares Profil. Sie orientieren sich an Überlegungen zu studentischen Lernprozessen und „guter Lehre" ebenso wie an den beruflichen Aufgaben von Lehrverantwortlichen und den Etappen einer wissenschaftlichen Laufbahn. Mit unserer Angebotspalette fördern wir den systematischen Aufbau von Kompetenzen. Wir unterstützen damit professionelles universitäres Lehren und nachhaltiges studentisches Lernen.

- *Diskursraum*
  Wir pflegen den Austausch mit Personen, die an Lehr- und Lernprozessen
  interessiert sind und bringen Dozierende mit ihrem Wissen und ihren Erfahrungen untereinander ins Gespräch. Wir sind im Raum Zürich sowie
  national und international gut vernetzt. Wir pflegen den Austausch mit anderen hochschuldidaktischen Einrichtungen und kennen deren Angebote
  und Profile. Dadurch optimieren wir unsere eigene Tätigkeit und leisten
  einen Beitrag zur hochschuldidaktischen Fachdiskussion.
- *Zukunftslabor*
  Wir blicken voraus und stellen künftige Entwicklungen des universitären
  Lehrens und Lernens zur Diskussion. Wir initiieren Innovationen und begleiten deren Umsetzung. Damit helfen wir mit, die Universität als Studi-
  en- und Bildungsort weiter zu entwickeln.

Die einzelnen Räume – oder Aktionsfelder – kennen je detailliertere Referenzüberlegungen. Für das Weiterbildungszentrum beispielsweise steht erstens die
Ausrichtung auf *studentische Lernprozesse und Lernaktivitäten* im Zentrum, die
durch Lehre angestoßen und begleitet werden sollen. Damit zusammenhängend
berücksichtigen unsere Weiterbildungsangebote zweitens *Konzepte guter Lehre.*
Diese Konzepte kennen einige Überschneidungen zu Konzepten guter Unter-
richtsqualität vorangehender Bildungsstufen, sie betonen aber gleichzeitig Besonderheiten, die mit den Studienzielen und der Hochschulsituation insgesamt
zusammenhängen. So verstandene Lehre setzt drittens bestimmte *notwendige
Lehrkompetenzen* voraus, die in unseren Qualifizierungsformaten (vgl. Eugster /
Tremp 2009) erworben respektive erweitert werden können. Diese haben schließlich viertens auch den *Aufbau und die Modellierung* dieser Lehrkompetenzen zu
berücksichtigen. Allen Aktionsfeldern gemeinsam ist die Ausrichtung auf die inhaltliche Leitlinie einer akademischen Bildung, die in der „Bildungseinrichtung
Universität" beabsichtigt ist.

Universitäre Bildung als inhaltliche Leitlinie

Hochschuldidaktik ist das Vorhaben, Lehren und Lernen von den spezifischen
Zielsetzungen der Hochschule her zu konzipieren. Ausgangspunkt unserer Argumentation ist ein Konzept einer forschungsorientierten Universität. Ein universitäres Studium beabsichtigt, Studierende zum wissenschaftlichen Denken und
Tun zu befähigen. Universitäre Bildung entwickelt sich – so unsere Annahme – in

Auseinandersetzung mit Wissenschaft und Forschung. Universitäre Bildung leistet damit einen Beitrag zur Entwicklung einer akademischen Persönlichkeit, die durch Kreativität und methodische Gewandtheit gleichermassen charakterisiert ist und die wissenschaftlichen Grundhaltungen und Werten verpflichtet ist.

Wie wird hier Lehre realisiert und Lernen vorstrukturiert? Im „Zürcher Framework" zum forschungsorientierten Studium (vgl. beispielsweise Tremp 2011) sind die Etappen des Forschungsprozesses und damit Forschungsaktivitäten zentrale Orientierungspunkte für Studienaktivitäten und Leistungsnachweise, für Lehrformate und Studienprogramme. Didaktische Weiterbildung nimmt dies auf, indem sie auf diese Orientierungspunkte verweist und die Zielsetzungen eines universitären Studiums berücksichtigt. Dies soll an zwei Beispielen illustriert werden:

Die Vorlesung als Lehrformat hat in diesem Framework eine doppelte Bedeutung: Die Vorlesung bietet zum einen gute Möglichkeiten, einen Überblick über den Forschungsstand zu vermitteln. Das geschieht zwar bereits häufig, ist aber bisher kaum explizit mit dieser Zielsetzung des Universitätsstudiums verbunden und also nur selten in den gesamten Forschungsprozess integriert und für die Studierenden vorstrukturiert. Und zum anderen können Dozierende in ihrer Vorlesung gleichzeitig explizieren, wie sie selber forschend tätig sind: Sie können beispielsweise zeigen, wie sie sich selber diesen Überblick über den Forschungsstand verschafft haben. Dazu gehören beispielsweise Hinweise zur sehr konkreten Arbeitsweise, aber auch Hinweise auf die in dieser Disziplin bedeutendsten Zeitschriften. Für die didaktische Weiterbildung nun heißt dies, dass Kurse zu Auftritt und Präsentation gerade mit dieser Überlegung zur Bedeutung von „Frontal-Präsentationen" verknüpft werden und also gleichzeitig geklärt wird, wie diese Explizierung der eigenen (bewährten) Praxis anregend gelingen kann, wie die Einübung in diese Praxis (in anderen Lehr-Lernformaten) realisiert werden kann etc.

Ähnlich sind die Überlegungen, welche als Referenzpunkte für die Gestaltung von Leistungsnachweisen gelten und damit auch für die hochschuldidaktischen Konzepte, Modelle und Weiterbildungsangebote. Leistungsnachweise haben in diesem Framework insbesondere die Funktion, zentrale wissenschaftliche Handwerksweisen und akademische Grundhaltungen nachzuweisen. Hochschuldidaktische Überlegungen zu Leistungsnachweisen beschränken sich also nicht lediglich auf Objektivitäts- und Validitätsfragen, sie beschränken sich ebenso wenig auf psychologische Mechanismen bei Prüfungsvorbereitung, -durchführung und -auswertung, sondern sie werden insbesondere die Frage stellen, wie Form und

Inhalt mit akademischer Bildung und wissenschaftlicher Persönlichkeit zusammenhängen.

Hochschuldidaktik hat es zwar immer auch mit empirischen Fragen zu tun: Wie gelingt Lehre und Studium, wie gelingen diese besser? Gleichzeitig versteckt sich hier eine Reihe von normativen Fragen, die zwar die Hochschuldidaktik nicht alleine beantworten kann und darf, sie kann aber diese Fragen stellen und Implikationen von möglichen Antworten erörtern. Bei diesem kooperativen Vorhaben kann die Hochschuldidaktik einige Modelle und Konzepte einbringen, die dieses Gespräch über Lehre und Studium, über Lehrverständnis und Lehrqualität strukturieren und mit Anregungen aus Forschung und bewährter Praxis bereichern.

Einladende Angebote: Drei Beispiele

Das Leitbild der Hochschuldidaktik UZH strukturiert sich in vier Räume, die in vielen Aktivitäten sich so nicht trennen lassen, ja sinnvollerweise auch zusammen gedacht werden müssen. So sind die im Buch beschriebenen Weiterbildungsangebote unserer Hochschuldidaktik UZH immer auch mit den erweiterten Ansprüchen der ergänzenden Aktionsfelder verknüpft. Gerade die wissenschaftliche Fundierung und Forschungsorientierung sind – insbesondere in einem universitären Kontext – unabdingbare Voraussetzung für hoch stehende und akzeptierte Dienstleistungen. Die Beteiligung am disziplinären Diskurs und die unterstützenden Dienstleistungen sind deshalb miteinander verknüpfte Aufgabengebiete.

Neben diesen kontinuierlichen Angeboten haben wir in den letzten Jahren immer wieder einmalige Vorhaben realisiert, die wir als punktuelle Einladung zu Austausch und Gespräch verstanden haben. Dazu gehören beispielsweise die „Jahreskarten" – kleine Erinnerungen zum Dialog in schöner Gestaltung – dazu gehören aber auch Angebote, die grundlegende Ideen des Leitbildes konkretisieren und dabei in kluger Komposition und kreativer Form Hochschuldidaktik als das präsentieren wollen, was sie für uns ist: Die Frage nach der Kultivierung des Lehrens und Lernens in Universitäten.

DER PLAN als didaktisches Schaubild

Eine solche „Einladung Hochschuldidaktik" ist beispielsweise DER PLAN (Tremp / Brülhart 2008). Dieser PLAN ist ein didaktisches Schaubild und thematisiert Studienganggestaltung und Bologna-Reform. Die Vorderseite ist als Bild, die Rückseite (hauptsächlich) als Wandzeitung gestaltet. Dieses Schaubild lässt sich einfach auf das Format A4 zusammenfalten. Dabei zeigt es ein Titelblatt und eine verkleinerte Version des Schaubildes.

Der PLAN orientiert sich an den alten Schulwandbildern, die heute freilich altmodisch wirken: Die technologische Bescheidenheit des Unterrichtsmediums scheint kaum mit versierten Verfahren konkurrieren zu können. Indem sie als Lernmedium anders als die flüchtigen Folien auf „Lange Weile" setzen, scheinen sie allerdings besser dem zu entsprechen, das „Schule" meint: Schola, Muße. Zeit zu haben ist Kennzeichen der Schule, in der Schule kann sich vertiefen, wer hier eingetreten ist und – wo Muße ist – sich auch einmal in der Zeit verlieren. Hier wird Gegenwart betont, sich Einlassen können. Eben: Zeit haben – und um die Zukunft kümmern wir uns später.

Das Schaubild versteht sich als Instrument, das dazu dient, die verschiedenen Entwicklungsbereiche und Diskussionsfelder der Studiengangsentwicklung in einer geordneten Übersicht zu präsentieren. Entsprechend enthält es Hinweise zu den verschiedenen Teilaufgaben bei der Curriculumsentwicklung. Gleichzeitig bietet dieses Schaubild eine gemeinsame Basis für die an diesem Prozess Beteiligten. Es richtet sich damit in erster Linie an Studiengangsverantwortliche und Dozierende, die mit Aufgaben der Curriculumsentwicklung betraut sind. Das Schaubild bietet diesen Personen in ihrem Kommunikationsprozess „visuelle Argumente", die ihnen die Bildautoren in einem adäquaten visuellen Format zur Verfügung stellen. Bildbetrachterinnen und -betrachter rekonstruieren dieses Argument über erkennende und interpretierende Prozesse.

Wie bei (einigen) Schulwandbildern ist die Ordnung nicht sofort erkennbar, entsprechend ist auch keine klare Leserichtung festzumachen. Die „Syntax des Bildes" bleibt vorerst ungeklärt, die Sprache des Schaubildes in seiner Grammatik ungewohnt. Der Blick schweift deshalb leicht ratlos über das Bild, bevor er sich an Bekanntem festmacht und von da weg weiteren Boden zu erkunden sucht.

Das Schaubild ist in diesem Sinne einer Karte einer nur oberflächlich bekannten Gegend vergleichbar. DER PLAN benutzt im Titel eine Bezeichnung, die – wie „Karte" – topologische Beziehungen und Verhältnisse ankündigt. Und in der Tat wird hier ein Raum geschaffen, der zwar nicht als Repräsentation, als Abbild einer Gegend verstanden werden kann, aber dennoch mit der Metapher des Wegs und des Erkundens einer unbekannten Welt spielt.

Das Schaubild DER PLAN ist zudem insofern modellhaft, als hier gezeigt wird, wie ein Studiengang gemeinsam entwickelt werden kann. DER PLAN dokumentiert eine Zwischenetappe, die das Handwerkliche der Planung sichtbar werden lässt. Und so zeigt sich, wie eine Diskussion gleichzeitig den strukturierenden Rahmen und inhaltliche Aussagen berücksichtigen kann.

Das Schaubild versteht sich als unterstützende Anregung eines Reformprozesses und schließt verschiedene Ansprüche an Planungsinstrumente mit ein: Es klärt die Zielsetzungen, ist einfach handhabbar und trägt den verschiedenen Fachkulturen und -traditionen Rechnung. DER PLAN zeichnet sich insbesondere durch seine Offenheit und Unbestimmtheit aus, ohne aber unklar zu sein. Der Weg durch diesen PLAN muss selber gefunden, Unbestimmtheit ausgehalten werden. Umgekehrt öffnet sich ein beträchtlicher Entdeckungs- und Gestaltungsraum. Damit sind innovative Lösungen beabsichtigt, die diskursiv erörtert und konsolidiert werden. DER PLAN ist damit auch Treffpunkt und Einladung zu Austausch und Diskussion.

Standardsituationen als Metapher

Eine solche Einladung ist beispielsweise das Dossier „Standardsituationen: Die universitäre Lehrveranstaltung als Fußballspiel" (Arbeitsstelle für Hochschuldidaktik UZH 2008). Ausgangspunkt dieses Dossiers – entstanden als Anlass der (auch) in Zürich ausgetragenen Fußball-Europameisterschaft 2008 – ist ein Konzept, das sich in der Fußballwelt seit gut zwanzig Jahren etabliert hat: „Standardsituationen" sind im Mannschaftssport jene Konstellationen, die sich im Spielablauf aufgrund der gegebenen Regeln wiederholen. Bezeichnet werden damit vor allem jene standardisierten Handlungsabfolgen, die sich aus der Unterbrechung des Spiels ergeben, also Freistösse, Penaltys oder Eckbälle: Der Ball ruht, die

Aufstellung der Spieler kann neu geordnet werden, die gegnerische Mannschaft muss die Ausführung aus definierter Distanz zulassen. „Standardsituationen" verdanken sich also wesentlich einem Regelwerk, das einer Mannschaft in bestimmten Situationen das Recht der Situationsgestaltung einräumt.

Erfolg und Misserfolg einer Mannschaft hängen, dies zeigen Fußballstatistiken detailliert, wesentlich von der Herbeiführung und erfolgreichen Ausführung von „Standardsituationen" ab –„Standardsituationen" können aber auch trainiert werden. Der Sieg scheint damit nicht zufällig, sondern machbar: durch diszipliniertes Einüben von Spielmustern und von ausgeklügelten Variationen. Insofern sind „Standardsituationen" ein beruhigendes Konzept, denn es verspricht Erfolg.

Wir nutzen hier „Standardsituationen" als Metapher, um Fragen des Lehrens und Lernens an der Universität aus einer ungewohnten Perspektive zu prüfen, gewissermaßen als Anstoß und Einladung zu einem Gedankenspiel. Metaphern eigenen sich deshalb besonders gut, weil ihnen wesentlich die Funktion zukommt, einen unbekannten Sachverhalt mit Hilfe einer bekannten Struktur zu erfassen oder aber eine andere Perspektive auf einen bekannten Gegenstand, auf ein bekanntes Phänomen zu ermöglichen. Sie helfen, eine Sache zu klären oder eine Sache anders zu sehen und damit auch, neu zu denken. „Metaphern geben eine Sicht frei und lassen etwas auf eine bestimmte Weise sehen." (Herzog 2006, S. 15)

Damit ist gleichzeitig auch gesagt, dass bestimmte Aspekte in den Hintergrund gerückt werden. Der bewusste Umgang mit Metaphern gleicht damit einer didaktischen Aufgabe: Dinge in den Vordergrund zu rücken und zu betonen, andere hingegen bei Seite zu lassen. Es wird also eine Auswahl getroffen, die von anderen vielleicht anders getroffen worden wäre.

Pädagogik und Didaktik kennen eine Fülle von Metaphern (vgl. beispielsweise Guski 2007), was bisweilen als Hinweis darauf verstanden wird, dass es nicht gelungen sei, „die pädagogische Intuition überzeugend in Erziehungstheorie zu verwandeln" (Herzog 2006, S. 65). Erziehung wird hier beispielsweise zur Gartenarbeit, welche die Pflanze veredelt und den Wildwuchs zurechtstutzt. Diese Pflanzenmetaphorik intendiert einen langen Atem, der die Zeit zwischen Aussaat und Ernte überbrücken hilft und motiviert zu Anstrengung trotz Ungewissheit des Ausgangs (vgl. Treml 2000, S. 167). Eine andere, weit verbreitete Metapher beschreibt Erziehung als handwerkliches Tun: Aus einem Holz wird eine Figur geschnitzt, ein „unbeschriebenes Blatt" beschriftet. Metaphern setzen in bestimmter Hinsicht eine Gleichheit oder Ähnlichkeit voraus. „Allgemein können wir sagen, dass die Metapher anzeigt, dass eine wichtige Analogie zwischen zwei Dingen besteht, ohne doch explizit zu sagen, worin diese Analogie besteht" (Scheffler 1971, S. 70). Und entsprechend sind Metaphern auch Einladungen, diese „wichtige" Ähnlichkeit zu klären.

Wenn hier „Standardsituationen" als Metapher zur Diskussion gestellt werden, so soll damit eine (vorerst lediglich vermutete) Ähnlichkeit zwischen einem Fußballspiel und einer Lehrveranstaltung in den Blick genommen werden. Der universitäre Unterricht wird zum Spiel der Didaktik: Zwei mal 45 Minuten – so lange dauert in der Regel eine Lehrveranstaltung, Nachspielzeit nicht ausgeschlossen. Der Vergleich mit dem Fußballspiel stellt eine Reihe von Fragen, zum Beispiel nach der Regelhaftigkeit des Unterrichts: Gibt es überhaupt Regeln des Unterrichts, wie lassen sich diese beschreiben, welches ist ihr Gegenstand, welches ihre Reichweite? Zudem: Wie gestaltet sich das Verhältnis der beteiligten Akteure untereinander? Gibt es einen Schiedsrichter des Unterrichts? Schließlich: Wie zeigt sich der Torerfolg im Hörsaal?

Nach zwei einleitenden Beiträgen aus fußballhistorischer und didaktischer Perspektive wird in Interviews mit Expertinnen und Experten aus Didaktik und Fußball der „Doppelpass im Hörsaal" geprobt: Gefragt wird nach den Möglichkeiten der Einübung von Situationen, die doch immer wieder anders sind, nach dem Verhältnis von Routine und momentaner Kreativität oder nach dem Torerfolg im Hörsaal. Das Dossier beabsichtigt damit intelligente Unterhaltung und anregende Auseinandersetzung mit eigenem didaktischem Tun.

Grenzgang im Museum

Eine solche Einladung ist beispielsweise auch das Gespräch mit verwandten Tätigkeitsfeldern, beispielsweise im Museum.[1] Museen haben insofern eine Verwandtschaft mit Hochschullehre, als auch sie Wissensbestände zur Verfügung stellen

---

1   Gesprächspartnerinnen und -partner im Museum NONAM (Nordamerika Native Museum Zürich) waren die Direktorin des Museums, Frau Denise Daenzer, der grafische Gestalter der Ausstellung, Herr Markus Roost, die kurz vorher ausgezeichnete Lehrpreisträgerin der Universität Zürich, Frau Prof. Dr. Brigitte Tag, Experten aus der Hochschuldidaktik und eine Gruppe von Dozierenden der Universität Zürich.

und damit Involvierung beabsichtigen und bildende Situationen vorstrukturieren. Damit ist die Gestaltung einer Museumsausstellung mit ähnlichen Fragen konfrontiert wie die universitäre Lehrveranstaltung: Wie beginnen, wie fortfahren? Was zeigen, was weglassen? Wie viel Offenheit, wie viel Vorgabe?

In dieser Gegenüberstellung von Museum und Lehrveranstaltung und konkreten Realisierungsformen an beiden Orten zeigen sich nicht nur strukturierende Fragen der Didaktik, sondern es ergeben sich auch – ungeplant, aber nicht überraschend – interessante Anstöße. Während von Museumsseite die Bedeutung von Originalen betont wird, die einen Besuch lohnenswert machen und einen bedeutenden Mehrwert zur bloßen Lektüre des Ausstellungskatalogs ergeben, ist die Lehrveranstaltung mit der Fragen nach ihrem Original respektive ihrem Mehrwert konfrontiert. Selbstverständlich: Die Antworten können unterschiedlich ausfallen, aber eine Antwort ist mindestens gefordert – auch je von jeder einzelnen Lehrveranstaltung.

Solche Beispiele und die Entwicklungen in der Hochschuldidaktik der Universität Zürich zeigen damit nicht bloß den Weg „von der Weiterbildung zum Diskurs", sondern zeigen auch Möglichkeiten des Diskurses als und in der Weiterbildung – und damit eben ein Konzept von Hochschuldidaktik, das in der fundierten diskursiven Erörterung innovative Lösungen erarbeitet, Unterstützung bietet bei der Entwicklung persönlicher Lehrstile und gleichzeitig Qualitätskriterien von Lehre und Studium systematisch berücksichtigt.

Ein abschließender Dank

Hochschuldidaktik als Einladung zu realisieren setzt voraus, dass sich die Hochschuldidaktikerinnen und Hochschuldidaktiker als zuvorkommende und interessierte Gastgeber verstehen, die selber mit interessanten Beiträgen das Gespräch auch bereichern können.

Ich hatte in den vergangenen Jahren das Glück, in einem personellen Umfeld tätig zu sein, das gerade dies ermöglicht hat. Und mehr: Ich habe mit Personen arbeiten dürfen, die sich nicht nur von Ideen anregen und begeistern ließen, sondern die auch eigene, weitere Ideen eingebracht und realisiert haben. Geteilt haben wir ein bestimmtes Verständnis von Hochschuldidaktik, ohne dass wir dies von Anfang an benennen konnten. Wie die „Eigernordwand" (vgl. Umschlag) in vielen Situationen eine passende und schöne Anwendung findet, so sind die vier Räume ordnende und gleichzeitig anregende Struktur geworden – eine leitende Vorstellung unserer Tätigkeit. Dieses Buch, das diese Struktur übernimmt, wird damit zum Ausdruck einer schönen und intensiven Zusammenarbeit. Dafür bedanke ich mich sehr herzlich!

Literatur

Arbeitsstelle für Hochschuldidaktik UZH (2008). Standardsituationen: Die universitäre Lehrveranstaltung als Fussballspiel. Zürich: Arbeitsstelle für Hochschuldidaktik der Universität Zürich.

Eugster, B. / Tremp, P. (2009). Formate hochschuldidaktischer Weiterbildung. In: Beiträge zur Lehrerbildung, 27(1), S. 60–63.

Herzog, W. (2006). Zeitgemässe Erziehung: Die Konstruktion pädagogischer Wirklichkeit. Studienausgabe (Nachdruck der Erstausgabe 2002). Weilerswist: Velbrück Wissenschaft.

Guski, A. (2007). Metaphern der Pädagogik: Metaphorische Konzepte von Schule, schulischem Lernen und Lehren in pädagogischen Texten von Comenius bis zur Gegenwart. Bern: Peter Lang.

Scheffler, I. (1971). Die Sprache der Erziehung. Sprache und Lernen. Düsseldorf: Schwann.

Treml, A.K. (2000). Allgemeine Pädagogik: Grundlagen, Handlungsfelder und Perspektiven. Stuttgart: Kohlhammer.

Tremp, P. (2011, im Erscheinen): Universitäres Fachstudium: Wissenschaftliche Kompetenzen – modularisierte Strukturen – forschungsorientierte Lehre. In: STIMULUS. Mitteilungen der Österreichischen Gesellschaft für Germanistik.

Tremp, P. / Brülhart, St. (2008). DER PLAN – Ein Schaubild als Weiterbildungsangebot der universitären Didaktik. In: Berendt, B. / Voss, H.-P. / Wildt, J. (Hrsg.). Neues Handbuch Hochschullehre. Berlin: Raabe. J 2.12, S. 1–11.

AUTORINNEN UND AUTOREN

Santina Battaglia,
Diplom-Psychologin und Assessorin des Lehramts (Sekundarstufen II u. I), Hochschuldidaktische Moderatorin, arbeitet als wissenschaftliche Referentin für institutionelles Qualitätsmanagement und Evaluation bei evalag (Evaluationsagentur Baden-Württemberg). Die Vorsitzende der Deutschen Gesellschaft für Hochschuldidaktik e.V. (dghd) a.D. ist seit 2010 Vizepräsidentin des International Consortium for Educational Development (ICED).

Michel Comte,
lic. phil., ist wissenschaftlicher Mitarbeiter des Prorektors Lehre der Universität Luzern. In dieser Funktion begleitet er die Universitäre Lehrkommission (ULEKO) inhaltlich und administrativ, ist verantwortlich für hochschuldidaktische Weiterbildung und Beratung und leitet verschiedene Projekte zur Lehrentwicklung.

Lucien Criblez,
Prof. Dr., ist seit 2008 Professor für Pädagogik mit Schwerpunkt Historische Bildungsforschung und Steuerung des Bildungssystems an der Universität Zürich; zuvor war er Professor für Pädagogik und Leiter des Instituts Forschung und Entwicklung an der Pädagogischen Hochschule der Fachhochschule Nordwestschweiz in Aarau.

Balthasar Eugster,
lic. phil., ist wissenschaftlicher Mitarbeiter der Hochschuldidaktik der Universität Zürich. Gegenwärtige Arbeits- und Forschungsschwerpunkte sind die Professionalisierung und Reflexion der Hochschullehre sowie die Analyse und Steuerung universitärer Bildungsprozesse. Er ist Mitglied der Arbeitsgruppe Bologna-Koordination der Rektorenkonferenz der Schweizer Universitäten.

Kathrin Futter,
lic. phil., war von 2006 bis 2011 wissenschaftliche Mitarbeiterin der Hochschuldidaktik der Universität Zürich. In dieser Funktion lagen ihre Arbeitsschwerpunkte hauptsächlich in der Aus- und Weiterbildung von jungen Dozierenden im Hinblick auf deren Kompetenzentwicklung in der Lehre. Seit 2009 forscht sie zudem an der Universität Freiburg im Rahmen eines Nationalfondprojektes zum fachspezifischen Unterrichtscoaching in Lehrpraktika.

Ludwig Huber,
Dr. phil., Dr. h.c. (Univ. Nowgorod), Professor (emeritiert) für Pädagogik (Wissenschaftsdidaktik), Fakultät für Erziehungswissenschaft und ehemaliger Wissenschaftlicher Leiter des Oberstufen-Kollegs der Universität Bielefeld. Arbeitsschwerpunkte: Wissenschaftspropädeutik (Gymnasiale Oberstufe), Hochschuldidaktik, besonders Fächerübergreifendes Studium, Forschendes Lernen.

Brigitte Kleinert,
Kaufmännische Angestellte, arbeitet seit Oktober 2005 als Verwaltungsassistentin im Sekretariat Hochschuldidaktik der Universität Zürich. Sie ist hauptsächlich für den Auftritt (Homepage, Infopapiere, Unterlagen, Poster etc.) der Hochschuldidaktik zuständig. Zudem betreut sie den Freundeskreis der Hochschuldidaktik (inklusive Versand und Layout des Newsletters).

Carolin Kreber,
Prof., PhD, is Professor of Higher Education at the University of Edinburgh. From 2005 to 2010 she was Director of the Centre for Teaching, Learning and Assessment at the same university. Her current research explores linkages between the notion of authenticity and identity, academic practice as well as the scholarship of teaching in higher education.

Beatrice Leisibach,
Verwaltungsassistentin in der Hochschuldidaktik der Universität Zürich seit 2004. Sie betreut unter anderem das gemeinsame Weiterbildungsprogramm „Didactica" für Dozierende der Universität Zürich und der Eidgenössischen Technischen Hochschule Zürich.

Yvonne Marti,
Verwaltungsassistentin in der Hochschuldidaktik der Universität Zürich seit dem Jahr 2010. Neben der Gesamtkoordination und Kursadministration liegen ihre Schwerpunkte im Bereich der Betreuung und Weiterentwicklung der Datenbank, Layouting von Publikationen sowie leitungsunterstützenden Arbeiten.

Koni Osterwalder,
Dr. sc. ETH Zürich, leitet den Stabsbereich Lehrentwicklung und -technologie der ETH Zürich. Nach dem Studium der Umweltnaturwissenschaften und dem Abschluss des Lehrdiploms in Biologie war er während mehrerer Jahre als Assis-

tent in systematischer Botanik und Dozent für die Fachdidaktik der Biologie an der ETH Zürich tätig. 2007 übernahm er die Leitung des Network for Educational Technology an der ETH, von wo er 2010 an seine heutige Stelle wechselte.

Gabi Reinmann,
Dr., Univ.-Prof., Dipl.-Psych.; 2001 bis 2010 Professorin für Medienpädagogik an der Universität Augsburg; 2007 Gründung des Instituts für Medien und Bildungstechnologie an der Universität Augsburg; seit April 2010 Professorin für Lehren und Lernen an der Universität der Bundeswehr München. Schwerpunkte in Forschung, Lehre und Entwicklung: Didaktisches Design, E-Learning/Blended Learning und Wissensmanagement in Schule, Hochschule, Non-Profit-Bereich und Wirtschaft.

Mandy Schiefner,
M.A., studierte Erziehungswissenschaft, Informationswissenschaft und Kunstgeschichte. Von 2007 bis 2011 war sie stellvertretende Leiterin der Hochschuldidaktik der Universität Zürich. Seit 2011 arbeitet sie am Institut für Mediendidaktik und Wissensmanagement der Universität Duisburg-Essen. Aktuelle Forschungsschwerpunkte sind: Medienkompetenz, Web 2.0, Medien in der Hochschullehre, Bildungsforschung.

Christian Schirlo,
Dr. med., MME, ist Stabsleiter des Dekanats der Medizinischen Fakultät an der Universität Zürich. Zusammen mit der Hochschuldidaktik werden seit Jahren Kursangebote im Rahmen des „Faculty Development" geplant und durchgeführt.

Regula Schmid Keeling,
Prof. Dr. phil., ist Assoziierte Professorin für Geschichte des Mittelalters an der Universität Freiburg (Schweiz). Von 2004 bis 2008 arbeitete sie als wissenschaftliche Mitarbeiterin der Arbeitsstelle für Hochschuldidaktik der UZH.

Geri Thomann,
Dr. phil., Leiter ZHE Zentrum für Hochschuldidaktik und Erwachsenenbildung der Pädagogischen Hochschule Zürich, leitet seit zwei Jahren das ZHE, war vorher als Leiter diverser Weiterbildungsabteilungen und -institutionen sowie als selbständiger Organisationsberater im Bildungsbereich tätig.

Peter Tremp,
Dr. phil., Bildungswissenschaftler, leitete von 2004 bis 2011 die Hochschuldidaktik der Universität Zürich. Er ist heute Leiter Forschung und Entwicklung an der Pädagogischen Hochschule Zürich. Seine gegenwärtigen Arbeitsschwerpunkte sind: Universitäre Didaktik, Akademische Bildung, Lehrerinnen- und Lehrerbildung.

Markus Weil,
Dr. phil., war 2008 bis 2011 wissenschaftlicher Mitarbeiter in der Hochschuldidaktik der Universität Zürich mit den Themenschwerpunkten Einstieg in die Lehre und Internationalisierung der Hochschullehre. Seine Interessengebiete liegen am Schnittpunkt von Weiterbildung, Berufsbildung und Hochschuldidaktik.

Ulrich Welbers,
Dr. phil., Privatdozent für Germanistische Sprachwissenschaft am Institut für Germanistik der Heinrich-Heine-Universität Düsseldorf. Hochschuldidaktischer Moderator, von 2001 bis 2009 Vorstandsmitglied der Deutschen Gesellschaft für Hochschuldidaktik (dghd, vormals AHD), langjähriger Herausgeber der Reihe „Blickpunkt Hochschuldidaktik", zahlreiche Publikationen zu Sprachphilosophie und Sprachtheorie, zu Lehren und Lernen an Hochschulen, zur Studienreform, zur Hochschuldidaktik und zu Bildungsfragen.

Bruno Wohlgemuth,
lic. phil., hat nach dem Pädagogikstudium als Freelancer für verschiedene Schweizer Hochschulen und andere Bildungsinstitutionen gearbeitet. Von 2003 bis 2010 war er wissenschaftlicher Mitarbeiter in der Hochschuldidaktik der UZH. Er wurde 2010 pensioniert.

Gabriela Zaugg-Ineichen,
cand. phil., Primarlehrerin und systemische Erlebnispädagogin, war während des Studiums der Pädagogik und Psychologie von 2008 bis 2011 als wissenschaftliche Mitarbeiterin an der Hochschuldidaktik der Universität Zürich tätig. Ihre Arbeitsschwerpunkte lagen im Bereich der Evaluation der Hochschullehre und der internetbasierten Bearbeitung von Referaten.

WAXMANN

Münster • New York • München • Berlin   www.waxmann.com
info@waxmann.com

Peter Tremp (Hrsg.)

„Ausgezeichnete Lehre!"

Lehrpreise an Universitäten
Eröterungen – Konzepte – Vergabepraxis

2010, 256 Seiten, br., 29,90 €
ISBN 978-3-8309-2304-6

Lehrpreise prämieren Lehrleistungen. Sie hono-rieren eine Person und zielen auf eine erhöhte Bedeutung der Aufgabe „Lehre". Diese Publikati-on erörtert Zusammenhänge zwischen Lehrprei-sen, Qualitätsentwicklung und didaktischer In-novation und präsentiert Modelle und Konzepte der Preisvergabe. Mit Beiträgen aus der Schweiz, Deutschland, Österreich, Kanada, Australien und China.

Umso mehr ist das vorliegende Werk zu begrü-ßen, das eine fast alle Probleme berücksichti-gende Erörterung rund um die Vergabe von Lehrpreisen enthält und eine nahezu lückenlose Darstellung des Ist-Zustandes präsentiert. [...] Wer zukünftig in irgendeiner Form mit der Vergabe von Auszeichnungen für universitäre Lehre befasst sein wird, dem wird das Werk eine wertvolle und unverzichtbare Praxishilfe sein.

Tobina Brinker auf www.dghd.de, Oktober 2010